本书获"国家民委少数民族教育发展研究基地建设基金"资助

| 光明社科文库 |

教育生态学视域下
黔东南民族学校苗汉双语教育研究

吴　斐◎著

光明日报出版社

图书在版编目（CIP）数据

教育生态学视域下黔东南民族学校苗汉双语教育研究 /
吴斐著. -- 北京：光明日报出版社，2022.9
ISBN 978 - 7 - 5194 - 6770 - 8

Ⅰ.①教… Ⅱ.①吴… Ⅲ.①苗族—少数民族教育—
双语教学—教学研究—小学—黔东南苗族侗族自治州
Ⅳ.①G758.1

中国版本图书馆 CIP 数据核字（2022）第 159890 号

教育生态学视域下黔东南民族学校苗汉双语教育研究
JIAOYU SHENGTAIXUE SHIYUXIA QIANDONGNAN MINZU XUEXIAO
MIAOHAN SHUANGYU JIAOYU YANJIU

著　　者：吴　斐

责任编辑：杨　茹　　　　　　　责任校对：杨　娜　李佳莹
封面设计：中联华文　　　　　　责任印制：曹　净

出版发行：光明日报出版社
地　　址：北京市西城区永安路 106 号，100050
电　　话：010-63169890（咨询），010-63131930（邮购）
传　　真：010 - 63131930
网　　址：http://book.gmw.cn
E - mail：gmrbcbs@ gmw.cn
法律顾问：北京市兰台律师事务所龚柳方律师

印　　刷：三河市华东印刷有限公司
装　　订：三河市华东印刷有限公司
本书如有破损、缺页、装订错误，请与本社联系调换，电话：010 - 63131930

开　　本：170mm×240mm
字　　数：279 千字　　　　　　印　　张：16.5
版　　次：2023 年 10 月第 1 版　印　　次：2023 年 10 月第 1 次印刷
书　　号：ISBN 978 - 7 - 5194 - 6770 - 8
定　　价：95.00 元

前　言

在新的时代背景下，全球化和信息化给我国少数民族语言文化带来深刻影响，从文化传承角度而言，在坚持汉语主体地位的同时，如何发展少数民族双语教育意义重大。笔者认为，新的条件下我国少数民族双语教育研究需要新理论的支撑。新兴的教育生态学、语言生态学为此提供了新的视角，而目前我国相关研究显得相对单薄，如双语教育和生态环境的关系没有完全梳理清楚。此外，多元语言文化背景下，少数民族双语教育生态系统如何实现良性循环？前人并没有做出深入的研究。尽管近年学术界开始关注教育生态学下的双语教育，但从研究内容上来看，大多侧重于自然生态环境、社会生态环境和语言文化生态环境与双语教育之间的关系研究，即偏重对双语教育外部生态环境的分析。从研究方法来看，生态学理论和观点体现得不够系统和深入，一些研究成果有"生态"之名，无"生态"之实，基于此，特提出本课题。

本研究从双语教育概念的界定及构成要素入手，将人类学、语言学、生态学的研究方法运用到教育学研究领域，采用田野调查法，选取贵州省黔东南苗族侗族自治州台江县番省苗族小学、凯里市挂丁小学为田野研究个案，采用问卷法、访谈法、课堂观察法搜集资料，其中问卷部分采用SPSS18.0进行数据分析，"课堂志"部分则进行了叙事描述，力求理论分析与实证研究有机结合，对我国少数民族地区双语教育生态系统的生态结构、生态功能、生态范式进行分析，并由此探索双语教育可持续发展路径和策略，包括生态主体提升，宏观、中观及微观生态环境的优化和重构。在理论上推动教育生态学发展的同时，也为全球化语境下民族教育政策调整及民族地区语言政策提供参考。

目 录
CONTENTS

绪 论

一、研究背景

在全球化语境下，教育水平的高低已经成为衡量一个国家综合实力强弱的重要标志。我国作为一个多民族国家，民族教育事业在整个教育体系中处于举足轻重的地位。十八大报告提出："大力促进教育公平，合理配置教育资源，重点向农村、边远、贫困、民族地区倾斜，支持特殊教育，提高家庭经济困难学生资助水平，积极推动农民工子女平等接受教育，让每个孩子都能成为有用之才"[①]。尽管近年来我国民族教育实现了跨越式发展，但仍存在一些问题，其中少数民族双语教育问题较为凸显。虽然研究时间较长，也涌现出了不少成果，但差异性颇多，实际效果也值得讨论。尤其在新的时代背景下，如何发展少数民族双语教育意义重大。对于多民族聚居的贵州省也不例外，尤其是苗族聚集的黔东南苗族侗族自治州，近年来其民族学校在苗汉双语教育方面取得了一定的成效，但同时在新的背景下也面临诸多挑战。

（一）民族双语教育的国际背景：全球化与信息化

全球化是人类社会发展的必然结果，从领域上而言，它既包括全球经济的一体化，又可以渗透到社会、文化、教育等方方面面。从形式上而言，它体现为各个国家、各个民族、各个文化体之间的合作互动、相互依存、相互影响。就文化层面来看，理想状态下的全球化能缩小文化差距，实现各文化之间的平等、实现文化大同，但正如每一枚硬币都有正反两面，全球化也是

[①] 胡锦涛. 坚定不移沿着中国特色社会主义道路前进 为全面建成小康社会而奋斗——在中国共产党第十八次全国代表大会上的报告 [M]. 北京：人民出版社，2012：23.

一把双刃剑，它对我国的民族文化造成了一定的冲击，如民族文化原有的生态结构受到破坏而发生变迁。因此，和民族文化息息相关的民族教育在全球化背景下面临着诸多挑战，其中也包括对少数民族双语教育的冲击。

第一，全球化和信息化背景下的文化传播方式使民族语言衰落。在现代信息传播技术高度发达的网络时代，文化传播变得十分便捷，时间和空间的固有意义已经不复存在，文化等各类信息的传输可以依靠各种媒体，除了报纸、电视等传统媒体外，互联网等各种新媒体技术更是异军突起。在这一发展过程中，西方社会文化作为强势文化，具有显著的"文化霸权"特征①，而与之相对应的语言——英语的地位极度上升。借助全球化的发展趋势，并随着全球化在深度和广度上的延伸，西方文化对我国的渗透不断加强，信息技术下西方文化的扩张进一步削弱了少数民族语言的地位。

第二，工具理性的张扬。"工具理性"起源于德国著名社会学家马克斯·韦伯提出的合理性概念，它强调通过技术的发展来实现对效益的最大化追求，人们利用技术工具追求利益，丧失了对大自然、对天地的尊重，在这种理念下，教育成了人们谋取利益的工具性活动，注重教育结果，重视实现教育的高效。在这种环境下，教育的重心由以促进人的身心健康发展转向了以获取物质为中心，且这种转变不是由人自觉选择，而是在全球化的过程中被动同化、被动适应的。"以物为中心"的教育观念忽视了对人内心的关注，忽视了对健康思想的塑造，无疑也会毁坏多样性的民族文化，其中也包括民族语言，当民族语言不能带来经济利益时，使用和学习民族语言的人口自然会急剧下降。

第三，民族文化和语言生存土壤的破坏。全球化语境改变了我国民族文化的多样性发展环境，西方现代科学技术的引入，让人类真正成为自然界的主人，山川可以变为平地，河流可以修建为水坝，这些改造自然的行为在丰富人们物质生活的同时，也在逐步改变少数民族地区赖以生存的传统经济形式，以贵州地区的苗族为例，全球化带来的城市化进程让与原有小农经济相依附的苗族乡土文化正在悄然消逝。语言是文化的载体，与之相关联的少数民族语言的使用、学习现状不容乐观，联合国教科文组织 2003 年 3 月的《语言活力与语言濒危》（*Language Vitality and Endangerment*）报告明确指出："在全世界各地区，少数民族成员正加快丢弃学习、使用本族语言的步伐，转

---

① 陈新仁．全球化语境下的外语教育与民族认同［M］．北京：高等教育出版社，2008：5.

而应用另一语言。"

由此可见，我国少数民族文化已经被动地卷入了全球化的发展浪潮中，在这种背景下，作为文化载体的民族双语教育担负着保护、传承少数民族文化的重要使命，民族双语所具有的重要价值需要我们进行重新审视。

(二) 民族双语教育的国内背景：民族教育跨越发展与和谐社会构建

我国是一个多民族国家，民族教育问题是我国民族工作的重点，是构建和谐民族、和谐社会、和谐国家不可缺少的重要环节，是党和国家制定民族政策和教育政策的出发点和归宿，更是缩小少数民族地区与发达地区经济教育差距、实现民族共同繁荣的根本路径。

从社会主义制度建立以来，党和国家就意识到了发展民族教育对社会和经济发展的重要意义，而历次中央民族工作会议都把发展民族地区教育事业提上了日程。在 2014 年 9 月 28 日至 29 日召开的中央民族工作会议上，习近平总书记指出：教育投入要向民族地区、边疆地区倾斜，加快民族地区义务教育学校标准化和寄宿制学校建设，实行免费中等职业教育，办好民族地区高等教育，搞好双语教育。① 并制定了一系列相关政策来支持我国的民族教育，如实施了东部发达地区扶持西部民族地区的"一对一"对口支援政策，国家在资金方面也给予大力支持等。尽管党和政府一向高度重视民族教育，但少数民族地区受到历史、经济基础、文化发展等多重因素的影响，在教育方面，与沿海发达地区相比较仍然存在差距。

因此，在构建和谐社会、和谐中国的发展背景下，如何推动少数民族教育的发展、促进教育的公平性、创办让各族人民满意的教育，已经成为党和国家的头等大事，也成为各级教育者、相关学者悉心研究的重要课题。由于民族双语教育是我国民族教育体系中最核心的内容之一，在国内民族教育跨越式发展的背景下，如果要继续保持这种良好的发展势态，应对新的挑战，必须大力发展民族双语教育。

在新的条件下，我国少数民族双语教育研究需要新的理论支撑。新兴的教育生态学、语言生态学为此提供了新的视角，而目前我国相关研究显得相对单薄，如双语教育和生态环境的关系没有完全梳理清楚。此外，多元语言

---

① 中央民族工作会议暨国务院第六次全国民族团结进步表彰大会在北京举行［N］. 人民日报，2014-09-09（3）.

文化背景下，少数民族双语教育生态系统是否实现了良性循环？前人并没有做出深入的研究。尽管近年学术界开始关注教育生态学下的双语教育，但从研究内容上来看，大多侧重于自然生态环境、社会生态环境和语言文化生态环境与双语教育之间的关系研究，[①] 即偏重对双语教育外部生态环境的分析。从研究方法来看，生态学理论和观点大都体现得不够系统和深入，一些研究有"生态"之名，无"生态"之实。

二、研究意义

贵州省地处祖国的西南腹地，也是多民族聚居的地区，经济发展相对落后。改革开放以来，中央政府采取了一系列的扶持和优惠政策，但和兄弟省（自治区、市）的差距并没有完全缩小。民族教育发展缓慢是原因之一，而缺乏特色也是其中一个重要方面。笔者认为，双语教育是民族教育特色发展的主要内容，其中本民族语言对传承民族文化、增强民族自信心和自豪感至关重要，而学好主流民族语言是促进少数民族教育和科技发展的主要因素。但现实中双语教育的实施效果不佳。由此可见，本研究意义重大。

本课题的理论意义及实践意义如下：

1. 理论意义

（1）本研究以教育生态学为理论基础，通过田野考察和个案分析，对黔东南地区民族学校苗汉双语教育现状以及环境进行了较为深入的探讨，并把握其规律性，提出了可持续生态发展范式，及其优化发展战略。从理论上来看，它有助于相关研究者加深对我国南方少数民族双语教育的理解和认知，尤其是对贵州省双语教育现状的把握，让双语研究者和实践者对黔东南地区民族学校双语教育所出现的问题进行反思并总结原因和采取相应措施。从这方面来看，本研究具有一定的学术价值。

（2）本研究作为一种跨学科研究尝试，在理论上将有所贡献，如提出的双语教育生态特征、生态结构及可持续生态发展范式，在丰富我国少数民族双语教育研究理论的同时对其他类似的跨学科研究也有借鉴意义。本研究所强调的生态、整体、动态、和谐及平衡等观念也具有一定的理论意义。

（3）本研究将从语言学、民族学和生态学来构建少数民族双语学习机制。

① 唐明钊. 康方言区双语教育生态环境研究［J］. 西南民族大学学报（人文社会科学版），2015（6）：207–212.

全球化语境下的现代教育要重视民族文化熏陶及民族身份构建，而民族语言是传承民族精神、弘扬民族文化的前提和基础。因而发展民族教育，要确保双语教育优先发展的地位。在信息化时代，我国双语教育理论建设较为滞后，本课题理论研究成果对我国民族教育科学、民族区域教育发展、教育生态学、语言生态学理论具有一定的参考价值，并有利于构建多学科协同研究的双语教育体系。

2. 实践意义

（1）目前我国少数民族双语教育发展不平衡，与其所处的语言文化生态环境息息相关。本研究对黔东南地区双语教育进行语言生态评估，并探讨了重构策略，为苗语等相对弱势文字的活态传承开辟了新的途径，为全球化语境下如何保存民族语言文化多样性提供了可借鉴的典型案例，从而有利于充分实现双语教育的文化价值。

（2）本研究对民族地区双语和三语教育教学实践具有指导作用。宏观上，有助于推动我国民族地区双语教学改革，为新时期制定语言政策、民族政策、教育政策规划提供参考。微观上，它能促进民族地区双语教育生态系统保持平衡，在提高民族学校双语教学质量及促进民族学校双语教学和谐发展的基础上，也有利于民族学校特色发展和素质教育的实施。

（3）站在全球化和信息化语境下去解决民族双语生态失衡与重构的问题，对构建民族地区和谐语言生态环境有积极的意义，最终推动黔东南乃至整个贵州省民族教育的发展。而教育又是促进经济发展的基石，由此可见，本研究客观上对民族地区经济发展做出了一定的贡献。

（4）双语教育的稳步实施对加强民族团结、维持民族地区社会稳定具有战略性的意义，使本研究也具有重要的政治意义。

三、国内外研究综述

少数民族双语教育是民族教育研究的热点之一。由于国外对其理论研究和应用实践时间较长，已较为成熟。而我国学者从教育学、民族学、心理学、文化学等角度，对其也进行了研究和探索，虽然成果颇丰，但还处于初级阶段。本部分将从国内外双语教育的相关研究出发，在遵从实际的基础上进行梳理，将两者进行对比，对少数民族双语教育的未来做初步的前景展望，以此寻求我国少数民族双语教育发展存在问题的解决路径，为生态化双语教育研究做铺垫。

（一）国内外民族教育研究综述

1. 国外民族教育研究概况

国外民族教育一般用多元文化教育来表述，实际上，双语教育也是多元文化教育发展的产物，因此，首先来回顾下多元文化教育研究。西方相关研究的历史较长，[①] 理论体系也相对完善，具有以下特点：理论上内容丰富多元化，思维活跃，且研究流派众多，应用上注重理论与实践结合，操作意识强。这些特点虽然因为整合了理论上的多维性和应用上的实践性而显现出蓬勃的生命力，但也因为理论上的不统一面临着研究难以深化的困顿局面。为了更好地阐述西方多元文化教育的研究情况，本书从多元文化教育的理论、应用、方法这三个方面进行分析：

第一，从多元文化教育的理论研究情况来说，西方学术思潮活跃，如后现代主义、批判理论、后解构主义等，多元文化教育受到这些思潮的影响，并与之融合产生了教育学新流派、新理论。这些理论坚持以人类学的视角来研究教育，并作为正式的教育学理论——教育人类学积极活跃在教育的理论领域内，它主要包含了两种不同类型的理论流派：一是以英美为理论代表，从文化的视角去研究教育的相关问题；[②] 二是以德国、奥地利等为理论代表，从哲学的视角探讨教育的相关问题，更注重对人的本质与发展的研究。

第二，从多元文化教育的应用情况来说，西方学者关注现代科学技术对教育的影响、全球化对教育的影响、第三世界国家中的教育发展问题、发达国家中的教育公平问题等，这些研究与世界发展的环境、人类的生存与发展等紧密联系。西方学者在应用研究领域上也注重实际、具体细致，很多理论研究会结合具体的实际案例，为实践服务。

第三，从多元文化教育的研究方法来说，西方学者采用了多种方法，如行为研究法、批判解释法、个案研究法、质性研究法等，或者是应用多种方法的混合研究法，打破了以实证分析和定量分析为主要研究方法的传统教育研究格局。

西方国家从19世纪中期开始研究与少数民族相关的多元文化教育问题，如移民问题，他们从研究少数民族的语言、文化、历史、风俗习惯等转移到

---

① W. F. 麦凯．双语教育概论［M］．北京：光明日报出版社，1989：45.

② 滕星，苏红．多元文化社会与多元一体化教育［J］．民族教育研究，1997（1）：15.

少数民族的教育问题上，把少数民族的教育问题正式纳入研究范围，其中很多学者发展为教育人类学家，从实际研究成果、研究方法、研究理论上为少数民族的教育问题注入了新的活力。从 20 世纪 50 年代开始，美国的诸多文化人类学家正式研究学校教育，影响较大的如斯坦福大学斯宾德勒教授（Dr. Spindler），在此之后，民族教育的学术成果日益增多，与文化相关联的交叉学科也随之出现，如教育文化学、文化心理学等。20 世纪 60 年代，教育人类学已经作为一门独立的教育学科，对少数民族教育的研究和关注也随之增多了。

教育进入信息化时代，全球化经济日益发展，越来越多的学者把关注点放在贫困人口的生存与发展状况上，从教育角度而言，全面提高少数民族的整体素质、缩小民族之间的文化差异已经成为当务之急①。在这种背景下，西方学者注重地区差异、种族差异、阶级差异等因素对教育发展的影响，有关双语教育研究的学术成果较多。

2. 国内民族教育研究概况

我国民族教育研究的发展，大致经历了四个大的发展阶段：一是 20 世纪 50 年代的初创时期，1951 年、1956 年先后召开了民族教育工作会议；二是 1979 年至 1984 年的恢复发展时期，在第一次全国教育科学规划会议上提出了将少数民族教育课题作为重点研究项目的议题，并成立了专门的学术研究团体；三是 1985 年至 1990 年的独立发展阶段，以《中国少数民族教育学概论》等为代表的重要著作的出版与发行，标志着民族教育学开始作为独立的学科受到关注；四是 1991 年至今，民族教育理论的研究得到了进一步的规范，很多学者注重对民族教育学的性质、特点、理论基础、理论流派、方法论等问题进行深入研究，力求从理论上来解决教育实践中遇到的重大问题，同时，针对我国的特殊情况，在少数民族高等教育、少数民族基础教育、少数民族双语教育以及少数民族女童教育等方面进行分类研究，出版了如《民族教育学通论》《中国少数民族高等教育学》等一系列有影响的教育专著。1996 年，民族教育学作为一门独立学科，从教育综合类组中分离出来，与之相关的民族教育研究所、民族教育研究基地建设取得了显著成就，例如，内蒙古师范大学成立"内蒙古民族教育研究中心"，通过开展学术交流活动、校级合作等

---

① 万明钢主编. 多元文化视野：价值观与民族认同研究［M］. 北京：民族出版社，2006：62.

相关教学实践活动，取得了显著的成绩。①

在国内的民族教育研究中，研究对象被普遍默认为少数民族群体，通过结合普通教育学的理论基础，很多学者试图立足于我国的民族教育特点，重新建构少数民族教育学的理论体系，如早期的著作《中国少数民族教育学概论》《民族教育学》等。随着信息时代的到来，我国学者在广泛涉猎国外相关研究著作时，也开始吸纳国外的多元文化教育观念，试图建立广泛全球视野下的少数民族教育学，如哈经雄教授等主编的《民族教育学通论》，在教育理论层面做出了积极的尝试。②

在对少数民族教育的概念理解和发展方面，国内多用"民族教育"来概括"少数民族教育"，英美发达国家多采用"多元文化教育""跨文化教育"等。各个国家的历史背景、民族构成、教育现状不尽相同，对"少数民族教育"的理解也会有所差异，这种理念上的差异也会导致学科的发展路线不一样。

虽然我国教育人类学起步时间较晚，但也显示出了蓬勃的生命力，从学科的理论角度而言，我国的研究主要分为以下几个方面：③ 一是对国外的同类书籍进行引荐，如狄尔泰的精神科学教育学、福利特纳的解释教育学、博尔诺夫等著名学者的相关著作等；二是学科型的理论专著，如吴天泰所著的《教育人类学》、詹栋梁所著的《教育人类学》、庄孔韶所著的《教育人类学》等；三是以人类学理论为基础，从异文化视角审视教育学科，如《文化传承与教育选择》《民族教育学通论》等著作。除此之外，还有一些与跨文化心理教育、双语教育研究相关的学术成果，如《双语教育的心理学基础》《文化视野中的人类行为——跨文化心理学导论》《双语教育原理》《中国多民族认知方式的跨文化研究》《文化变迁与双语教育——凉山彝族社区教育人类学的田野工作与文本撰述》等。

（二）国内外双语教育研究综述

1. 国外双语教育研究概况

国外相关研究起步比较早，研究成果也比较多。双语、双语现象、母语

---

① 苏德．多维视野下的双语教学发展观——内蒙古地区蒙古族中小学个案［D］．北京：中央民族大学，2005：32.

② 哈经雄，滕星著．民族教育学通论［M］．北京：教育科学出版社，2001：10.

③ 苏德．少数民族双语教育研究综述［J］．内蒙古师范大学学报（教育科学版），2004（11）：1-6.

教育、双语教育等的研究，起步于 20 世纪 20 年代。1929 年，国际教育局在卢森堡召开了双语教育会议，揭开了有关双语教育问题研究的序幕。[①] 此后越来越多的研究成果表明，双语教育有助于受教育者智力和个性的发展，有利于在有明显文化差异的社会群体中顺利完成教育活动，有利于各民族保持自己的语言和文化。因此，双语教育成为多民族国家教育的一种体制，越来越受到关注，一大批成果陆续问世，在众多的研究成果中，比较有代表性的著作是 W. F. 麦凯和 M. 西格恩合著的《双语教育概论》。该书阐明了个体和社会双语现象问题，对双语教育做了界定，说明了根据不同的环境和既定目标，双语教育可能采取的不同形式，就双语教育系统的建立和管理提出了若干原则和建议，提出了经典的论断。除此之外，W. F. 麦凯的《双语教育类型》（1970）、洛恩·拉福热的《语言教学与语言规划》（1990）、拉尔夫·法索德的《本地语教育的再思考》（1992）等论著从语言规划、语言传播、选择教育语言的角度对影响双语教育的因素进行了论述。上述研究可供参考的成果有：双语教育与双语教学的概念界定、世界语言中的双语现象及分析、双语教育的基础理论、双语教育的模式与基本类型等。

国外其他有代表意义的双语教育学术著作还有：Baker，C. 《双语教育与双语主义基础》（1993）；Genesee，F.，Nicoladis，E. & Raradis. J. 《早期双语发展中的语言差异》（1995）；Hamers，J. F. & Blance，M. H. A. 《双语能力与双语主义》（2000）；Hakuta，K. 《双语主义与教育》（1989）等。

对于世界各国的教育而言，双语或者多语言教学是一种普遍现象，随着全球化进程的加快，各国之间的联系和交往更加频繁，语言和文化成为促进国家发展的重要因素。这也促使双语教学不仅存在于多民族国家，而且进入了大多数国家教育领域的全新发展阶段。以发达国家为例，法国注重学习外语，普通中学会开设十几门外语课程；日本一直注重吸收外来文化，从近代开始使用英语和日语两种语言，也积极学习德语、汉语等语言；加拿大从 1969 年开始建立双语制度，在小学、中学开展法语、少数民族语言教学，多元文化教育和双语教育在加拿大得到了稳步发展。双语现象推动了双语理论和实践研究，国外双语教育主要集中在以下三个方面：

（1）关于双语教育概念的争议

在对双语教育的概念认识上，国外的学者有着不同看法，如英国著名教

---

① 顾明远，薛理银 . 比较教育导论 ［M］. 北京：人民教育出版社，1996：368.

育家 Derek Rowntree 认为"双语教育即是培养学生具有应用两种语言能力的教育"①,《朗曼语言学词典》这样解释:"双语教育指的是学校在授课中采用第二语言或者是聘用外语教师进行授课。"② 而双语教育专家麦凯认为:"双语教育指的是学校在教学中采用两种语言作为教学媒介,作为教学的媒介工具,其中一种语言在很大可能上是学生的本民族语言,但不是绝对的。"③ 且双语教育还具有广义和狭义之分,从广义范围而言,双语教育泛指学校采用两种语言进行授课的教育体制,不同民族之间、不同国家之间学习和使用对方语言的教育都可以称为双语教育,这里也包括我国的英汉教育。从狭义范围而言,双语教育指的是对少数民族学生采用本族语言和社会主流语言进行教学的教育体制,它的教育对象是少数民族学生。

(2) 关于双语教育本质和价值的研究

除了概念以外,国外对双语教育的本质和价值也进行了探讨。Paulston 认为双语教育及双语教学的文化、政治、经济和历史背景对解释双语教育的结果是必不可少的,④ 由此她根据谢默霍恩(Schemerhon)的分类方法将不同形式的双语教育的不同社会背景特征与社会、文化和政治联系在一起。施佩勒详细分析了社会背景对双语教育的决定性作用,他在对美国双语教育转型的研究中,介绍了移民将双语教育看作获取工作合法化方式的政治和经济背景。此外,福格森、郝顿和威尔斯提出多种实施双语教育的不同目的:⑤ 如将某些个体或某一群体同化到主流社会以便他们能全面地参与社会生活;统一多语言社会,实现多民族多语种的大统一,使人们能够与外界交流,使个体掌握语言技能,以便获得工作机会和提高社会地位,保持民族和宗教的认同,使不同的语言和政治团体得到调解扩散,殖民语言;使殖民地人民殖民化;使精英团体在社会中的地位得以加强和保持,给予在日常生活中无平等地位的语言以法律上的平等,加深对语言和文化的理解。

---

① 德里克·朗特里. 英汉双解教育辞典 [M]. 北京:教育科学出版社,1992:37.
② 理查兹,普兰特. 朗曼语言学词典 [M]. 太原:山西教育出版社,1993:18.
③ VARGHESE M M, PARK C. Can Dual-language programs Save Bilingual Education [J]. Journal of Latinos and Education, 2010 (9):11.
④ PAULSTON C B. Linguistic and Communicative Competence:Topics in ESL [M]. Clevedon:Muhilngual Matters Ltd, 1992:6-7.
⑤ 周瓦. 论双语教育的本质——多学科研究视角 [J]. 杭州师范学院学报(社会科学版), 2006 (5):117-120.

（3）关于双语教育模式的研究

双语教育是一个复杂的概念，该语言教学体系涵盖了统一性与多样性的需求范围，国外许多学者也对其进行了基本分类，如淹没式双语教育、滴注式语言计划、沉浸式双语教育、双向双语教育、保留性双语教育等，我国对少数民族地区实施双语教育的目的在于促进教育资源在各个区域的平等配置、提高少数民族地区接受教育的质量，结合我国双语教学的目的和形式，本书对国外双语教育模式进行以下分类：①

第一，淹没式双语教育（submersion bilingual education），该理论把语言的学习比喻为游泳的学习过程，通过把学生扔进游泳池里，让他们在呛水、挣扎、下沉的反复过程中自己学会游泳，如美国是一个典型的移民国家，种族众多，学校在其中扮演了大熔炉的角色，美国前总统罗斯福曾经这样号召："共和国的奠基者把文化和传统传递到我们手中，我们绝不会容忍任何企图用欧洲语言和文化代替美国文化和传统的行为，美国的伟大在于能够迅速同化外来的语言和文化。"② 这种双语教育的模式一直被认为是移民能融入美国主流社会的主要途径之一。现代教育可能会对此有所诟病，因为这种强迫式、毫无辅助式的学习方式会给学生个性的成长带来阴影。但对于自我学习能力较强的学生而言，也可能会是一种成功的体验。

第二，滴注式语言计划（drip-feed language program），它是把第二语言的学习当作必修科目，和所学习的数学、地理、历史等科目一样没有区别，安排适当课时、进行考试评估，加拿大的学者研究发现，许多具有英语背景的学生在采用历时 12 年的滴注式语言计划后，还不能完全用法语进行流利沟通，同时由于第二语言的学习时间有限，很难培养出高水平的语言人才，我国学校大部分采用了滴注式语言计划，在基础教育、职业教育、高等教育中把英语作为必修科目进行教学。

第三，沉浸式双语教育（immersion bilingual education），它源于加拿大的教学实验，1965 年，圣兰伯特（St. Lambert）开启了这项实验，具体而言，这项实验具有以下特征：a. 从时间早晚的角度而言，沉浸式双语教育可以分为早期教学、中期教学和后期教学，早期教学从幼儿阶段开始，中期教学从儿童的九岁或者十岁开始，后期教学从中学阶段开始。b. 从教育时间的长短

---

① 王斌华．双语教育与双语教学［M］．上海：上海教育出版社，2003：201-202.
② 袁平华，俞理明．加拿大沉浸式双语教育与美国淹没式双语教育［J］．比较教育研究，2005（8）：86-90，76.

角度而言，沉浸式双语教育可分为两种类别：一是部分沉浸式，即第二语言在所学时间上占 50%左右；二是完全沉浸式，指在学习初期，第二语言为100%的教育语言，在两年或者三年的语言学习以后，第二语言的比例下降为80%左右，再经过三年或者四年以上的语言学习后，第二语言的学习比例降至 50%左右。c. 对第二语言的学习时间越早越好，幼儿能够在无意识的情况下基本习得第一语言，沉浸式双语教育认为儿童学习时间越早、效果越佳，且在教育的初期阶段，应该采用"保姆式语言"，指的是在与儿童对话时，尽量采用利于儿童理解的各种简单语言，如简单词汇、夸张语调、缓慢语速、多次重复同一个单词、配合面部表情等，提高儿童的理解能力。d. 教师应该富有敬业精神、专业的语言素养，在授课中利用地图、模型、实物等辅助材料，及时与学生进行沟通，正确对待学生在交流中所犯的语言错误，并能做到以学生为课堂中心，提高学生的学习积极性。e. 认识第一语言对第二语言学习的迁移作用，学生如果对第一语言很精通，在学习第二语言时会进行知识的迁移，达到更好的学习效果。经过一系列的实验结果表明，沉浸式双语教育对学生的双语学习有极大的促进作用，这种模式先后被澳大利亚、芬兰、日本、新西兰、瑞士等多个国家借鉴。

第四，双向双语教育（two-way bilingual education），该模式起源于 20 世纪 60 年代，即教师在授课过程中采用两种语言进行教学，在时间范畴上，双向双语教育一般开始于幼儿园阶段，进而延伸到小学、中学阶段，时间最少为四年；在双语的使用频率上，学校会积极营造双语教育的学习氛围，从课堂布置、课外活动、学校标识等细节都采用两种语言；两种语言会交叉使用，如周一使用英语，周二使用汉语，以此类推，有严格的顺序规定，也可以根据学科规定所使用的教学语言，如周一、周三、周五的历史课使用英语教学，周二、周四的历史课使用汉语教学，且在每一节课上，只能使用一种语言，不能同时使用两种语言，这是为了促进学生的学习兴趣；教师应该是双语者，如果不能保证所有教师都符合这个要求，可以采取教师配对的方式优化教学资源、达到教学目的。

从国外的双语教育经验来看，很多国家采用不同的双语教育模式并取得了一定成效，加拿大、新加坡等是最早实施双语教育的代表国家，它们在开展双语教育的实验研究过程中，也非常重视双语教育的理论研究，[①] 严格地

---

① 卢晓中. 比较教育学［M］. 北京：人民教育出版社，2005：49-51.

说，双语教育的传授者不仅仅限于英语教师。进入 21 世纪后，国外双语教育出现了三种发展趋势。第一种是"实践模式"为主导，如澳大利亚昆士兰州的晚期部分沉浸式双语教育模式；第二种是"实践加调研"的取向和趋势。如爱尔兰，它的特色在于对接受双语教育的学生进行跟踪调查，并注重统计方法等定量分析；第三种是"元双语"研究逐渐盛行，代表人物是英国著名双语专家科林贝克，他的《双语与双语教育概论》对影响双语教育的变量做了较为详细的阐述，其中探讨了双语能力与智商、认知发展、情感等变量的内在联系和相互作用。

但国外专门将教育生态学和双语教育相结合的研究不多，从文献来看，仅近年出现了一些零碎的成果，如 Joseph Lo Bianco（2007）的《澳大利亚的语言政策与中文教学生态环境》[①] 强调了生态环境对华裔双语学习的作用。国外的双语教育研究成果值得我们借鉴，但我们要结合实际实现其本土化，避免生搬硬套。

2. 国内双语教育研究概况

根据史料记载和考证，我国的双语现象历史源远流长，[②] 在原始社会已经有了萌芽，随着社会的不断发展，我国境内各个民族之间的政治、经济、文化交流越来越频繁，这些因素为双语现象的发展创造了必要条件。早在春秋战国时期就出现了通晓双语的人，如史料记载，春秋时期楚国鄂君熙得到越人"拥楫而歌"，鄂君熙听不懂越歌，找来一个越人翻译为楚语，这一现象说明处于楚国境内的很多越民通晓越楚两种语言，这种双语类型作为我国双语现象发展的雏形，得到延续并逐步发展。同时，地域之间的战争、少数民族的迁徙等现象促进了各个民族之间大杂居、小聚居的地域特征的形成，再加上民族之间经济交流的不断深入，华夏与和少数民族语言相互兼容成为那个时期典型的双语类型。

文字是语言的书面载体，作为双语现象的萌芽阶段，原始社会没有相应的文字。直至奴隶社会时期，出现了与语言相应的文字，并有少量的能够通晓两种语言的译员，如周朝时期，"象胥"是朝廷的专职翻译官员，并管理边境的各项民族事务，这一现象反映了双语已经成为政治、文化中不可或缺的组成部分。从上述现象可以看出，早期社会的双语现象主要是各个群体、民

---

① BIANCO J L，刘国强 . 澳大利亚的语言政策与中文教学生态环境［J］. 世界汉语教学，2007（3）：120-131.

② 王鉴 . 民族教育学［M］. 兰州：甘肃教育出版社，2002：71-73.

族之间在交往融合分化等过程中自然形成的，双语现象的发展也得益于强权政治的强迫作用，民间的自然交流和政治的强权作用促进了双语现象的早期发展。

双语教育发展到现代，形成了两种主要的表现形式，[①] 一种是中外语言的双语教育，例如最普遍的中英文双语教育。另一种是本研究所探讨的民族双语教育。我国多民族的现实条件是我国民族双语教育将长期存在的基础。我国有 56 个少数民族，涉及 80 多种语言，其中 29 个民族拥有自己的民族文字，许多少数民族聚居地区建立了本民族语言与汉语授课的双语教育机制。

20 世纪 80 年代前后，随着民族教育的改革与发展，学者们对民族教育的研究不断深入，哈经雄、滕星、苏德、吴仕民、陈达云、孟立军、王鉴、万明钢等在研究少数民族教育的现状、问题、发展和策略时都论述到双语教育的现实状况与发展前景。特别是进入 90 年代以后，大量研究成果涌现，如《文化变迁与双语教育——凉山彝族社区教育人类学的田野工作与文本撰述》《中国少数民族双语研究历史与现实》《中国少数民族双语教育概论》《双语教育原理》《双语教育的心理学基础》《文化环境与双语教育》等著作。

从研究的民族来看，主要集中在藏族、蒙古族和维吾尔族，此外还有朝鲜族等。总体而言，其研究成果和内容主要集中于以下方面：

（1）我国少数民族双语教学模式与类型的研究

1985 年严学窘[②]提出民族地区"双语文教学"有六种模式：延边式、内蒙古式、西藏式、新疆式、西南式、扫盲式。其区域分类对学术界有一定的影响。周庆生 1991 年将中国双语教学分为三大类：保存型、过渡型和权宜型；根据教育体制的发展程度将中国双语教育体制分为健全型、发展型和试点型三类。周耀文认为我国各民族地区的民—汉双语文教育体制要从我国国情出发，不能生搬硬套国外的做法，根据实际情况可以分别采用高等、中等、初等三种层次。现存的四种模式如下：a. 所有课程民语授课+汉语；b. 全部课程汉语授课+民语；c. 部分课程汉语授课，部分课程民语授课；d. 所有课程汉语授课，民语辅助教学。贵州省大部分民族地区所采用的都是第四种双语教育模式，但也存在地区差异。

这些研究成果对建立我国民族地区（特别是南方民族地区）的双语文教

---

① 盛炎. 语言教学论［M］. 重庆：重庆出版社，1990：114.
② 严学窘. 民族研究文集［M］. 北京：民族出版社，1997：66.

育体制提供了一系列很有价值的对策。① 由于我国民族语言使用的复杂性和双语教育的多样性，很难对我国双语教育进行统一的划分。从不同的角度对我国双语教育、双语教学进行分类，已得到学术界的普遍认可②。

（2）双语及双语理论综合研究，如结合人类学理论的研究

最经典和最具代表性的是中央民族大学滕星教授的《文化变迁与双语教育——凉山彝族社区教育人类学的田野工作与文本撰述》③，它遵循解释人类学理论范式的思路，通过辅以文化唯物论的主客位研究方法，对四川凉山彝族社区 20 世纪后 50 年来语言与教育的社会变迁的过程进行了描述。这是国内第一部采用文化人类学的理论与研究方法对中国具有异文化背景的少数民族教育进行的细致研究，为有关部门在制定少数民族双语教育政策方面提供了有价值的参考，不仅推进了中国本土教育人类学的学科建设和当前中国西部多民族教育的应用研究，而且对在教育学领域如何采用文化人类学的研究方法进行教育理论与实践的研究有很好的借鉴意义。此外，金家新、兰英的《论"中华民族多元一体"视阈下的藏汉双语教育》一文以"中华民族多元一体"理论为依据，分析探讨藏汉双语教育的意义，解读多元文化与藏汉双语教育的关系；在对藏汉双语教育现状思考的基础上，提出相关藏汉双语教育方向的策略④。赵建梅的《培养双语双文化人：新疆少数民族双语教育的人类学研究》以人类学为理论基础，以乌鲁木齐市 T 区及其所属 W 小学作为田野点，探讨了新疆双语教育。该研究发现，新疆双语教育的首要目标在于培养双语双文化人。并认为新疆双语教育无论在少数民族发展还是各民族团结以及国家稳定方面都承担着巨大责任⑤。

（3）双语课程教学研究

才让措从建构主义课程观的视角，分析了目前藏族教育中藏汉双语课程所存在的不足，并就构筑建构主义的藏汉双语课程阐述了自己的观点，认为

---

① 戴庆厦，董艳．中国少数民族双语教育的历史沿革［J］．民族教育研究，1997（1）：50-61.
② 苏德．以多语教育促进和谐社会与文化建设—兼论少数民族双语教育研究范式［J］．民族教育研究，2013（3）：26-30.
③ 滕星．文化变迁与双语教育——凉山彝族社区教育人类学的田野工作与文本撰述［M］．北京：教育科学出版社，2001：2-5.
④ 金家新，兰英．论"中华民族多元一体"视阈下的藏汉双语教育［J］．民族教育研究，2009（3）：64-67.
⑤ 赵建梅．培养双语双文化人：新疆少数民族双语教育的人类学研究［D］．上海：华东师范大学，2011：77.

在双语课程教学中应努力发挥藏族学生主体者、教师主导者、社区促进者的合力作用，从而探索出一条行之有效的教学模式。①

王鉴和李艳红的《藏汉双语教学模式研究》指出藏汉双语教学模式是藏族地区中小学校长期探索的教学活动的固定类型。② 较之一般教学模式，藏汉双语教学模式由于双语文和两种文化系统的运作而显得尤为复杂。因而从分析影响藏汉双语教学模式的诸因素出发，探索民族教育实践中长期以来形成的西藏"藏语文授课型"双语教学模式和甘南"两个为主"双语教学模式的成功经验与方法，并从理论依据、教学目标、操作程序、操作策略等几个方面加以表述。

（4）双语教育与双语教学发展研究

如中央民族大学孙东方的《文化变迁与双语教育演变——东北地区斡尔族个案研究》，以我国东北达斡尔族双语教育历史发展为例，探讨了文化变迁与双语教育的关系。③ 万明钢、刘海健的《论我国少数民族双语教育——从政策法规体系建构到教育教学模式变革》认为当前是双语教育发展的最好时期，在国家和地方政府的教育发展规划中，双语教育的地位、目标和经费保障都有清晰的表述，我国已建立起少数民族双语教育的政策法规体系。但是，在双语教育实践中，仍然存在着对政策法规的片面理解，而且，对双语教育中学习与教学规律的研究严重滞后，成为制约双语教育质量提升的瓶颈。落实各民族都有使用和发展自己的语言文字的自由的宪法规定，尊重少数民族的意愿，是双语教育的政策基础；转变双语教育研究范式，关注课堂中具体语言的双语教学研究，是提高双语教育质量的前提；变革民族教育学校体系，鼓励民汉合校，创新双语教育机制，是双语教育改革的路径；制定双语教育课程标准、丰富课程资源、提高师资水平，是双语教育质量的保障。④

（5）对具体民族和地区的双语教育个案研究

中央民族大学苏德教授的《多维视野下的双语教学发展观》在论述了蒙

---

① 才让措. 论建构主义理念下的藏汉双语课程［J］. 青海师范大学学报（哲学社会科学版），2004（6）：123-126.

② 王鉴，李艳红. 藏汉双语教学模式研究［J］. 西北师范大学学报（社会科学版），1999（3）：51-55.

③ 孙东方. 文化变迁与双语教育演变——东北地区达斡尔族个案研究［D］. 北京：中央民族大学，2005：62.

④ 万明钢，刘海健. 论我国少数民族双语教育——从政策法规体系建构到教育教学模式改革［J］. 教育研究，2012（8）：81-87.

古族中小学实施蒙—汉—外多语教学所取得的成绩和存在的问题的基础上，提出了发展对策①。嘎藏土买的《教育人类学视野下的甘南藏汉双语教育：对两所藏族中小学的个案研究》采用文化人类学的主位文化研究方法，利用甘南州一所中学田野工作的访谈资料，呈现与展示了当地文化负荷者对藏汉双语教育的态度与观点。对该个案从三个语言文化生态发展时段（结构）的角度进行了比较系统的初步阐释②。

其他相关研究还涉及双语教学政策、双语教育体制、母语与第二语言教学研究、双语教学性质与特点、双语教育教学类型等。如西北师范大学王鉴的《关于我国少数民族双语教学问题的若干思考》认为我国双语教学的内涵有两层：第一层是民族地区两种语言课的开设，第二层是教学用语的选择与使用。我国少数民族双语教学的基本模式是"民加汉双语教学模式"和"汉加民双语教学模式"。两种双语教学模式的理论基础与实践策略都需要深入研究，以保障双语教学的科学有效性。③

上述研究成果为我国少数民族双语教育理论体系的构建奠定了坚实的基础，同时丰富和发展了我国民族教育理论和实践。但是，目前国内有关双语或三语教育方面的研究成果比较零散、不实用，还有很多方面处于空白或薄弱环节。我国的双语研究无论在理论还是实际应用方面仍处于初级发展阶段，在研究方面还存在诸多问题，如把教育理论与当地实际真正结合的研究较为薄弱，宏观教育政策的理论研究较少，缺乏深层次的实证分析和理论创新等，具体表现为以下五点：一是研究理论较为浅薄，缺乏深度和广度。一般性的事实归纳和基本情况论述及现象描述较多，立足于不同的民族地区文化背景和教育发展实际，进行宏观教育决策的理论探索及重大理论和现实问题的实证性研究较少；二是研究方法单一陈旧，缺乏创新和突破；三是看问题的角度狭窄，理论与实际滞后；四是很多研究缺乏规范性和科学性；五是研究队伍力量薄弱，后劲不足。此外，新理论指导的研究也不多，纵览国际、国内双语教育的研究成果，从语言文化生态环境的角度研究双语教育较少，以黔东南为样本的相关研究未见公开发表。因此，我国的少数民族双语教育研究任重而道远，如要建立适合国家国情的完善理论体系和实践民族双语教育模

---

① 苏德. 多维视野下的双语教学发展观［D］. 北京：中央民族大学，2005：82.

② 嘎藏土买. 教育人类学视野下的甘南藏汉双语教育：对两所藏族中小学的个案研究［D］. 北京：中央民族大学，2011：72.

③ 王鉴. 关于我国少数民族双语教学问题的若干思考［J］. 当代教育与文化，2012（4）：1-5.

式，还需要进行更多的探索和改革。

（三）教育生态学研究综述

1. 国外教育生态学研究综述

教育生态学的产生与发展源于人类生态学与社会生态学的研究。从 20 世纪 70 年代起，国外教育生态学研究进入兴旺时期，从教育与环境关系的角度研究教育成为主流，也正是在这种背景之下，1976 年美国哥伦比亚大学的克雷明（Gremin，L. A.）正式提出"教育生态学"这一术语，以教育为主体，研究教育与生态环境的关系①。

20 世纪八九十年代，教育生态学的研究范围进一步拓宽，纵向研究也不断深入。除了把教育放在环境与发展的大背景进行研究，也有学者侧重于微观的学校生态研究，如华盛顿大学的古德莱德首次提出学校是一个"文化生态系统的观念"，从管理的角度入手，研究统筹协调学校各生态因子，提高办学效率。② 英国学者爱格尔斯顿（Eggleston，J.）在《学校生态学》著作中③，认为教育的资源分布对学校的影响较大，生态学的研究不能仅仅着眼于个体与环境之间的关系，还要研究教育环境中的资源分布、物质资料的生产等。范国睿认为④，国外教育生态学的研究可以分为以下三种类型：一是研究个体行为与教育环境的关系，二是以爱格尔斯顿为代表的学者研究教育资源的分布情况对生态系统的影响，三是以克雷明为代表的学者从宏观角度研究教育生态系统。

21 世纪以来，教育生态学与系统科学、信息科学的融合深入，开阔了研究者们探究教育生态的视野，一些研究开始关注教育生态系统内的信息流转。如巴罗威和史密斯（Barowy & Smith，2008）运用生态心理学等理论对课堂中的意义生成与交互进行了系统功能分析。教育生态的研究开始关注系统的复杂性⑤。

---

① BOWERS C A. Educational，Cultural Myths and the Ecological Crisis：toward Deep Changes ［M］. Albany：State University of New York Press，1993：56.

② 古德莱德. 学校的职能 ［M］. 赵晓燕，编译. 兰州：甘肃文化出版社，2005：107.

③ 刘阳. 生态学视域下的学校共同体建设研究 ［D］. 上海师范大学，2015：21.

④ 范国睿. 美英教育生态学研究综述 ［J］. 华东师范大学学报（教育科学版），1995（2）：83-89.

⑤ WILLIAM B，SMITH J E. Ecology and Development in Classroom Communication ［J］. Linguistics，2008（19）：149-165.

尽管国外学者在研究中持有不同观念，但他们在研究中一直秉承着"综合""平衡""联系"的科学精神，微观方面的研究如个体与教育环境的关系、课堂环境与学校环境的关系等①，宏观方面如生态因子的研究、各个因子之间紧密联系的关系等。研究的内容主要侧重于三个方面——微观教育生态学、教育生态因子生态学、宏观教育生态学②。

2. 国内教育生态学研究综述

国内对教育生态学的研究始于 20 世纪 30 年代的中国台湾和香港地区，这一时期我国学者对德国、日本学者关于教育环境学的研究成果进行了翻译和介绍。20 世纪 60 年代，台湾地区的方炳林出版了《生态环境与教育》一书，该书对社会生态、文化生态、家庭环境、学校生态等与教育的关系进行了阐述，力求建立"教育生态学"学科体系。

大陆学者对教育生态学的研究起步较晚，大部分研究始于 20 世纪八九十年代。吴鼎福在 1990 年出版了第一本《教育生态学》。90 年代末，出现了一批研究专论，大多是从宏观角度对教育生态系统、教育与环境关系等问题做出一般性的探讨。

国内对于教育生态学的研究存在两种观念：一种是以吴鼎福、范国睿等学者为代表的关系研究论，他们认为教育生态学作为一门交叉学科，只有先探索教育与环境之间相互作用、相互联系的关系和原理，才能更好地理解教育生态学的含义和现实意义。范国睿认为研究对象应着力于不同对象和不同层次上的生态主体与教育环境发生的关系。还有一种观念是系统学，他们认为教育生态学是一个构成复杂、功能众多的生态系统，它属于社会系统中的组成部分，但也具备相对的独立性。③

对于教育生态学的研究目的，国外学者克雷明认为教育生态学是与生态环境紧密联系的一个有机独立子系统，基于这种观点，范国睿指出要从动态复杂的影响因子中探索影响因子和教育现象的关系，从中发现其成因和规律，从而优化教育生态环境，吴鼎福认为要详细了解教育的内部构成、生态分布、教育功能，从各个因子中分析生态机理，并分析这些生态因子对教育的作用

---

① BOYLAN M. Ecologies of Participation in School Classrooms [J]. Teaching and Teacher Education, 2010 (26): 61-70.

② 刘贵华，朱小蔓. 试论生态学对于教育研究的适切性 [J]. 教育研究, 2007 (7): 3-7.

③ 范国睿. 共生与和谐：生态学视野下的学校发展 [M]. 北京：教育科学出版社, 2011: 78.

机制①。

21 世纪以来，我国教育生态学研究逐渐走向成熟。王丽琴②在《生态化教育，必要的乌托邦——21 世纪教育哲学前瞻》一文中，从生态文化与生态化教育、生态化的教育哲学构想、生态化教育在中国等方面，对生态教育进行了论述。方然在《教育生态失衡与调控的微观思考》一文中，通过对调查资料和亲身体验进行分析，阐述了基础教育生态链细节失衡的种种表现③。但和国外相比，我国的本土化研究还有待进一步深入。

3. 国内外研究的不足

在上述国内外的研究中，诸多学者试图以生态学的观念来分析和解决教育中存在的问题，有着一定的系统性和重要的现实意义，但是，这些研究成果也有其局限性。首先，从内容上来看，研究大多偏重于对教育相关的外部环境进行分析，如自然生态环境、语言生态环境、社会生态环境等；其次，从研究的方法来看，虽然很多学者在研究中应用了生态学理论中的诸多观念，如整体论、共生论等，但很少能够系统性的应用，导致研究浅显，不具备深度和广度；最后，从研究的效果来看，很多学者不能把研究的理论与实际相结合，理论应用度不高，现实意义不大，如有研究者在论文中提出了构建生态化的教学课程、培养生态化的师生关系，但这种构建和培养仅仅停留在思维意识层次上，并不能从实际上构建共生协同的生态系统模式，也没有与理论相关联的具有可操作性的解决方法。

（四）教育生态学下少数民族双语教育研究综述

1. 少数民族双语教育与其生态环境之间的关系研究

在诸多少数民族双语现象的研究成果中，有些会有意识或无意识地涉及双语教育与生态环境之间的关系，但纯粹以生态学相关理论进行专门研究的文献在现有成果中所占据的比例基数较小。

20 世纪 90 年代末，万明钢和邢强根据英国心理学家瑞文的推理测验

---

① 吴鼎福. 教育生态的基本规律初探 [J]. 南京师大学报（社会科学版），1989（3）：95-99.
② 王丽琴. 生态化教育，必要的乌托邦——21 世纪教育哲学前瞻 [J]. 成才，2000（8）：6-8.
③ 方然. 教育生态失衡与调控的微观思考 [J]. 云南师范大学学报（教育科学版），1998（4）：89-93.

（RSPM），设计了《自编文化背景问卷》①，从文化生态学的角度对藏族地区的双语教育情况做了调研，并得出了以下结论：智力是一个相对意义上文化成分含量较高的概念，处于不同文化生态环境中的人们对于智力的要求有所不同；智力不是生来就具有的能力，而是在应对社会的发展变化过程中不断形成的应变能力；藏族地区特有的生态文化环境是影响该区域双语教育发展的重要因素之一②。因此，发展区域生产力、改善生态文化环境，能够促进少数民族双语教育健康发展，这也是我国实现少数民族繁荣发展的必要途径，在这种背景下，双语教育承担着核心作用，汉藏双语模式更有利于藏族区域双语儿童的智力开发。

在针对新疆各个少数民族双语教育进行研究时，方晓华认为新疆地区的生态环境对双语教育的发展起着重要的影响作用③，并且从社会生态环境、自然生态环境、语言生态环境等多个角度研究生态环境与双语教育之间的关系；付东明则主要从城乡区域的语言生态文化环境角度研究其与新疆少数民族双语现象的关系④；艾力·伊明从更微观的现象出发，分析人口结构和人口素质对于和田地区学校双语教育的影响⑤；杨霞试图构建生态化的双语课程教学和生态化的师生关系，以教育生态学的相关理论来解决双语教育现阶段存在的问题⑥；娜么塔、胡书津认为只有改善内部的适应机制，才是改善双语民族教育的根本出路，强调在少数民族区域要以民族语言为基础，才能在改善外部生态环境的同时加强内部建构。⑦

2. 对少数民族双语教育生态环境的研究

少数民族双语环境生态环境不仅包含教育的自然环境、文化环境，也包括学生的生理以及心理环境，在我国，与之相关的研究成果主要如下。

---

① 郭辉. 基于生态学视域的少数民族双语教育研究的研究［J］. 青海师范大学学报（哲学社会科学版），2014，36（2）：114-118.

② 万明钢，邢强，李艳红. 藏族儿童的双语背景与双语学习研究［J］. 民族教育研究，1999（3）：29-32.

③ 方晓华. 新疆双语教育评价问题探索［J］. 双语教育研究，2015（2）：108-112.

④ 付东明. 论语言文化生态环境对双语教育的影响［J］. 双语教育研究，2014（2）：14-18.

⑤ 艾力·伊明. 和田地区中小学"维汉"双语教育三种主要模式及分析［J］. 新疆教育学院学报，2011（1）：35-39.

⑥ 杨霞. 中学化学生态化民汉双语教学的调查与分析［D］. 乌鲁木齐：新疆师范大学，2008：17.

⑦ 娜么塔，胡书津. 语言生态与双语教育［J］. 西南民族大学学报（人文社会科学版），2005（1）：381-384.

在何波教授主持的教育部重点研究项目"藏区双语教学和双语教育政策的研究"中,对藏族区域的双语教学现状进行了详细调研,如藏语地区的双语教学政策、纯牧区的双语教学状况、半农半牧区的双语教学状况、城镇的双语教学状况等,并从政治学、文化学、政策学等多个角度出发,对少数民族双语教育进行深层次的研究。他认为双语教育是文化传播发展中的必然产物,多元化的文化格局影响着少数民族双语教育的制度设计及变迁,双语教育不仅维护了民族的传统文化,也在吸收其他民族文化、获得社会认同方面起着不可替代的重要作用。双语教育蕴含着民族教育的原则性、平等性以及整体性。① 少数民族双语教育是我国民族教育的重要有机构成。此外,在法律框架下探讨双语教育,对我国民族教育的改革与发展有着极其重要的现实意义和理论价值。同时,法律的基本政策为双语教育的发展提供了制度保障,从双语教学的实施政策、指导思想、运行原则等方面,法律渗透在双语教育的各个角落。此外,教育权利是每个个体享有的基本权利之一,少数民族教育权利的实现大多通过双语教育得到实施,全球化在带给人类文化多元的结果同时,也在推动着教育在文化理论构建和实践中的延伸,双语教育在新时代下被赋予了更多的内涵。

杨军也关注了政策对少数民族双语教育的影响,他对十一届三中全会以来的少数民族教育政策进行分析,探索政策变化下的少数民族双语教育改革的进程;金炳镐从整体思维模式上宏观分析我国的民族教育政策;王鉴着重研究了西部大开发对西部民族教育发展的重要作用,解析教育政策状况;汤夺先从教育政策对少数民族的倾斜探讨我国民族政策的优越性;陈立鹏重视法律的作用,从立法角度探索我国少数民族教育的发展历程;何华伟注重研究我国民族政策的评估状况;袁振国分析了教育政策逐步深化的重要性以及必要性;吴明海着重研究我国的民族教育政策史;王红玉从少数民族双语教育的历史渊源、发展模式、发展策略、基本特征等角度出发,系统性地进行了相关研究;滕星、孟立军、哈经雄等学者②针对我国少数民族双语教育的发展现状、存在问题、发展前景都进行了系统性研究。

除此之外,我国还有诸多研究成果着眼于少数民族双语教育的教学理念、师资培养、经济状况等多方面与之相关因素的探讨。

---

① 何波. 论青海地方法规架构中的藏汉双语教育 [J]. 青海社会科学,2010(3):157-161.
② 郭辉. 基于生态学视域的少数民族双语教育研究的研究 [J]. 青海师范大学学报(哲学社会科学版),2014(2):114-118.

国外关于少数民族双语教育生态环境的研究成果也不多，与我国的研究相比，国外双语教育涉及的语言种类和目的有显著不同，面临的人群和社会也不同，具有代表性的是卡明斯等学者的生态平衡观点①，他们以学生的认知能力和跨语言能力为理论指导，探求学生在语言能力表达和应用上动态平衡发展的可能性。这种理论和方法更大地体现了一种生态化的意愿。

从目前检索到的资料来看，以生态学的视角来研究民族双语教学的文献数量较少，已有的为数不多的成果仅仅体现了生态化的理念，内容也局限于外语双语教学与文化环境的关系。

3. 对教育生态学下双语教育研究的评述

首先，在现阶段的研究成果中，有着颇多数量的高质量理论成果，针对少数民族双语教育的研究学者数量也较多，但在运用生态学的领域范围内，学者大多着眼于外部的生态环境分析上，特别是政策因子、法律因子等方面。其次，对社会环境和自然环境也较为重视，但缺乏对以上三种因子的联合叠嵌式分析。最后，在已有的研究成果里，虽然引入了生态学的相关理论，但在实际应用中缺乏实质性的贯彻，数理方法更鲜见于各类研究中，多数的研究成果仅仅体现了学者的一种生态化理念，在理论层面缺乏生态化理论的建构，在操作层面上也缺乏生态化应用的设计，这类研究最终造成了研究成果空有生态之名，无生态之实。

以此视之，无论国外还是国内对少数民族双语教育生态环境的研究，多是从静止、局部、孤立的状况下进行分析，在协同性、联系性、系统性、平衡性等方面略有不足。应用生态学的相关理论和方法，虽然对于少数民族双语教育的自然环境有所涉及，但与之相关的生态范式、生态结构、生态系统鲜有深入性、系统性的研究。在对少数民族双语教育环境因子的研究中，对政策方面的研究比重较大，但缺乏对社会环境、规范环境等的联动研究，系统、全面性的研究成果较少。

少数民族双语教育大多处于独特的生态环境中，其复杂的生态环境不仅对区域的社会发展、少数民族的体质、区域的自然生态有着直接影响，而且对该民族的民族心理、民族文化、民族传承也有着重要影响，这种影响在生态层面上则体现出其独特特色②：固有的生态结构、生态规律、生态功能、生

---

① BOYLAN M. Ecologies of Participation in School Classrooms [J]. Teaching and Teacher Education, 2010, 26 (1): 61-70.

② 董艳著. 文化环境与双语教育——景颇族个案研究 [M]. 北京：民族出版社，2002：142.

态属性等。在人类发展的历史长河里，民族的风俗习惯、民族传统、民族心理、民族宗教等多元化的文化生态因子直接或间接影响着少数民族教育系统的平衡性和整体性，与之相关的环境问题、经济问题、文化问题、宗教问题、政策问题等，都有可能引起或者导致少数民族生态教育系统的失衡，最后影响国家的安定和社会的团结。

纵览国际、国内双语教育的研究成果，从教育生态学角度研究双语教育较少。从仅有成果来看，方晓华从"自然生态环境""社会生态环境"和"语言文化生态环境"等几个方面研究了生态环境与新疆少数民族双语教育之间的关系。① 付东明研究了"新疆城乡语言文化生态环境对少数民族双语教学的影响"②。在上述这些研究中，研究者都试图以生态学的理念，观照、分析和解决少数民族双语教育在某一方面或某些方面存在的问题，其中虽不乏新意，但缺乏对社会环境、自然环境和规范环境的多元综合分析。至于对少数民族双语教育生态系统内部的动态关联、动态平衡、物质、能量和信息的流动和变化的研究，以及对双语教育生态系统和外部其他生态系统之间的动态联系和作用机理的研究更为鲜见。

因此，在今后的研究过程中，应用生态学的相关理论和方法，不仅要着眼于少数民族双语教育的生态环境、生态功能、生态范式，也要注重各个因子之间的整体联系以及动态平衡，在探究协同化发展路径的同时，通过研究民族学校的生态平衡，逐步消解影响平衡性能和动态发展的限制性因子，在遵从民族心理、民族环境的前提下完善少数民族双语教育生态系统的构建，从而促进少数民族教育的改革与发展。

四、研究内容与创新点

（一）研究内容

本研究从双语教育概念的界定及构成要素入手，将人类学、社会学、生态学的研究方法运用到教育学研究领域，采用田野调查法，选取贵州省黔东南苗族侗族自治州台江县番省苗族小学、凯里市挂丁小学为田野研究个案，

① 方晓华. 少数民族双语教育的理论与实践 [M]. 北京：学苑出版社，2010：12-22.
② 付东明. 新疆少数民族双语教学现状分析与对策 [J]. 新疆师范大学学报，2008（1）：131-135.

采用问卷法、访谈法、课堂观察法搜集资料，其中问卷部分采用SPSS18.0进行数据分析，"课堂志"部分则进行了叙事描述，力求理论分析与实证研究有机结合，对我国少数民族地区双语教育生态系统的生态结构、生态功能、生态范式进行分析，并由此探索双语教育可持续发展路径和策略，包括生态主体提升，宏观、中观及微观生态环境的优化和重构。在理论上推动教育生态学发展的同时也为全球化语境下民族教育政策调整及民族地区语言政策提供参考。

主要包括以下几个方面的内容：

绪论部分，研究者首先介绍了研究背景，包括选题缘起及苗汉双语教育面临的新形势。此外，说明了研究的理论与现实意义，并对国内外研究现状进行了较为系统的回顾，最后阐明了本研究的内容与创新点、研究方法与思路等。

第一章是核心概念诠释及理论探讨。笔者首先对相关概念进行了系统的梳理，如双语教育的定义及内涵，生态学及教育生态学的定义及内涵。紧接着重点阐述了生态学视域下少数民族双语教育的内涵，即少数民族双语教育的生态性论证，包括生态特征、结构、功能及生态平衡观。也论述了其他理论方面的内容，并提出了自己的观点，为本研究奠定了扎实的理论基础。

第二章是黔东南双语教育的历史与现状。它又分为以下三部分。前面两部分为苗族历史语言及文化概况及苗汉双语教育的历史变迁。第三部分黔东南双语教育的生态性现状考察是本部分的重点内容，它以两所苗族小学——台江县番省苗族小学和凯里挂丁小学为个案，进行了田野调查研究和课堂志描述，并收集和分析了相关数据。

第三章是黔东南苗汉双语教育生态系统失衡现象及归因。首先从自然生态环境、主要少数民族人口分布及语言使用、家庭语言环境、社会语言环境及学校教育环境等方面对黔东南苗汉双语教育的生态环境概况进行了阐述。在此基础上，探讨了生态系统失衡现象并进行归因。根据第一章所提供的理论范式，对生态主体和生态环境所构成的双语教育系统生态结构失衡现象进行了分析。其中生态环境分为宏观、中观和微观三个层面。宏观包括社会及文化环境；中观指学校和社区环境，而微观环境指课堂生态环境。其次，研究者分别从结构优化功能衰减、关系协调功能减弱、系统演替功能减弱、生态育人、文化传承功能发挥不够等几个方面阐述了生态功能失调的问题。最后利用生态学相关理论对失衡问题进行诠释与归因。

第四章是黔东南双语教育生态发展规律及可持续发展生态范式。黔东南双语教育生态发展规律包括：双语教育开放性及交互性规律；教师引导性规律；学生主体性规律；双语生态教育的动态生成性规律；双语教育生态平衡规律。在遵循规律的基础上，提出了可持续发展生态范式。分别论证了其可持续发展的基点、原则和生态理径。前提是树立双语教育生态意识，并要在理念和实践上遵循以下原则：持续性原则、公平性原则、和谐性原则、整体性原则、以人为本原则及高效性原则。最后从构建平等互利、相互交融的生态交往关系；重构系统生态化机制与功能等方面提出理论构建途径。

第五章是黔东南苗汉双语教育生态系统可持续优化发展战略。包括生态结构和功能的优化，认为生态主体的提升主要依赖于教师专业的生态化发展和生态化的和谐师生关系构建。生态环境优化分为三个层面：宏观上，要确立生态化的苗汉双语教育目标（比如语言目标、文化目标、学生发展目标、教育规划目标等）、优化双语教育政策、优化双语教育的社会语言环境，促进语言的和谐及协同共生机制等；中观层面主要是构建绿色生态校园、构建黔东南地区生态化苗汉双语教材体系、进行生态化双语课程评价；微观层面包括双语教学方法和模式的改革、构建动态生成的生态双语教学过程等。需要强调的是，以上措施并不是孤立存在的，各个层面的策略也是相辅相成的，最终在于构建社会—学校—家庭良性生态圈，实现双语生态系统动态平衡。

最后是研究结论，包括本研究的主要发现、局限性及未来趋势展望。具体研究框架参照图 0-1。

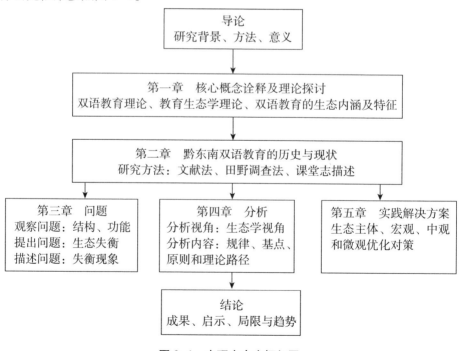

图 0-1　本研究内容框架图

（二）创新之处

1．选题视角

基于文献综述，我们发现，关于少数民族双语教育的研究从理论到实践，从宏观到微观，从数量到质量都已有丰硕的成果，但是在生态学视域的观照下，大多相对较为"静态""局部""平面"和"孤立"，在"协同""共生""系统""进化""动态""平衡"等特点上较为不足。运用生态学理论和方法，对少数民族双语教育生态系统的生态结构、生态功能、生态范式、生态系统的演替和演化进行深入系统的研究，目前尚未见到相关的报道。本研究尽可能使生态学的理论和理念在双语教育研究中具有实质性的贯彻和应用，如注意把握少数民族双语教育生态规律性，突出"动态""系统""平衡"等特征，"生态""整体""可持续发展"等观念贯穿全文始终。

2．研究理论及切入点

21世纪以来，很多国外先进理论被引入我国的民族教育领域，但有时难免生搬硬套，本研究是对教育生态学理论领会本土化转化的一个尝试。教育生态学是20世纪70年代兴起的一门新兴的教育学分支学科，作为一个较新的理论和领域，它在20世纪90年代才被引入我国，至今也才20多年发展历史。首先，本研究通过类比的方式将生态学的研究方法移植到少数民族双语教育研究中，从少数民族双语教育生态性、生态结构和功能切入，提出的双语教育生态特征、生态结构等概念，将拓宽教育生态学和民族双语教育的理论空间。其次，本研究将生态学的具体原理运用到解决黔东南地区民族学校苗汉双语教育问题的过程中，初步摆脱了传统生态研究"有名无实"的尴尬局面，推动了生态学视野下少数民族双语教育研究的深化。最后，本研究运用生态学理论和方法，对少数民族双语教育生态系统的生态结构、生态功能、生态发展范式进行较为深入系统的研究；从整体、分层、系统以及协同等多种维度来研究与分析双语教育生态，并厘清系统中各生态因子间的关系，促进其相互兼容和良性发展，将教育生态学理论的内在价值进行了充分挖掘。而类似的研究也是近几年才兴起的。

3．研究方法及模式

在研究方法上，运用人类学与教育叙事方法来研究武陵山片区黔东南州少数民族苗汉双语教育，对双语教育场景中所发生的现象进行深描，充分发挥教育的文化功能。具有一定的创新性。其中田野调查和课堂志分析法是本研究的亮点。此外，通过个案研究的方式构建一种综合应用生态学、民族学、语言学、教育学、文化人类学等多学科整合的研究模式，使之适应并推动了当前研究方法和模式新趋势的发展。

五、研究思路与方法

（一）基本思路

本课题遵循"文献分析—设定问题和假设—制定研究问题和计划—分析调查结果—确认假设"的研究思路。

第一，大量阅读国内外关于双语教育和教育生态学的研究文献，使其为本研究提供借鉴。

第二，带着研究问题及预设深入黔东南地区进行田野调查，获取第一手资料和数据。

第三，把理论阐述和实践研究相结合，从教育生态学的角度，重点从生态结构、生态功能、生态范式等三个方面来探讨黔东南地区苗汉双语教育的现状和发展趋势。

第四，得出研究结论，并进行归纳和总结。（参照图0-2）

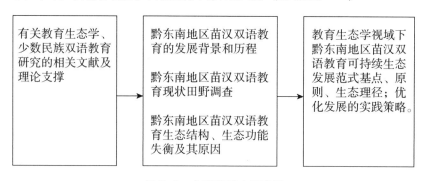

图 0-2　本研究基本思路图

（二）主要研究方法

在本书研究过程中始终贯穿着语言学、民族学、心理学、教育学、生态学、社会学多个层次的跨学科综合性分析，把理论和实践、定性和定量研究结合起来。具体研究方法如下：

1. 文献法

文献法是收集研究资料最直接最有效的方法之一。双语教育研究历史较长，可供借鉴成果较多，本研究参考了大量的国内外相关文献。通过 CNKI 中国知网，键入关键词"双语教育"进行检索，共找到 202200 条结果，文献简直是浩如烟海，但如果加上限定词教育生态学，仅能查询到 400 多条结果。笔者对相关文献进行了梳理和归类，对于具有重要参考价值的文献，进行了反复阅读和归纳。特别是一些国内民族双语研究专家的著作。此外，为了解武陵山片区黔东南地区双语教育的历史，还查阅了一些档案资料。而为了掌握宏观方面的数据，笔者也参考了贵州省及黔东南地区的经济和教育年鉴等信息。

2. 田野调查法

双语教育理论的构建需要大量的个案调查研究，深入民族地区，通过观察、问卷和访谈等手段获取第一手田野资料非常重要，这是民族学和人类学重要典型的研究方法，本研究选取的两所苗族小学，台江县番省小学及凯里市挂丁小学，都是国家或地方民委确立的双语示范学校，具有一定代表性。

本研究使用的具体田野调查方法主要为问卷法、观察法与访谈法。

问卷部分是在参考国内外大量相关资料基础上编制而成的，具有一定的信度和效度。根据问卷调查对象的不同分为学生及教师两大类。学生问卷包括"民族地区学生对开设苗汉双语课程的学习态度及认知""民族学校学生对苗汉双语教学课程满意度调查"等两大部分，而教师问卷由"教师对苗汉双语课程教学的态度调查""教师对苗汉双语课程教学开展的满意度调查""教师认为从事双语教育所面临的主要问题"等三部分组成（参照表 0-1），共计发放调查问卷 155 份，收回 155 份，其中学生问卷为 124 份，教师问卷 31 份。

表 0-1　调查问卷内容设计

问卷名称	内容
民族地区双语课程教学实施调查（学生问卷）	民族地区学生对开设苗汉双语课程的学习态度及认知
	民族学校学生对苗汉双语课程教学满意度调查
民族地区双语课程教学实施调查（教师问卷）	教师对苗汉双语课程教学的态度调查
	教师对苗汉双语课程教学开展的满意度调查
	教师认为双语教育所面临的主要问题

教育观察是教育研究者通过感官或借助一定的设备，有目的、有计划地考查学生或教育现象的一种研究方法。从基本类型而言，本研究对苗族双语小学采用的是自然情境中的直接观察法，并结合访谈。仅对番省小学的观察而言，累积时间就长达一个月之久，之所以将观察与访谈的时间拉这么长，旨在使自己的第一手资料更趋于全面、客观，因此，有必要反复、多次进入田野。

研究中访谈的人物比较多，主要采用结构式访谈与非结构式访谈相结合的方法。访谈对象包括学校教师、学生、校长、教育局领导。根据访谈对象的不同，主要分为教师和学生两大类。访谈提纲的编写尽量贴近实际，并符合他们的心理特征。

3. 课堂志研究法

课堂志研究法，是指教学研究者对特定的研究场域中的教育制度、教育过程和教育现象的科学描述过程。它实质上也属于观察法的一种，研究者在课堂教学中通过观察教学现象、描述教学现象、解释教学现象来获取一手信息。在本研究中，笔者就曾深入所选取民族学校的一线苗汉双语课堂，在观察和记录的基础上进行了深描。

4. 叙事研究法

教育叙事是目前教育研究的热点，它从教育研究的自身特征出发，主张将主观经验推向前台，通过经验事实的深度描述和深度诠释，呈现实践视野中的教育意义。这里，所谓的客观世界虽然被置于后台，但依然起着重要的印证作用。如果说，在教育叙事研究中，主观经验世界是主线的话，客观事实世界则是伏线，其与前者相互印证，以保证叙述及其意义的真实性。本研究的生态性现状考察主要采用的就是教育叙事的研究方法。

第一章　核心概念诠释及理论探讨

本书首先对相关概念进行了系统的梳理，如双语教育的定义及内涵，生态学及教育生态学的定义及内涵。紧接着重点阐述了生态学视域下少数民族双语教育的内涵，即少数民族双语教育的生态性论证，包括生态特征、结构和功能。也论述了生态平衡与优化方面的内容，并提出了作者的观点，为本研究奠定了扎实的理论基础。

一、少数民族双语教育的定义、内涵及理论基础

（一）少数民族双语教育的定义、内涵

1. 双语及双语教育

双语（bilingual）现象主要是指个人或者社区群体可以同时使用两种标准语言的现象。追根溯源，双语理论的基本定义来源于《朗曼应用语言学词典》。如果将双语译为汉语则可以表示为：以学校为教学平台，以第二语言或者外语为教学工具开展各学科教学。换言之，目的是让学生可以掌握外语或第二语言，根据教学模式与教学方式的转变，经过完整的语言训练无限接近母语的运用水平。在对双语内涵理解方面，要理清两个方面的问题：第一个问题，双语教学过程涉及两种语言媒介，最终目标是实现两者融合并达到掌握语言的目的；第二个问题，双语教学过程作为教学活动，注重师生之间的互动与交流，这一过程不单单是教师使用第二语言完成课程教学，还需要学生通过教学内容理解教学知识并最终达到掌握外语的目的。简而言之，双语可以被理解为两种语言，一种是学生的本族语/母语，另一种是学生所在地区的通用语言（第二语言）或学生所学习的目的语（外语）。

双语教育，是由"bilingual education"翻译得来的。但现阶段对于双语教

育方面的研究及定义并未统一，单单是国外对于双语教育的概念界定就不下数十种。但具有典型代表意义的定义并不多，以美国在 1968 年颁布的《双语教育计划原则草案》及 1974 年在宪法中对各项条款修正案中对双语教育的解读为代表，前者认为双语教育需要运用两种语言完成授课，并且授课内容要融合到各个学科教学之中。后者则强调各门学科教学中是否使用双语教学，真正将其作为认证正规双语教育的基础条件之一。而在《国际教育百科书》当中对于双语教育方面的定义，虽然并未对教学语言采取强制性措施，但要求各年级连贯性地使用两种语言。对于双语教育而言，当前的定义十分混乱，并未体现出统一的目标。但从定义中可以看到，现阶段的双语教育仅仅是运用两种语言媒介去开展教学，并非一门独立的学科。

　　上述对于双语教育方面的定义界定，并不具备统一的概念标准，但可以从不同的定义中找到双语教育的几个共性特点，具体表现在以下四个方面：①实施教育的全过程需要以两种语言类型为依托；②双语教育的内涵展现需要明确双语教育者所想要达到的基础目标；③双语教育的过程不能够被笼统地概括为外语教育，究其原因是目的性方面存在较大差异。双语教育的出现与实施，根本目的是拓宽当前外语教学的实践空间，打破学生对于传统外语教学思想的固化思维，营造一个全新的外语学习语境；④双语教育实质上是一个系统，学校教育是这个系统中的重要组成部分。学校教育环境想要与双语教育融合，则需要将外部环境、政策以及经济等多因素作为衡量标准，充分融合之后完成实践。

　　王斌华教授在双语教育研究中，从广义与狭义两个角度来解读双语教育。广义条件下的双语教育指以学校作为基础性平台，运用两种语言来完成教育过程。狭义视角下的双语教育指学校教学过程中使用第二语言或者外语完成各学科教学内容。① 当然，对于双语教育的广义与狭义方面的解读，不同研究有不同的看法。苏德教授认为广义条件下的双语教育指运用两种语言开展教学的教学体制，不同民族与国家之间实现语言、文化层面的交流。狭义背景下的双语教育则是多民族国家中少数民族学生的教育，两种语言形态也发生改变，包括本民族语言和国家主流语言。② 本研究是借鉴苏德教授对双语教育

① 王斌华 . 中外比较：双语教育的界定、属性与目的 [J] . 教育发展研究，2005（11）：49-53.

② 苏德 . 多维视野下的双语教学发展观——内蒙古地区蒙古族中小学个案 [D] . 北京：中央民族大学，2005：27.

狭义方面的解读开展的。

以下四点是双语教育研究者必须把握的：第一，双语教育本质上是一种文化传承，一定不能忽视"双语教育"的文化背景。第二，双语教育是多元文化背景下人类实践的总结，是历史的必然。第三，不同文化背景有不同的价值观，研究"双语教育"，首先要研究地区和民族的文化。第四，研究双语教育，要注重研究语言发展规律，语言发展的关键期、敏感期和文化认同期。

2. 双语教学

（1）对于双语教学的含义，结合当前学术研究的主流思想来看，可以将其分为最广义、广义与狭义三个层面：最广义角度指多文化交融的国家采取的一种语言政策，广义角度是指在具体教学实践中运用两种语言开展教学，狭义角度则是指双语教育除本民族主流语言之外的外语教学本身。

（2）双语教学的过程并非以一个学科的视角来解读，而是需要将这两种语言作为教学实践使用。

（3）对双语教学而言，有的学者认为双语教学与教学体制之间的关联性较强，少数民族教学过程运用除少数民族语文之外的汉语文，实现教学实效并完成教育运用。

本研究提出的双语教学主要是指少数民族的双语教学，借鉴王鉴的观点，将双语教学涉及的两个含义进行解读：其一，民族语文与汉语学习；其二，民族语文与汉语文在教育教学中的运用。

3. 双语教育和双语教学区别

从双语教育与双语教学的概念分析当中，可以看出两者之间存在一定区别，笔者总结归纳如下。

其一，双语教育与双语教学两者研究范畴及侧重点不同，宏观上双语教育要考虑文化、政治和政策层面的内容，如注重和语言相关的文化背景，确立两种语言文字的平等地位，以及构建"双语教育"政策体系等。而双语教学，更确切来说，关注的是双语课堂及双语教育的实施过程。

其二，双语教育与双语教学概念不等同。具体表现在双语教育的概念宽泛，涉及的基础内容不单单包括教材、课程设置以及教学方法等方面，还包括教学用语及办学形态。反观双语教学，涉及的内涵仅仅是一种教学过程，与双语教育相比内涵单一。

其三，以术语为区分标准。少数民族开展双语教学是为了更好地达到双语教育的目标。教学实践的具体方式则是运用母语完成学科教学，再运用非母语完成对非语言学科教学的具体实践。

其四，从教学过程的视角来看。双语教育的整个过程主要分为两个大类，一类是指现阶段我国开展双语教学过程中所涉及的汉英双语教学，而另一类则是少数民族的双语教学。两者所运用的语言形态不同，但这一教学过程都是为实现双语掌握与运用。

其五，在少数民族中开展双语教学，有助于拓宽少数民族学生的语用环境，教学过程以本民族语言为辅助，更好理解学习内容。通过这样的方式，让学生具备良好的语言思维，可以实现对第二语言基本知识点的掌握，把握最基本的学习规律，实现两次短跳到一次长跳的跨越，对于历史悠久的书面语言完成两次跳，有助于对多元文化的历史传承。而这是双语教育所涉及的目标之一。

4. 少数民族双语教育

少数民族双语教育是双语教育体系的拓展和延伸，也十分适合我国的国情。作为一个特色的教育系统，少数民族双语教育的过程主要是以政策条件为核心，真正做到与地方的经济、文化、社会背景及教育实际充分融合，对双语现象进行全面解读，最终让两种语言充分结合，构建隶属于双文化背景下的基础性条件，实现教学内容的创新，更好地诠释一种以双语教育为主体的教育形态。少数民族开展双语教育，一方面，有助于增强各民族的文化水平，强化各民族对于双语教育实施的适应性，建设适合我国多民族共存的发展形态，将双语教育的目标真正贯彻落实；另一方面，基于现代化建设的背景下，少数民族地区开展双语教育，对本地区多元化人才培养具有积极意义，探索两种语言的融合途径，为今后的学习、工作以及社会适应能力打下坚实基础。

为更深层次地了解与掌握少数民族双语教育，借用方晓华教授在最新出版的专著《少数民族双语教育的理论与实践》中提到的理论，认为双语教育是一种制度化的教育系统，承载着一个国家、民族乃至地区的媒介语言教育状况。将两种语言类型运用到双语教育体系之中，解决本民族文化以及文化传承，打造双语双文化人。这一理论很好地指导了实践过程，不仅为本民族文化传承奠定了基础，也为丰富多彩的世界文化探索提供了保障。

本书提到的少数民族双语教育的定位已经十分明确，主要是指我国的少数民族学生群体。学生本身就具有受教育的权利，双语教育的实施目的是让少数民族学生可以灵活运用双语，挖掘民族语言与主流语言的内涵与价值。

这也是双语教育之所以在少数民族中得以应用与发展的根本。为体现少数民族双语教育的内涵，证实其开展过程并非将两种语言完成机械式的相加，可借鉴滕星对少数民族双语教育的研究与归纳，具体分为四种类型：第一，民汉兼通，双语教育在少数民族地区的应用不单单让学生掌握本民族语言，也需要掌握汉语；第二，汉民兼通。对于汉族成员而言，在掌握汉语的基础之上掌握一门或者多门少数民族语言；第三，民民兼通。少数民族当中的部分成员在精通本民族语言的基础之上，需要掌握其他少数民族的一门或多门语言；第四，同族双语。主要是指在同一个民族之中，涉及的部分成员可以掌握两种或者两种以上的语言类型。从研究的类型区分，可以发现本研究的重点所在，即民汉兼通的双语教育类型。

（二）少数民族双语教育的理论基础

1. 语言习得理论

学生能够在自然状态下，不自觉地学习掌握第一语言，通常是母语，这种方法和过程就是语言习得。具体是指学生拥有内在的语言学习能力，能够潜意识地、不自觉地掌握语言能力，且对语言语法等都是无意识的。在自然的语言大环境中，学生为了生存和发展的需求，掌握并且应用语言，但是在此过程中，学生通常会忽略对语言形式的学习，只注重语言沟通意义的学习。学生语言的学习和运用，都是从不自觉到自觉学习，从无意识地，到有意识地掌握语言形式和运用语言。

（1）第一语言习得主要理论和假说

德国的著名学者 D. Tiedemann 在 18 世纪末期进行了语言习得理论的研究，他运用记录的方式对他小儿子的语言和心理的发展进行了观察。[①] 随后，更多的专家学者参与到语言习得理论的研究，华生、斯金纳等人进行了相应的研究，进入了行为主义心理学阶段；乔姆斯基等人形成了先天论学派，而皮亚杰等人形成了认知学派，到了 20 世纪 90 年代，语言习得研究成为一门新兴的学科。

在语言习得理论的研究过程中，研究的思想、方法以及视角都有着较大的差别，由此也形成了四种语言习得理论假说，分别是刺激—反应论、认知论、先天论以及语言功能论。第一，刺激—反应论派系的学者专家认为后天

① ELLIS R. 第二语言习得研究 ［M］. 上海：上海外语教育出版社，1999：78.

环境中的因素决定了语言的学习和使用，认为模仿、重复以及强化等才能学习第一语言；第二，先天论派系学者认为先天的语言习得机制决定了学生是否能够学习第一语言，而学生脑中的语法能够帮助学生不自觉地熟悉语言的规则；第三，认知论派系学者认为在先天与后天因素的相互作用下，学生完成语言习得，后天不断发展的认知能力决定了学生的语言学习情况，语言能力是认知能力其中的一部分；第四，语言功能论派系学者认为语言习得过程是语义体系掌握的过程。上述四种派系的理论从不同的角度和方面分析第一语言习得的成因，四种理论相互补充、相互发展。第一语言习得受到各种因素的影响，学生第一语言习得既受到语言因素影响，又受到认知心理和社会因素的影响，同时还受到语言的结构以及意义功能影响。因此要结合多门学科进行研究。

（2）第二语言习得主要理论和假说

西方发达国家很多学者提出了与第二语言习得相关的理论与模式，分别从不同的视角进行第二语言习得的解释。

①对比分析假说

20 世纪美国语言学家拉多提出了第二语言习得是通过刺激—反应—强化形成习惯而掌握的。一旦学生形成语言的习惯，当学生在某一个语言情境中时，能够产生一定的反应。第二语言和第一语言的习得有着较大的差别，当学生学习第二语言时，学生已经形成了第一语言的学习习惯，此时将这一习惯运用于第二种语言学习中。而这种行为是心理学的概念，学习过程中，学生会利用已学的知识和技能进行新一种语言的学习。如果这一习惯促进了学生第二语言的学习，该影响为正迁移，但某些时候也会阻碍新技能、新方法的学习，此时为负迁移。

②中介语假说

20 世纪末美国著名的语言学家塞林科提出了中介语的概念。赛林科在《中介语》中提出了中介语假说，该假说在第二语言的学习研究中有着重要的意义。中介语是指学生在学习第二语言中，借助一定的学习方法和策略，在第二语言的基础上形成一种与第二语言、第一语言不同的过渡语言系统。学生在语言学习和发展的所有过程，都存在中介语，也是某一个阶段的语言系统。中介语连接了学生从未知到掌握某一种语言的各个阶段。

③内在大纲和习得顺序假说

20 世纪 60 年代，科德在著作《学习者语言错误的重要意义》中提出了内在大纲的假说，他认为第二语言的学习者在学习语言的过程中，有着个人的内在大纲，而学习者受到内在大纲的影响，出现不同的错误。内在大纲通常是指学生掌握语言的客观规律时，教师在教学中可对部分行为进行控制，但不能够控制学生学习第二语言的内在变化。教师的教学如果与学生的内在大纲出现冲突，学生的第二语言习得也会受到影响。所以，在第二语言学习中，要分析研究内在大纲，促进学生的语言学习。

④输入假说

20 世纪 70 年代，美国著名语言教育专家克拉申提出了第二语言的一系列假说。克拉申在《输入假说：理论与启示》中，对提出的假说进行了归纳，总结后分别为：习得与学习假说、自然顺序假说、监控假说、输入假说以及情感过滤假说，这五个假说归纳为输入假说理论。输入假说理论受到不同学者专家的推崇，该理论被广泛认为是第二语言习得理论研究中最为全面、影响力最大的理论之一，但也引起了一些专家学者的争议。其中，克拉申认为第二语言习得的完成，决定性的因素分为两个方面：首先，学习者要能够听懂并且能够理解的语言输入；其次，学习者在心理上要能够接受第二语言。减少屏蔽效应，学习者在短时间内较好地理解第二语言。克拉申认为第二语言习得的基本原则是可理解的输入以及低屏蔽环境，学习者在此环境下能够较好地习得第二语言。

⑤普遍语法假说

随着普遍语法假说的提出，人们进行了一系列的相关实验，而类似实验证明普遍语法能够帮助学生学习，人们对第二语言的语言参数可进行再定值。学习者学习初始时期，会结合第一语言的参数值，因此在第二语言的学习初始时期会受到第一语言规则的影响，出现各类偏差。但是，学习第二语言时间延长后，学生会在第一语言参数的基础上，进行调整或者重新建立新的语言参数值。

但也有一些实验表明语言参数值不能够二次定值，学习者运用大脑中的先天语言功能体系，也就是普遍语法进行第一语言学习，学生由此自然地掌握了第一语言。

目前普遍语法理论在解释第二语言习得时仍然存在较多的争议，但该理论对第二语言习得的研究有着重要的意义，促进了对第二语言习得的研究。

⑥文化适应假说

舒曼在对第二语言习得过程的研究中，分析了文化和语言的练习，认为第二语言的习得过程是对第二语言文化的适应过程，将第二语言的习得当做文化适应的一部分，认为第二语言学习者的语言掌握程度决定了语言文化的适应程度。而文化适应是指学生在学习中与第二语言的社会和心理的结合，所以在第二语言的学习中，学生与第二语言的社会距离、心理距离是影响第二语言学习的重要因素。

文化适应假说认为在第二语言习得中文化起着至关重要的作用，文化适应假说指出文化适应是第二语言习得的唯一主要因素，认为语言习得过程就是文化适应的过程，尤其是将文化适应理解成对第二语言的社会和心理的结合，该假设存在一定的片面性。

第二语言的习得需要学生对第二语言的文化进行适应，且取其精华、去其糟粕，不能够被第二语言文化完全同化。学生在第二语言的习得过程中，对文化进行适应，但难以完全解释第二语言的内化和运用过程。

2. 双语教育理论

双语教育在国际上被认为是对官方语言与少数族裔语言的教育，公认的双语教育理论包括平衡理论、依存假设理论、思想库模式理论、阈限理论、卡明斯教育理论等。就我国而言，双语教育存在两种说法：一种是指在少数民族地区实行少数民族双语教学，另一种指广泛实行的英、汉这两种语言教学。结合我国的双语教学现状，主要介绍以下四种基本理论。

第一，平衡理论（balance theory），它是早期的双语教育方面的理论，平衡理论的一种观点认为两种语言的学习是不共存的，简单来说，即掌握一门语言必然会削弱对另一门语言的掌握情况，第二语言的学习通常是以牺牲第一语言的学习作为代价，人的大脑就好比一个固定的容器一样，接纳知识和技能的空间存在固定性，且不会变化，单语学习者会以单一语言占据大脑的全部空间，而双语学习者两种语言只能占据一半空间，这样第二语言就缩小了第一语言的空间，降低了两种语言的熟练度；平衡理论的另一种观点认为双语学习的过程中，两种语言之间是互不干扰的，第一语言与第二语言的学习之间并没有关联性。这种早期的双语教育理论得到了早期教师、政治家的推崇，但根据心理学等相关学科的研究表明，这种说法是靠不住的，双语学习不仅可以提升受教育者个体的语言表达能力、语言理解能力，不会在学习双语的过程中对另一门语言的学习产生负面影响，而且很有可能从认知能力上获得益处。

第二，依存假设理论（interdependent hypothesis），该理论认为如果第一语言学习能力较强的个体，第二语言的学习能力也会较强，这种语言的关联性反映了个体对语言获取的灵敏度。同时也认为"精通语言"与"表面语言"存在着本质的区别，"精通语言"表明学生已经达到了认知语言水平，能够获得学术的进步和发展；"表面语言"表明学生只是具备了基本的人际交流语言技能，会影响认知和学术方面的进一步发展。这也诠释了现实中的常见现象，学生能够用第二语言进行人际交往，但无法对语言进行综合、分析、评价，这说明学生仅具备了"表面语言"能力。

第三，思想库模式理论（think tank model），该理论把人的大脑比喻为"思想库"，第一语言与第二语言在大脑中保持着自身特征，但其表现取决于思想库中的语言能力，也可以理解为：其一，两种语言虽然没有融为一体，但它们源自一个思想中心；其二，两种语言促进了大脑的成长发育。根据这个理论，我国在少数民族聚居地区实行双语教学，不仅是切实可行的，也能促进学生大脑的发育。

第四，阈限理论（thresholds theory），也被称为起点理论或者临界理论，它认为精通双语的群体在自我认知能力方面优于单语群体，双语教学会对受教育个体产生积极的促进作用，而非精通双语的个体在认知方面存在负面效应，阈限是对受教育个体双语能力水平的表达，它根据个体掌握双语水平的基本情况，将其划分为三个层次：第一是低级层次，指学生不能精通任何一门语言，对其认知能力产生负面影响；第二是中级层次，即学生能够掌握一门语言；第三是高级层次，指学生能够掌握两门或者两门以上的语言，能够对认知和智力产生积极效应。从阈限理论而言，在我国实行民族教育，推广少数民族语言，让少数族裔语言能够得到传承，对学生的认知能力、大脑的发育都有积极作用。

3. 中华民族多元一体理论

我国的少数民族教育理论基础来源于马克思主义民族理论和教育学理论，并在此基础上形成了中华民族多元一体的民族教育理论。20世纪80年代，著名的社会学家费孝通提出了"中华民族多元一体格局"的理论[①]。"多元"是指各兄弟民族各有其起源、形成、发展的历史，文化、社会也各具特点而区别于其他民族；"一体"是指各民族的发展相互关联、相互补充、相互依存，与整体有不可分割的内在联系和共同的民族利益。以此为依据，少数民族教

---

① 费孝通. 中华民族的多元一体格局［J］. 北京大学学报，1989（4）：1-12.

育也要走多元一体的道路。"中华民族多元一体理论"促进了我国民族关系的研究和发展，对我国民族工作和民族理论政策体系的建立和完善有着指导作用。同时，它也适用于少数民族双语教育实践。

（1）中华民族多元一体的基本内涵

中华民族多元一体主要包含了三个方面的内容，分别是：首先，我国是多民族国家，包括汉族在内的 56 个民族构成了我国庞大的人口结构体系，我国各民族是一个统一的整体，不可分割。56 个民族是统一的整体，所有民族都具有高度的民族荣誉感、认同感，中华民族的发展与振兴需要所有民族的团结合作，共同发展；其次，我国各个民族在成为统一的整体前，经历了多次分散，最终形成了多元一体的格局。在以往的分分合合中，民族凝聚力的核心就是经历了 2000 多年的发展的汉族，汉族是中华民族中的一员，而汉族文化又影响了全国各个民族，汉语逐渐成为多民族的共同语言，并且将全国各地的少数民族结合起来，形成一个庞大的语言网络，汉族的凝聚力将 56 个民族凝聚成了一个团结的整体；最后，我国 56 个民族形成了不可分割的整体，对中华民族有着高层次的认同感和荣誉感，且各个民族有着不同的认同，在他们的发展基础上，既结合汉语的特点，也存在民族特有的语言和文化，最终构成了多语言、多文化的特色整体。高层次的民族是一体多元化的整体，这个整体中间就存在一定的对立矛盾，存在一定的差异性，通过不断地发展和变化，相互磨合和合作，从而形成共同体，共同生存和发展。

（2）中华民族多元一体格局理论与我国的民族政策

我国民族政策制定的基础是各个民族之间相互平等，而我国的民族政策有助于促进中华民族多元一体格局的巩固以及各民族的发展。我国的民族平等政策主要蕴含了三个方面的意义：首先，各个民族不论人口多少，历史长短以及居住地域大小，经济发展程度如何，语言文字、风俗习惯和宗教信仰是否相同等，所有民族拥有同样的政治地位。其次，我国各民族在政治、经济、法律以及文化和社会生活等方面平等。最后，我国所有公民在法律面前一律平等，拥有相同的权利和义务。

我国处理民族关系基本原则是坚持民族平等、民族团结和各民族共同繁荣，我国民族政策中也将民族团结列为核心内容，民族团结能够促进中华民族多元一体格局的稳定。① 而民族团结，不仅是指汉族与其他民族间的团结，同时也是指少数民族之间的团结。民族团结有助于国家的统一和稳定，促进社会事业的发展。我国是社会主义国家，特殊的国情以及发展道路，要求民族团结。我国各民族拥有共同的华夏文化传承。我国的封建社会经历了数千年，封建社会的中央集权统治影响了古代各个民族的形成和发展，为我国的民族关系的巩固和发展提供了一定的条件，最终形成了中华民族稳定的多元一体格局。

我国积极、认真对待少数民族治理问题，实践证明，民族区域自治能够解决民族治理问题，促进各民族之间的团结，提高各民族的经济发展水平。而民族区域自治是我国重要的政治制度，是巩固和发展我国多元一体格局的重要保障。

民族区域自治是我国解决民族问题的基本政策，在我国中央政府的统一领导下，在少数民族聚居地设立自治管理机关，完成对少数民族的治理。我国是现代化的社会主义国家，我国的国情以及历史文化发展、民族关系以及民族分布等特点要求我国采取民族区域自治的方法进行少数民族治理。同时，民族区域自治是我国的基本政治制度，有助于团结各民族，是实现中华民族多元一体格局的重要保障。

我国民族政策的基本立场就是促进各民族的共同发展，而民族的发展又是促进我国多民族多元一体格局的动力。我国的宪法和民族自治法都对民族发展有着明确的规定，我国具有扶持和帮助民族地区经济发展的职责。我国大力扶持少数民族和民族地区经济发展，主要体现在经济、税收以及政策等方面：首先，我国为少数民族地区提供扶贫资金，同时设立了专项建设资金，促进各民族的经济发展；其次，在民族地区建设项目，组织开展对口支援以及经济技术的帮助，促进当地的经济发展；最后，我国对少数民族实行税收优惠政策，同时实施金融优惠政策，在人口较少的民族区域，我国政府加大了对少数民族经济的扶持。国家根据少数民族的发展特点，制定一系列的规划并贯彻落实，从而促进少数民族的经济发展。少数民族以及民族地区经济的发展，有助于社会主义事业的发展，是社会稳定和民族团结的重要保障，也是中华民族多元一体格局的动力。

---

① 徐柏才，崔龙燕．论大学生马克思主义民族观教育的时代内容［J］．北京教育（德育），2015（9）：12-15.

二、生态学及教育生态学的定义、内涵及理论

(一) 生态学的定义和内涵

生态学一词起源于德国，著名动物学家雷德尔（Reiter）在结合希腊文的基础上研究而成，其最初含义为"对居住区域的研究"，且局限于生物学研究领域。[①]

目前，有关生态学的定义较多，结合各种文献资料，对生态学进行了分析和研究。19世纪德国的动物学家赫克尔开启了生态学的研究，认为生态学是指用于研究动物与有机和无机环境之间关系的一门科学。[②] 随后，德国的著名生物学家恩斯特·海克尔也对生态学进行了研究，提出了他的定义，他指出生态学的意义是研究生物与周围环境的相互关系。在恩斯特定义的基础上，生态学有了进一步的补充和发展，生态学被认为是用来研究生物体与其环境之间关系的一门学科。本研究借鉴了大多数学者专家的理念，认为生态学是指生物体与所处环境之间相互关系的一门学科。而生态学定义中的生物是指植物、动物、微生物以及人类，所处的环境是指生物生存的空间，包括直接和间接接触的生物体存在的所有外部条件。生物体不能单独存在，生物种群之间既存在合作也存在竞争，生物与环境之间也存在物质与能量的转换。发展到20世纪30年代，生态学成了完整的独立的学科，生态学有独立的研究对象、方法以及理论体系。人类是生物中特殊的群体，人们为了生存不断地对环境进行改造，而环境对人类又有着影响作用。

目前生态学已经超出了生物学的范围，扩大到其他领域。除生物学中的植物生态学、动物生态学外，在地学中也建立了海洋生态学、土壤生态学、地理生态学、生态气象学。50年代以后，严重的环境污染与破坏进一步推动了生态学的研究，又提出了人类生态学、社会生态学、污染生态学、城市生态学、生态经济学乃至教育生态学等生态学的分支学科。联合国教科文组织，也把"人与生物圈"的研究列为全球性课题，强调从宏观上研究人与环境的生态学规律。随着社会的不断发展，生态学的相关理论和观点逐步融入社会学的各种现象中，由最初的生物学领域扩展到人文学科领域，并随着研究的

---

① WHITTAKER R H. Communities and Ecosystems [M]. New York：MacMillan，1970：5.
② WHITTAKER R H. Communities and Ecosystems [M]. New York：MacMillan，1970：5.

不断扩展和深入，生态学逐渐细分为教育生态学、文化生态学、语言生态学等。

（二）教育生态学的定义和内涵

教育生态学（Educational Ecology）是将教育及其生态环境相联系，并以其相互关系及其机理为研究对象的一门新兴学科。教育生态学的起源在学术界颇有争议，普遍认为这一科学术语是由美国哥伦比亚师范学院院长劳伦斯·克雷明（Lawrence Creming）1976年在《公共教育》（*Public Education*）一书中最早提出来的，并在此书中进行了详细的论述。[①] 教育生态学是教育学和生态学相互渗透的结果。教育学是研究教育现象及其规律的一门社会科学，它在国内外都有比较漫长的历史，随着科学技术的飞速发展，近几十年教育学才加速了学科的分化和发展。教育生态学，是研究教育与其周围生态环境之间相互作用的规律和机理的科学，教育学和生态学是它的两个重要理论基础，它把教育与生态环境联系起来，并以其相互关系及其作用机理作为研究的对象。

教育生态学与传统的教育学研究有着较大的差异，它是一门全新的、特殊的学科，以生态学研究的理论和方法对现有的教育现象进行分析。教育生态学结合了教育学和生态学的研究成果，研究教育与自然、社会等环境之间的联系。教育生态学是一门全新的学科，它的核心观念是生态系统和生态平衡。

相对于西方国家，我国研究的起步时间较晚，进入21世纪以来，学者对于教育生态学的研究越来越重视，尽管在很多方面还没有达成一致意见，但也取得了较为丰富的理论成果。在《教育生态学探讨》一文中，李化树认为教育生态学所包含的原理内容众多，如花盆效应、限制因子定律、教育生态位原理、阿里氏原则、教育节律等，范国睿认为教育生态学在原理上与生态学极其相似，包含了生克原理、瓶颈原理、主导性原理、乘补原理等。[②]

从教育生态学角度研究少数民族双语教育，其基本理念如下：少数民族双语教育是由不同因子、不同成分按照一定的方式相结合而成的复杂有机体，即是一个整体联系、动态平衡的生态系统，因此，从民族地区的社会环境、

---

① 吴鼎福．教育生态学刍议［J］．南京师大学报（社会科学版），1988（3）：33-36，7.
② 李化树．教育生态学探讨［J］．教学与管理，1995（1）：14-16.

自然环境、规范环境入手，探究双语教育具备的生态功能、生态构成、生态规律，以此为出发点，来解释少数民族双语教育发展的基本规律以及现阶段少数民族教育改革的新路径。

（三）相关理论

进入 20 世纪七八十年代，生态学原理所能够产生的影响在逐渐扩大，已经有着逐渐向人文社会科学领域方面渗透的趋势，教育生态学得到发展。下面对生态学主要理论进行探究与具体阐述。

1. 生态系统理论

英国植物群落学家坦斯利最早提出了生态系统的概念，他将生态系统定义为某一特定的空间或地域内存在的所有生物与环境相互影响的存在能量转换、物质转换以及信息传递的统一体。完整的生态系统包含四个部分，分别是无机环境、生产者、消费者以及分解者。生态系统的结构完整，能够保持能量和物质的流动，而物质的循环是生态系统存在的基础。生态系统中，生命个体利用环境中的无机物质，分解、合成无机物质，生物种群之间进行物质交换，生物与环境之间也在进行物质和能量的交换。生物的生存过程中，从环境中索取物质，也向环境输出物质，生物不断地改变着环境，而环境也在持续地影响着生物。生态系统作为一个完整的结构，系统中的生物种群之间、生物与环境之间进行相互作用。而社会生态系统作为人工的生态系统，是一个复杂的生态系统，包括政治、经济、文化、资源以及教育等子系统。

2. 生态平衡理论

生态系统中，保持生态的平衡才能够维持生态系统的稳定，而生态平衡是指一定的时间内生态系统中生物与环境之间、生物种群之间，进行能量和物质的交换，完成信息的传递，保持生物种群之间、生物与环境之间的适应和协调，从而实现生态的统一和平衡。只有生态的平衡，才能够实现生态系统结构和功能的稳定，生态系统中的生产者、消费者、分解者以及环境之间持续进行着能量和物质的交换，且所有交换按照一定的规律进行，保持系统的稳定性。生态系统不断变化，呈现动态状态，生态系统中的所有因素也在变化。生态系统中各个子系统、因素存在永恒的能量、物质的变化，当某一因素出现异常变化时，打破生态平衡，而生态系统的调节能力促使生态系统重新实现平衡。生态系统虽然具备自我调节的能力，但其能力有限，一旦超过限度，将会使生态系统遭受破坏。生态系统的平衡需要长时间的积累和调节，而一旦生态平衡被打破，生态系统的结构和功能就会出现变化，从而引起一系列的后果。生态平衡对生态系统的长期、稳定发展有着重要的作用和意义，生态平衡打破会出现一系列的问题。当生物种类出现改变，有可能出现新物种、新事物，也有可能是旧的物种消失；如果生物之间的信息渠道通畅，生物种群之间的联系会重新连接，确保生态的稳定运行；而如果生物之间的信息联系渠道遭到破坏，生态系统的功能则难以实现。

3. 限制因子理论

限定因子理论出现在 1840 年，由德国农业化学家利比希（J. Liebig）在研究多种化学物质对植物的影响时所发现，作物的产量往往不会受到大量营养物质方面的限制，而是会受到土壤之中微量元素的具体作用。如果稀少的营养元素不断增加，其他条件保持不变，作物的产量会明显提升。经过进一步的研究，得出结论：植物的生长取决于环境中那些处于最小量状态的营养物质，也有学者称之为最小因子定律。1913 年谢尔福德又提出了耐受性定律，认为任何生物都有一个生长耐受限度，数量的多少和质量的高低都会影响其生存与分布，耐受性定律促成了限定因子理论的成熟。（参照图 1-1）

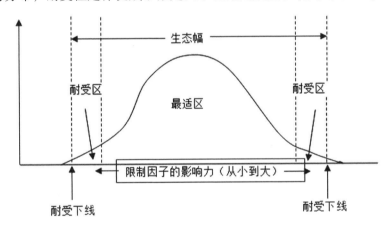

图 1-1 耐热性定律图解

1954 年，奥登（Odum）发展了限制因子的概念，实现对限制因子理论进一步的拓展与延伸。在现阶段，结合最小因子定律与耐受性定律，限制因子的概念可以表述为：当生态因子接近或者超过某种生物的耐受性极限而影响甚至阻止其生存、生长、繁殖、扩散与分布时，这一过程中所涉及的各项因子称为限制因子。随着教育生态学的逐渐衍生，限制因子、最小因子定律以及耐受性定律已经被广泛应用到教育生态方面的研究之中，但该原理在应用的过程中需要注意以下三个方面的问题：a. 如何确定限制因子？b. 如何站在环境因素与个体因素层面分析好限制因子产生的原因？c. 如何依据"度"和"量"的基本维度去减少限定因子的限制作用，扩大发展最适区。

4. 生态位理论

生态位是指群落当中种群或物种个体占据的一定空间以及所具备的一定功能。换言之，一个物种的生态位就是指它具体生长在什么地方，起到什么样的作用。生态位系统构成中，每一个物种都有属于自己的生态位，在生态位均衡发展的基础之上保持稳定运行。与之相关的概念有生态位宽度、生态位重叠及高斯法则等。生态位宽度或广度是指物种所能利用的各种资源总和的幅度，而当多个物种分享一定生态位空间时，就会发生生态位重叠，这对生态发展是不利的。（参照图1-2）

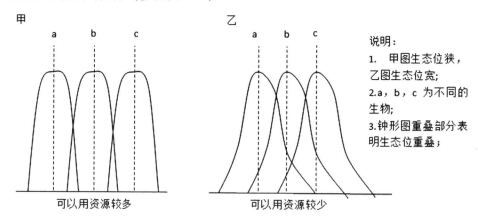

图1-2 生态位重叠示意图

在教育生态学研究中引入生态位理论，就是为了验证教育的生态个体、生态群体、教育生态系统各自的生态位以及相互竞争和排斥关系。基于生态位的理论视角，教育工作者应该处理好以下四个方面的问题：a. 教师与学生如何找准各自生存与发展的空间，如果详细划分则可以表述为如何找准各自的生态位？b. 一旦生态位出现重叠，需要解决好个人生态位问题，做出调整与转变之后如何完成自我调整？c. 站在管理者的角度上来看，如果出现多维教学环境，如何避免生态位重叠与排斥现象？d. 同一生态位下的竞争和适度的竞争具有积极作用，如何运用这种竞争与排斥原理激发学生的斗志与学习动机？

5. 生态链法则

自然界当中的生态链主要是指基于能量流传递摄取而形成的生物之间的关系。通俗来讲，在整个生态系统环境中的各种生物之间为了生存产生一种吃与被吃的关系，是一种以营养供求关系形成的链条，从生态学的角度来看，这种内容被称为食物链。之所以在这里说到生态链法则，是因为教育生态链与自然界当中的食物链之间具有一定的关联性。之所以提及教育生态链，是因为信息的流通会在教育领域中出现逐级衰弱的现象。基于生态链法则视角，物质、能量与信息之间有可能产生富集与衰降过程。富集与衰降因素的出现，对教育生态具有一定的启发意义。少数民族双语教育运用生态链法则，要有效解决以下三个方面的问题：a. 少数民族双语教育涉及诸多生态因子，怎样理清它们之间的相互关系与作用机理？b. 从双语教育自身的角度去解读课程与教学之间构成的网状关系是怎样的？c. 少数民族双语课堂教学过程中的信息处于一种怎样的流动状态？如何得知信息流动过程中的富集或衰降？

6. 最适密度原则

常言道："物以类聚，人以群分"，这句话已经完全解读了自然界当中的群聚现象。从自然发展的角度来看，每一个单一的生物都无法独立生存。生物个体的存活需要在一定时期之内依赖种群以及与其他个体的联系，在相互依赖中以求得生存。从生物群聚的原因角度来看，分为生殖需求、遗传本能、趋光性、趋湿性等基础习性。按照被运送的结果分为风吹、水冲等。从种群群聚时间层面，又分为临时性集群、季节性集群以及永久性集群。它认为生物的生存和密度分布相关，各个不同的生物物种有一个最优的密度值，接近该数值时生物种群生长最快。（参照图1-3）该原则是由阿里提出的，所以也叫阿里氏原则。

当然，最适密度原则对于每一种生物都存在一定差别，这一基本原则应用在教育学方面，需要解决如下问题：a. 教育开展过程中的教育群体有哪些？分别具备怎样的特性？b. 对于不同教育群体而言，最适密度如何探究？c. 针对不同教育群体得出的最适密度结果是否对教学工作会产生直接影响？在此基础之上，最适密度原则被应用到双语课堂教学中，需要解决的问题是：a. 在开设双语课程的背景下，如何确定双语课程群体和课时？b. 如何针对不同班级的要求确定班级之内的合理人数，最终达到最适密度的要求？

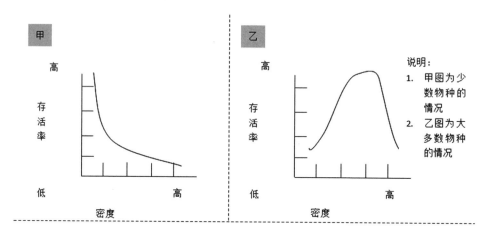

图 1-3 种群密度和存活比例关系

7. 生态效应相关理论

生态效应相关理论，其核心是指主生物因子或者非生物因子在其存在与活动过程中对整个生态系统中的结构、功能因素所产生的影响。站在广义的角度上分析，生态效应的基本内容还涉及各个生态因子之间的相互作用。我们日常生活中所提到的温室效应与生态平衡都属于生态效应的基本范畴。本研究对生态效应相关理论的阐述，主要包括花盆效应、边缘效应、整体效应与活水效应。花盆效应，生态学角度上将其称为生境效应，该理论在 1875 年由地质学家修斯提出，指花盆当中的植物一旦离开人的精心照料，就会经不起风吹雨打，生命也会很快终结。内涵在于环境对生态主体的影响；边缘效应，该概念是在 1942 年由生态学家比切尔提出来的，在两个或两个不同性质的生态系统交互作用处，由于某些生态因子或系统属性的差异和协合作用而引起系统某些组分及行为的较大变化，称为边缘效应。边缘效应能够在教育生态系统中发挥作用，有助于个性化教学的开展；整体效应，指生态系统内部各个组成部分在质与量上面的变化，在相互作用的过程中可以对更高层系统产生的放大效应。这种整体效应在教育环境当中的应用，还需要进一步理清相关问题；活水效应，本质是在整个生态系统的内部由于生态因素的不断优化与物质能量的输入而使得生态系统保持动态化的平衡现象。活水效应在双语教学中的应用，有助于教学理念、教学环境以及教学方法的具体优化①。

---

① 刘长江. 信息化语境下大学英语课堂生态研究［M］. 北京：世界图书出版社，2014：39.

8. 生态演替理论

生态演替的基本概念是指随着时间的推移，一种新的生态系统类型替代另一个生态系统的顺序过程。而从生态系统本身来说，其是一种动态化的过程，自地球诞生生命至今，各类别的生态系统都处于不断地演进之中，在发展、变化、演替一系列条件下形成生态演替理论。

（1）生态系统演替的原因

生态系统演替的基本成因，可以划分为内因与外因两个方面：

外因是由外界因素对生态系统演替的影响，也称外因演替。自然因素与人为因素是引发生态演替的外在因素。一方面，自然因素所涉及的内容包括海陆变迁、地壳运动、火山喷发、气候演变、山崩海啸等，都会一定程度上影响生态演替的产生；另一方面，人为因素涉及的内容是以人为主体所产生的影响生态的行为，具体细化可分为砍伐森林、开垦草地、捕捞狩猎、施肥撒药等。折叠外因当中所涉及的因素或单一或多个综合作用于生态系统。

外因对于生态演替的影响仅仅是表面的，内因才是生态系统演替的根本成因。以内因为动因的生态演替过程，称为内因演替。探究内因产生的本质，实际上是生态系统内部的各组成部分之间的相互作用。从影响生态演替理论的成因类型上来看，内因与外因差别较大。

（2）演替的方向

如果以方向为衡量标准，生态演替可以分为正向演替与逆向演替的过程。正向演替这一过程相对稳定，从最开始的裸地通过一系列的中间阶段，衍生到具备生物群落并且能够与环境相适应的平衡稳定状态，即演替到最后一个阶段。发展至这一阶段的生态系统被称为顶级稳定状态的生态系统，而这一过程衍生出的生物群落也叫作顶级群落。

（3）原生演替与次生演替

生态演替的过程会根据裸地是否属于原生状态作为衡量标准，将其具体地划分为原生演替与次生演替。原生裸地往往是裸露的岩石，海退新生的陆地以及河流水击的沙滩，如果裸地上不存在任何植被或者土壤，则将其称为原生裸地。而次生裸地保留着一定厚度的土壤植物繁殖体，如采伐地、拓荒地等。在原生裸地上产生的演替过程被称为原生演替，在次生裸地上产生的演替被称为次生演替。

通常状况下，相比较而言，次生演替的基础性条件比较好，因为自群落毁灭之后必将会留下大量具备生存能力的孢子与种子，这些因素都会在长时间的生态演替当中焕发新的生机，为生态演替提供条件。

（4）生态演替实例

生态演替的实例是为了更好的理解生态演替的过程。以一个处于相对稳定状态的群落为研究对象，去感受生态演替的整个过程：①土层增厚，喜光耐旱的草本植物侵入，形成致密的草本植物群；②进入草本群落的发展阶段，土壤的厚度得到进一步的推动，有机物的基础含量得到明显提升，以杜鹃、绣线菊为主体的灌木相继定居，最终形成灌木櫊林，土壤也由强酸性向着弱酸性转变；③接下来，经过一个短期的阳性乔木林，进入由中性和阴性共同构成的乔木阶段，其中包括的主要植物为红松、沙松以及紫椴等；④当乔木成长高度超过原有的灌木之后，喜光耐旱的灌木丛将被阴性灌木所替代。从这一整个演变的过程可以发现，原有的灌木群落进入到乔木群落阶段，当乔木群落发展到一定阶段，灌木群落为了生存向着阴性方面演替，这就形成了一个生态演替过程。

从整个生态演替的实例中可以发现，先锋植物的繁衍过程逐渐改变了群落的生态环境，新的生态环境反而不适应先锋植物的生长，但是为新的植物定居提供了绝佳场所与环境，以此为动力，完成了一次新的生态演替过程。生态演替的过程会一定程度影响环境的变化以及植物群落的演替。例如在高寒或者干旱地区，演替的过程仅仅会停留在某一个基础性阶段，甚至会在人为作用的影响与干扰之下，最终发生逆向演替。

该理论也适用于少数民族双语教育生态研究，和谐平衡发展的少数民族双语教育系统应该是以正向演替为主的，而且在演替过程中我们要重视内因的重要作用和机制。

三、生态学视域下少数民族双语教育的内涵及特征

（一）少数民族双语教育的生态内涵

少数民族双语教育生态研究的本质是进行界面研究。生态学是否适用于苗汉双语教育研究，可以采用类比的方法来进行论证。类比法是一种常见的论证方法。它将已知的事物和类似的事物进行比较。如果两者具有可比性，或具备很多的"相同之处"或"相通之处"，则可以采用该论证方法。由此可见，如果少数民族双语教育具有生态性，或也以"生态系统"的形式存在，则可以据此来探讨生态学视域下的少数民族双语教育。

除了前人大量的相关研究论证了生态学适用于少数民族双语教育研究的可行性，生态学的包容性与系统科学的横断性，以及少数民族双语教育本身具有的生态系统的结构与功能都可以给予理论支撑。

1. 生态学包容性与系统科学的横断性

包容性是生态学最大的特点，它的很多的理论、概念和方法都可以被其他学科所嫁接和移植。新时期生态学发展迅速，早已走出自然科学的范畴，成为一门内容丰富、分支广泛的综合性学科。它们都有相同的研究方法和特征。教育生态学是教育学和生态学相互交融的产物，其本质就是把生态学的理论、概念和方法应用于教育学研究。少数民族双语教育也可以纳入教育生态学的研究范畴。

此外，系统科学属于横断科学或交叉科学（cross science），它是在概括和综合多门学科的基础上形成的一类学科。它不是以客观世界的某种物质结构及其运动形式为研究对象，而是从许多物质结构及其运动形式中抽出某一特定的共同方面作为研究对象，其研究对象横贯多个领域甚至一切领域。由于少数民族双语教育具有系统性，它也可以用系统科学来进行研究。少数民族双语教育体系是由师生和宏观及微观生态环境所构成的复杂系统，具备一定的结构与功能。这将在下一部分进行详细的阐述。

2. 少数民族双语教育的生态系统属性

生态学认为，生态系统是由生物和非生物环境构成的统一整体。完整的生态系统必须具备以下三大特征：首先，这个系统是有结构与功能的，结构由群落与环境组成，且功能不是单一性的，而是相辅相成的；其次，这个系统具备物质循环、能量流通和信息传递的基本功能；最后，系统能够进行自我完善、自我调节和组织。通过分析，我们发现少数民族双语教育体系具备以上生态系统属性。

（1）少数民族双语教育本身是一个复杂的系统，它由教师、学生和教育教学环境等相互依存的要素依照一定层次和结构组成。每个要素和部分都有自己的功能，它们组合成一个更大的综合体或系统，这个系统就是少数民族双语教育生态系统。

（2）少数民族双语教育具有生态系统的能量流动特征。自然生态系统由生物群落及自然界无机环境所构成，而少数民族双语教育生态有教师和学生（生物成分）和双语教育环境（非生物环境），它们之间存在能量流动、物质循环和信息传递。但两者之间的区别在于，少数民族双语教育生态系统属于社会系统，而不是纯粹的自然生态系统。它依赖人的智慧生产和输出知识信息从而推动发展。知识信息这种特殊的能量通过教育教学活动来实现流动。

（3）少数民族双语教育生态同样具有一定的完善和组织能力，在没有外力作用或各种力量稳定的情况下，各生态因子会趋于稳定状态，类似于自然界的生态平衡。

（二）少数民族双语教育的生态结构和功能

1. 生态结构

在了解少数民族双语教育生态系统的结构之前，首先掌握结构的概念。结构的英语是"Structure"，指建筑物承重部分的构造。现代汉语词典的解释是"组成整体的各部分的搭配和安排"，本研究认为，"结"是指连接的意思，而"构"象征框架和层次。综合而言，结构包含两方面的内涵，即组成的内容是什么，它们之间又存在何种关联。

生态系统同样是由一定的结构组成的，而且只有合理的结构才能更好地发挥其生态功能。从种类来划分，生态系统结构由形态结构和营养结构组成，前者指其内部和外部的质地、分布等。而营养结构是以营养为媒介，将生物和非生物联系在一起，从而构建以生产者、消费者和分解者为核心的抽象化结构。虽然各个生态系统由于内在生物类型和外部环境方面存在差异性，且由于营养结构差异而表现出各异的外部形态形式，但其基本结构大同小异，都由生物和非生物环境两大部分组成，其中生产者、消费者和分解者属于生物类型，而非生物环境包括有机化合物、无机物质和气候因素等，这些要素之间是相互影响和相互关联的。在生态学上，由于生产者、消费者和分解者划分的依据在于它们不同的功能，有些学者将其命名为生态系统三大功能类群。生产者使用光合作用将太阳能引入生态系统，并实现各个层面的流动，最终形成三大功能类群的营养结构。（参照图1-4）

少数民族双语教育生态系统类似于自然生态系统，其基本构造及营养结构可参照图1-5。少数民族双语教育生态系统由生态主体和生态环境两大部分组成。生态主体是教师和学生，它们和自然生态系统的生物相类似，而双语教育的社会、家庭和学校课堂环境则类似自然生态系统的非生物环境，其中学校环境可以分为双语课程制度、教学模式和方法、教材和教学设施等。在生态学上，我们将这些要素统称为生态因子，各个因子之间存在相辅相成、互相制约的关系，共同构成生态共同体。从营养结构角度来划分，教师充当

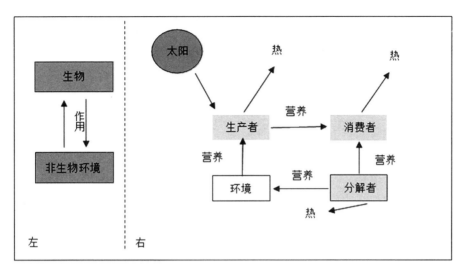

图1-4 生态系统的基本构造（左）和三大功能类群的营养结构（右）

生产者的角色，负责把从外部接收的及自身所具有的信息（知识）进行消化和转换，并以课堂为媒介，让学习者能够充分吸收，他们在消化和分解这些信息（知识）后，再将吸收的情况反馈给教师，从而形成一个信息循环和流通的过程。

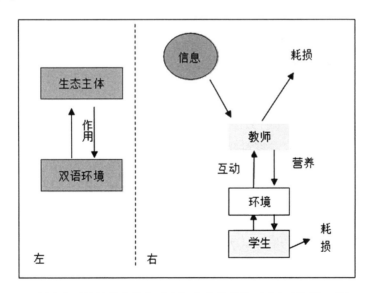

图1-5 双语生态系统的基本构造（左）和营养结构（右）（仿照王长江，2014）

然而，从生态主体和生态环境来看，少数民族双语教育生态不同于一般的自然生态或文化生态。它是一种社会生态，属于教育生态学范畴。教育生态学研究步伐的加快让我们对双语教育生态本质的认识不断加深，而双语教育生态系统结构也不是一成不变的，它处于一个动态发展的过程。双语教育生态系统结构研究要遵循以下观念：第一，要有结构意识，即从关系思维，而非实体思维出发，掌握双语教育生态各因子的关系。第二，要有过程意识，即从动态发展的角度来把握双语教育生态。

　　传统双语课堂教学观认为，所谓教学就是教师借助教学手段和工具，将知识和信息传递给学习者的过程。它以单向流动方式为特征，其中教师处于绝对性的主导地位，旨在促进学生发展成长。除了教学目的外，这和生态主义教学观大相径庭，生态教学观崇尚和谐与共生，和谐是指它们的关系融洽，共生是指各个生物的共同生长。以少数民族双语教育微观生态系统——课堂来看，它作为一个复杂的子生态系统，由教师、学生和教室环境等生态因子组成，它们之间存在着错综复杂的关系，需要进行系统梳理和和谐化，以促进生态主体的教师和学生健康成长。传统的课堂教学生态系统内，教师是信息的唯一生产者，学生只是知识和信息的消费者和分解者。随着信息技术发展和知识经济的来临，这种局面正在被打破。一方面，由于网络包含丰富的内容，它也可以成为知识和信息的生产者，而在一定情况下，教师也是系统中的消费者和分解者，如从环境和学生、同行处获得知识。另一方面，在课堂这一微观教育生态系统中，教师、学生和环境三者以交互的形式相互影响，以达到能量流动和信息流通的目的。

　　少数民族双语教育生态环境较为复杂，从宏观层面来看，它包括社会政治环境、经济环境和文化环境等。微观上主要指课堂生态环境。本研究重点讨论微观层面的环境，通俗而言，课堂生态环境就是课堂气氛和教室环境。不同的教育生态学研究专家对此有不同的观点，瓦伯格和安德森（Walberg & Anderson）认为课堂生态环境可以划分为情感维度与结构维度：结构维度指学生在课堂中的角色组织、角色期待以及个体的行为规范和约束机制；情感维度指个体人格需要得以满足的特别方式①。而穆思（R. H. Moos）则认为它由系统保持及变化、个人成长、关系等几个维度所组成。系统保持及变化指课堂中的次序和组织、规章制度、教师管理和发展创新等方面②。此外，国外影

---

① 江光荣. 班级社会生态环境研究［M］. 武汉：华中师范大学出版社，2002：57-58.
② ELLISON C M, et al. Classroom Cultural Ecology：The Dynamics of Classroom Life in Schools Serving Low—Income African American Children［R］. Washington Office of Educational Research ansImprovement，2000：41.

响力较大的是雷纳托·塔吉尤利（Renato Tagiui）的研究，它从以下四个方面对一个单位总体环境的构成进行了较为细致的描述①。a. 生态学，指组织中的物质、材料因素以及技术，例如建筑和设备、书籍、电脑、时间或顺序的安排等；b. 环境，指单位组织的社会方面，包括在组织中与人有关的一切，例如人的种族、性别、身份、教师教学技能、学生的家庭经济地位、信仰和动机等；c. 社会系统，指组织结构和管理结构，包括学校是怎样组织、决定事务，不同人群的交际形式等；d. 文化，指组织成员所具有的价值观、规范信仰和思维方式等。

以上各个方面是相辅相成的，共同产生整体性效应。与此同时，该单位组织自身也在和外界环境进行互动。美国学者罗伯特·G.欧文斯的模型图清晰地展示了这一关系②。参照罗伯特·G.欧文斯模型。（参照图1-6）

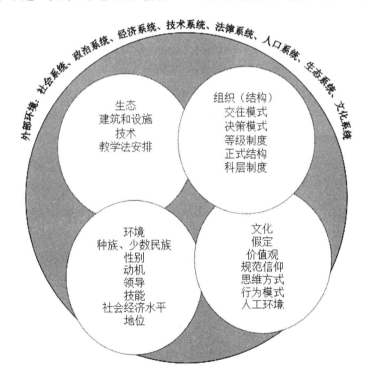

图1-6　罗伯特·G.欧文斯模型

该环境模型侧重从单位组织这一整体角度考察环境构成因素，研究群体

---

① 罗伯特·G.欧文斯. 教育组织行为学［M］. 上海：华东师范大学出版社，2001：188.

② 罗伯特·G.欧文斯. 教育组织行为学［M］. 上海：华东师范大学出版社，2001：191.

和环境的关系；而穆思却从个体与环境的相互作用入手，主要探索个体与环境的关系，包括个体对环境的感知等。由此可见，环境是作为相对的概念而存在的，除了前面所提到的个体和群体差异外，不同主体对环境的认知也不同。基于此，环境认知的概念应运而生，环境认知是指"人对环境刺激的储存、加工、理解以及重新组合，从而识别和理解环境的过程"，它受年龄、性别、经验、文化以及环境特征等多方面因素的制约。我们在构建和谐生态课堂的过程中，要对此进行一定的关注，少数民族双语教育在实现生态主体师生共同发展的同时，还要注意突出个性，满足其个性化的需求。

国内相关研究的代表性人物有李森等，他们从表现形式和影响方式的不同出发，将其细分为自然物质环境、制度文化环境以及心理精神环境。国内还有另外一种更直观的分类方法，根据所处地位和范围不同，将其划分为客体性课堂生态环境、派生性课堂生态环境及客体性课堂生态主体。第一类客体性课堂生态环境，顾名思义，是指不受制于生态主体而客观存在的课堂生态环境因素，譬如教室的位置、多媒体教学设备等。而派生性课堂生态环境是由教师和学生等生态主体衍生出的课堂环境因素，比如教材和教法、班级管理和氛围等，侧重社会制度与政策层面。客体性课堂生态主体是基于客体环境而存在的，包括教师的教学能力、学生的认知因素等。这种划分方式具有一定的模糊性，譬如班级管理既可以属于派生性课堂生态环境，又能归类于客体性课堂生态主体。

根据语言课堂的学习特点，研究者认为，微观层面的少数民族双语教育生态环境——课堂环境，应当包括以下三个维度的内容。a. 结构维度，是指构成课堂环境的生态因子。生态学意义上的环境指生物有机体周围各种条件的总和，是某一特定生物体或生物群体以外的空间以及直接或间接影响该生物群体生活与发展的各种因素。由此可见，它既包括物质层面的环境元素，如课堂教学设施、教材等，也包含教师的教学方法模式，学习者的学习积极性等。如果将其外延扩大，从社会生态学的视角来看，广义上"人"在某种情境下也是课堂环境的一部分，即教学管理者、教师和学生在作为生态主体的同时，也起环境映衬者的作用。b. 关系维度，指少数民族双语课堂中所存在的各种繁杂的关系，如教师的情感意志、学生的态度以及他们和环境的关系。c. 制度与文化维度，包括双语课堂生态系统保持及变化的规范与制度、学风建设情况等。从双语课堂教学的时空性来看，结构维度可以理解为课前生成环境，而关系维度是课中生成环境，制度与文化维度能够根据反馈进行调整，因而可视为课后生成环境。这三个维度的环境不是绝对静止的，而是可以在一定条件和时空下进行转换的。譬如学生的态度可以变成良好的学风，这样课中生成环境变成了课后生成环境。因此，以上三种不同类型的课堂生态环境实质上可以从动态方面来进行定义和理解。

由于课堂生态环境和生态主体是相互作用的关系，即它在影响生态主体发展的同时也要受到生态主体的影响。由此，李森等学者认为，交叉关系是课堂生态结构关系的主要外在形式，作为生态主体的师生通过课堂环境这一媒介来实现发展。"人"作为生物体在其中进行交互和交融性活动，在量变的基础上促成课堂环境质的改变，促使课堂生态结构的形态更新。（参照图1-7）

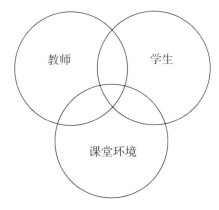

图1-7 课堂生态结构（李森等，2011）

少数民族双语教育生态主体是教师和学生。师生作为双语教育生态主体表现为以下两种情况。一是相对少数民族双语教育生态环境来说，师生共同构成了双语教育生态主体。双语教育生态环境影响师生的存在状态和发展趋势，但双语教育生态主体的师生又可以千方百计地保持和改变环境。它们是相辅相成、动态发展的，最终成为较为完善的少数民族双语教育生态系统。二是教师和学生又属于两类不同的双语教育生态主体。教师所构成的是教师生态群体，在该群体内部，不同年龄、学历和职称教师之间所构成的群体又不相同。学生形成的是学生生态群体，和教师群体一样，由于存在群落和个体差异，也分为不同的学生群体。但他们彼此相互联系、相互制约。

从少数民族双语教育生态主体关系的角度，少数民族双语教育生态环境也分为两个类别。即客体性和主体性双语教育生态环境。

2. 生态功能

生态系统具有能量流动、物质循环和信息传递的功能，它们是促使生态系统运转的动力和保障。少数民族双语教育生态系统也具备类似的功能。少数民族双语教育生态的功能是指双语教育生态系统内部各个生态因子之间相互作用或生态主体与生态环境之间相互影响产生的良性作用。它是由少数民族双语教育生态性所决定的。少数民族双语教育生态功能不等同于其教育功能，但与此又有较多重叠。可以将其分为内在功能和外在功能。内在功能包括优化发展功能、协调关系功能和生态滋养功能。外在功能主要体现为双语教育的社会功能——保护语言、传承文化；实现多元文化的和谐共生；促进民族团结，构建民族地区和谐社会等。

3. 内在功能

（1）优化发展功能

首先，优化少数民族双语教育生态结构。它由生态主体和生态环境构成，一般情况下是相对稳定的。双语教育生态营养结构也很明显，教师是知识的生产者和加工者，学生是消费者，环境则发挥着中介者的作用。但环境的变化会影响结构组成。以双语课堂教学模式为例，传统的教学方式是纸质教材、一支粉笔加一块黑板，整个课堂以满堂灌的讲授法为主，在大多数情况下学生只是被动的知识接受者。但随着信息技术的发展，多媒体网络工具促进了双语课堂教学的发展，为了适应这种发展。必须对传统的少数民族双语教育课堂生态结构进行优化，这个优化过程恰好体现了少数民族双语教育的优化发展功能。其次，少数民族双语教育生态优化发展功能体现在三个方面：一是促进生态主体的优化发展；二是促进生态环境的优化发展。三是促进整个少数民族双语教育生态系统的良性发展。此外，广义上的优化发展功能还包括系统的演替功能，因为促进演化其实属于优化发展的范畴。它也是生态学理论的主要原理之一，但它又有其自身的特点，因此也可以被单列出来。

（2）协调关系功能

少数民族双语教育生态系统内部存在错综复杂的关系，一方面是生态主体之间的关系，即双语教育过程中教师和学生的关系。它们之间关系的协调和处理关系到生态系统的和谐与稳定。根据生态学相关理论，生态主体之间是相互影响、相互依存的关系。少数民族双语教育生态系统中，教师与学生的关系同样符合以上原理。此外，师生关系的发展还是动态的，教师和学生要多进行交流和沟通，教师的行为和情感会影响学生的发展；反过来，学习者的情感等因素也会影响教师的教学。教师与学生关系在双语教育生态中不断协调和完善，从而推动生态系统的和谐发展。另一方面，生态主体和生态环境之间也存在多样化的关系，例如课堂生态环境决定了学习者双语学习效果。少数民族双语教育生态系统就是通过不断协调各类关系，使其趋于和谐。

（3）生态滋养功能

少数民族双语教育生态发展的目标是建立和谐的双语教育生态体系。而这个体系所发挥的作用正如一个和谐的自然生态系统，它能以潜移默化的形式对教师和学生产生积极的作用。在自然界存在各种各样的生态系统类型，但都具有三大功能类群，即生产者、消费者和分解者。它们共同发挥生态滋养的功能，在教育生态学上，有些学者称为生态育人功能。

首先，少数民族双语教育生态资源是滋养的来源。这个资源所包含的内容非常广泛，仅仅以微观生态系统资源——双语课堂生态而言，教材内容的选择和教学方法的应用决定了生态系统的培育效果。其次，生态主体对双语教育生态资源的加工、处理、消化与吸收，决定了双语教育生态资源所蕴含的信息和能量的转化及其程度。教师和学生在这个过程中所发挥的角色不同。教师是双语教育生态资源的组织者、加工者和转化者。而学生却是吸收者、消化者和利用者。但师生在这当中，得到了共同成长。实际上，促进生态主体成长与发展，实现育人方式生态化是少数民族双语教育生态系统发挥滋养功能的着力点。第一，教师和学生的成长是少数民族双语教育生态发展的核心目标，传统双语教育更多地关注学生的成长而忽略了教师因素。其实，教师的发展为学生的发展注入了新的动力，只有共同成长才会实现双语教育良性的生态循环。第二，为了更好地实现少数民族双语教育生态系统滋养功能，除了培育良好的双语教育生态资源外，育人方式生态化和科学化也很重要。以双语生态课堂为例，它倡导建构式和共建式课堂形态，而不是灌输式的。

值得注意的是，生态结构和环境共同决定了生态系统功能，结构具有相对稳定性的特点，但系统外部生态环境不是一成不变的，随着环境的变化，能量不断流动，物质不断循环，随之也会带来生态功能的变化。在信息技术和新课程改革的推动下，目前我国少数民族双语教育生态系统也正在经历着这一变化。

4. 外在功能

外在功能主要体现为双语教育的社会与文化功能——保护语言、传承文化；实现多元文化的和谐共生；维护民族团结，构建民族地区和谐社会等。

（1）保护苗族语言，传承苗族文化的功能

语言除了作为一种人类重要的情感沟通及社会交流工具外，也是一个民族存在的标志和象征。可以说，和民族宗教、民族文化相比较，民族语言具有更特殊的意义。可以毫不夸张地说，语言在，民族才具有存在的价值。一般而言，一个民族语言的消亡代表着该民族的衰落。

苗族是我国人口较多的少数民族之一，根据史书记载，苗族先民最早居于中原，后来经过部落间的大战，逐渐迁往长江流域附近，以后又逐渐西移，到达楚国边界，成为南蛮的一个分支，随着时间的变迁，苗族又经历了"武陵蛮""五溪蛮"等阶段，从唐朝开始正式称为"苗"。经过多年变迁和发展，苗族继续西迁，逐渐迁入了黔东南、黔西北地区，并形成了与其他各个民族杂居的局面。苗族在数千年历史变迁的过程中，不仅保持着苗族自身的特色文化，也在此过程中吸收了其他民族的文化，同时也影响其他民族的文化，形成了如今独特的光辉灿烂的充满活力和生机的苗族文化。

而语言是文化的载体，苗语同样承载了丰富的苗族文化。以苗族书面语和口语形式传承的苗族民族文学数量浩繁、内容丰富、形式多样、艺术精湛。包括英雄史诗、民间故事、歌谣、叙事诗、古歌、谚语格言等多种体裁。如第一部苗族长篇英雄史诗《亚鲁王》，爱情叙事诗《仰阿莎》《娥娇与金丹》等，古歌《开天辟地歌》《枫木歌》等。这些民间文学绝大部分都是以诗歌的形式来记载的。它们通俗易懂，一般是五言体或七言体，大多只讲调而不强调押韵，篇幅长短不拘，有的只有几行，有的却长达 15000 行。短的一般用于抒情，长的一般用于叙事。除了用苗语直接承载的文学财富外，苗语在苗族民间文化和民间艺术传承中也发挥着重要的作用。苗家的芦笙、木鼓舞闻名遐迩，久负盛名。苗家刺绣、蜡染堪称一绝。文武茶灯等非物质文化遗产，也是其宝贵的文化财富。这些东西不但要进行传承，还要不断发展，使它们逐渐被世界人类学界及文化界所关注。而想要达到文化传承和传播的目的，发展苗汉双语教育必不可少，而这也是实现双语教育外在生态功能的关键所在。

（2）保持生物多样化功能，实现多元文化的和谐共生

自然界的生物多样性（biodiversity）是指生命有机体的种类和变异性及其与环境形成的生态复合体以及与此相关的各种生态过程的总和，包括动物、植物、微生物和它们所拥有的基因以及它们与其生存环境形成的复杂的生态系统和自然景观。生物多样性一般由三个层次组成：遗传的多样性、物种的

多样性和生态系统的多样性。遗传多样性是指生物种内不同群体之间或同一群体内不同个体之间的遗传变异的总和。物种多样性是生物多样性在物种上的表现形式，反映了地球上生物有机体的复杂性，是生物多样性研究的核心内容。生物圈内物种集合的空间多样性被称为生态系统多样性，即生物圈内生境、生物群落和生态过程的多样化以及生态系统内生境差异、生态过程变化的多样性。仅保守估计，我们所赖以生存的这个蓝色星球有大约1400万种生物，但被人类所了解的只有175万种。

自然界的生物多样性是自然界生态系统和谐发展的必然体现，也是人类赖以生存和社会可持续发展的物质基础之一。首先，生物多样性带来的多种环境效应是大自然生物和谐运行的基础。它能够调节大气和水循环，提供肥沃土地以及分解废弃物等。可以说，任何一种生物都有其存在的价值，它们都是大自然的杰作，一旦失去就会给人类带来一定的损失。尽管各个物种对人类社会发展的贡献大小不一，但它们的进化历史、生态作用及本身存在就赋予了它们固有的价值。生物多样性属于人类的共同财富。它不仅对当代产生重要的价值，还能造福后代，从而形成可持续发展效应。

全球语境下带来的文化多样性同样符合生物多样性原理。保持文化多样性的同时实现多元文化的和谐共生也是苗汉双语教育外在生态功能的体现。多元文化和语言的共生是指在承认文化多样化的情境下，不同的民族文化和语言相互交融、相互尊重、兼收并蓄，从而实现和而不同、和谐发展的目标。黔东南苗族地区民族学校教育就处于这样一个多元的文化形态下，苗汉双语教育一方面有利于保存苗文化；另一方面，双语教育自身就是多元文化的表现形式，理所应当为推动多元文化的和谐发展发挥积极的促进作用。黔东南民族地区除了存在苗、侗等少数民族文化外，还有主流的汉民族文化等。这些文化相互碰撞、相互影响。吸收外来文化的精华有利于本民族内部文化的发展，同时本土文化对外来文化也进行了改造，它们在这个相互交融的过程中更加有力地维护了文化的多样性，也促进了文化之间的和谐发展，这个过程离不开语言的载体作用。

（3）促进黔东南地区和谐发展的功能

在我国和谐社会的定义中，其本质特征在于：民主法治、公平正义、诚信友爱、充满活力、安定有序、人与自然和谐相处。民主法治，指的是我国的社会主义民主能得到充分发扬，我国的依法治国方略能得到切实落实，我国各方面的积极因素能得到广泛调动；公平正义，指的是我国各方面的社会利益关系能得到妥善协调，正确处理人民内部矛盾以及其他社会矛盾，切实维护和实现社会的公平、正义；诚信友爱，是指人民能够平等友爱、和睦相处，社会能够互帮互助；充满活力是指发挥创新思想，尊重和肯定一切利于社会进步、国家发展的创造活动；安定有序是指社会管理日益完善，社会组织机制日益健全，群众能够安居乐业，社会能够安定团结；人与自然和谐相处，指的是社会生产能够得到发展，人们生活能够富足，生态环境能够保持良好。我国是一个多民族国家，民族教育发展问题是我国民族工作的重点，是构建和谐民族、和谐社会、和谐国家不可缺少的重要环节，是党和国家制定民族政策和教育政策的出发点和归宿，更是缩小少数民族地区与发达地区经济教育差距、实现民族共同繁荣的根本路径，平等、团结、和谐、互助的新型民族关系是保持社会和谐的内在要求。而双语教育是民族教育最大的特色，也是构建民族教育体系最核心的问题，通过实施双语教育来推动黔东南地区民族教育的发展，从而拉动经济、维护民族团结、实现社会全面和谐发展，是其外在功能的体现。

（三）少数民族双语教育的生态特征

作为一个特殊的生态形态，少数民族双语教育生态系统具有系统性、协同性和共生性等特征。①

1. 系统性

少数民族双语教育生态是由相互依存、相互影响的生态因子组成的系统，各个因子之间存在一致性。

（1）双语教育生态主体和其所处的生态环境是相互影响的有机系统

双语教育生态主体指的是教师和学生，而其所处的生态环境较为复杂。俄裔美国教育生态学家布朗芬布伦纳认为生态系统可分为微系统、内部系统、外部系统、宏观系统等。② 通过对此进行理论迁移，少数民族双语教育系统可分为课堂生态系统、学校生态系统、民族地区环境外系统和教育生态宏观系统。课堂生态系统由教师、学生和课堂生态环境所组成，它们都是影响教师专业发展的客观因素；学校生态系统由生态主体的学校教学管理人员、师生以及学校环境构成，其中环境所涵盖的范围比课堂环境要更广，也更为复杂；

---

① 李森. 论课堂的生态本质、特征及功能 ［J］. 教育研究，2005（10）：55-60.
② 姚红，葛君梅. 布朗芬布伦纳的社会生态系统理论对医德教育的启示 ［J］. 管理观察，2015，588（25）：124-125，128.

环境外系统则包括民族地区自然生态环境、人文环境及经济社会环境等因素；而宏观教育生态系统则覆盖面更广，它包含宏观意义上一切影响少数民族双语教育的生态因子，如国家双语语言政策、双语课程教学方案等。教师和学生及其所处不同生态系统的环境存在错综复杂关系的同时，又构成一个紧密相连的整体。仅以微观层面的课堂生态系统来看，教材、教室物理环境及教学设施等课堂生态环境是影响教师和学生双语学习效果的重要因素。如果苗汉双语课程教材内容、编排及设计不合理，就会给学生带来不少的困难和障碍，同时教师备课也会觉得无所适从。同理，在光线良好、温度适宜、色调柔和的教室空间内实施课堂教学活动，作为生态主体的师生会顿时感到生机勃勃、精神倍增。甚至微观方面的座位编排方式都会对学生学习的态度、行为等造成影响。有些学者将其视为学生在教室中的"生态位"（econiche）。目前，我国中小学座位编排一般是按照学生的身高和视力而定的，即矮个子同学坐前排，个子高和视力好的坐后排。但也有个别教师不完全遵循这个规则，尤其是在中学阶段，为了激励学生努力学习，考试成绩优秀的同学往往具有前排座位的优先选择权，并进行动态的座位调整。这种做法虽然值得商榷，但不同的编排方式对应相应的沟通方式和范围是不可否认的。

（2）双语教育生态主体之间也能够以相互交流的方式构成某种系统

在民族双语课堂中，作为生态主体主导地位的教师和主体地位的学生也通过交往构成有机的整体。教师在通过教学行为影响学生的同时，学生也会以特有的方式反作用于教师。例如，如果教师管理过于严格，那么学生要么顺从要么抵制，无论是采取哪一种行为方式都具有其内在的统一性。

2. 协同性

协同性是协同进化理论的一部分。它指在自然界，一个物种由于另一物种影响而发生遗传进化的进化类型。协同进化是生物与环境的交互关系，是一种协同关系。一方的变化导致另一方发生协同变化，就是"协变性"。构成双语教育生态系统的各个要素是相互影响和相互制约的。从国家层面的宏观教育生态系统来看，国家双语教育政策的制定既要以民族地区的实际情况为基础和出发点。与此同时，又要根据现实情况的变化不断进行调整。而就微观层面的双语课堂生态而言，教师的情感和态度与学生的学习状态也存在一定的协同变化性。教育心理学将其称作生态性的心理张力场。教师和学生个体之间情感细微的变化都会导致处于这个场的其他学生发生相应的协同变化。热情高涨的教师能够感染学生，使他们处于最佳的学习状态。

3. 共生性

共生（commensalism）是指两种不同生物之间所形成的紧密互利关系。动物、植物、菌类以及三者中任意两者之间都存在"共生"关系。在共生关系中，一方为另一方提供有利于生存的帮助，同时也获得对方的帮助。共生分为互利共生和偏利共生两种表现形式。互利共生是双方的共生关系对两者的存在和发展都有利。而偏利共生则侧重某一方，他是在另一方付出代价或遭受损失的情况下发展的。同样，处于同一生态系统中且同为生态主体的教师与学生、学生与学生之间也存在共生的关系。

教师与学生之间属于典型的互利共生的生态关系，教学活动是联系他们的纽带，而它也是实现双方价值的生命活动，且发展离不开彼此。教师的价值只有通过学生的发展才能得以体现，如果学生得不到知识的成长，教师教学的这种生命活动就失去了存在的意义。严格来说，教师生命活动价值的大小由学生的发展水平来衡量。彼此不能分割，相互交融是师生之间互利共生关系的生动描述，其本质上是师生生态自我延伸发展的体现，也具有生态哲学方面的内涵，类似的表达有"共享共创，教学相长"，即师生共同分享教育中的欢乐、成功、失望和不安，并促进认识不断深化，相互启发，相互促进，共同发展。

双语学习者的共生关系则涵盖互利共生和偏利共生两种形式。对此，我国古代著名教育学家孔子有着非常精辟的阐述："三人行，必有我师焉。择其善者而从之，其不善者而改之。"（《论语·述而》）择其善者而从之，其不善者而改之，表现出孔子自觉修养、虚心好学的精神。它包含了两个方面：一方面，择其善者而从之，见人之善就学，是虚心好学的精神；另一方面，其不善者而改之，见人之不善就引以为戒，反省自己，是自觉修养的精神。这样，无论同行相处的人善与不善，都可以为师。同学之间应该是相互学习和相互进步的，这体现了互利共生的一面，但与此同时，竞争是不可避免的，即偏利共生的生态关系。实际上，它也体现了"物竞天择，适者生存"的自然生态规律。这个规律本是指物种之间及生物内部之间相互竞争，物种与自然之间的抗争，能适应自然者被选择存留下来的一种自然法则。将该理论迁移到教育生态学的双语教育系统方面，它反映的是学生之间在学习方面尤其是升学考试中的激烈竞争，当然民族地区教育资源有限也是其中的一个主要原因，但更重要的是我国的人才培养和选拔机制是一个相对封闭的生态系统。

综上所述，少数民族双语教育生态系统是一个统一的整体，组成整体部分的各个要素之间不是孤立存在的，而是相辅相成的。从宏观上看，该整体由生态主体的教师、学生和各个层面的环境组成，这几者在相互影响下构成环环相扣的生物链。此外，协同性和共生性使该系统充满生机和活力，无论是微观层面的双语课堂还是宏观方面的双语教育发展，都充分体现了生态性的特征。

（四）少数民族双语教育生态平衡与优化

1909 年美国学者威廉·福格特在《生存之路》一书中首先提出"生态平衡"的概念，它认为人类过度破坏自然环境会导致生态系统紊乱，即不平衡状态。从范围层次来看，从微观到宏观，可分为个体生态平衡、群体生态平衡及整个生态系统的平衡。在表现形式上，又可分为结构与功能的平衡、物质与能量的平衡，输入及输出的平衡等。① 总体而言，即在某一时间段及相对稳定的条件下，生态系统各个部分的结构和功能处于相对适应和协调的动态之中。少数民族双语教育系统作为一种特殊的语言文化生态系统，在存在内在统一性的同时，系统内的生态主体之间，以及生态主体与环境之间存在千丝万缕的联系，且具有生态学和规律性。它们进行相互作用和相互影响，在此过程推动下，促进了物质循环、信息流通和能量流动，最终构建成一个有机的生态整体，实现动态平衡，便于发挥教书育人，促进生态主体共同成长的生态功能。主要特征包括四组平衡，即整体与局部平衡、动态与静态平衡、相对性平衡和开放性平衡。

1. 少数民族双语教育系统整体与局部平衡

整体性平衡是最主要也是最关键的特征，它是和局部平衡相对应的，所谓整体平衡，是指该系统本身，能完全控制并影响其组成部分。它作为一个和谐共生的有机整体形态存在，各个因子之间相互制约和作用，局部的不和谐会影响整个少数民族双语教育系统平衡与发展。但在有些情况下，局部平衡也很重要，它们为整体平衡打下基础。

2. 少数民族双语教育系统动态与静态平衡

动态是和静态相对应的状态，从本质上而言，静态平衡是一种虚假的、表面的平衡状态，也是一种较为保守的发展观。少数民族双语教育发展不能满足于现状，而应该根据实际情况不断适应和调整，如结合民族地区对双语

---

① 贺祖斌. 高等教育生态论［M］. 桂林：广西师范大学出版社，2005：15.

人才的需求及语言文化传承的客观要求，主动优化生态系统结构和功能等，不断打破旧平衡，创造和发展新平衡，保证少数民族双语教育系统不断焕发新的活力。

3. 少数民族双语教育系统相对性平衡

少数民族双语教育系统不可能做到绝对化的平衡，只能维持相对的平衡。这也和马克思主义哲学的矛盾论及其所蕴含的生态哲学思想是一致的。由于万事万物都处在不断变化和运动当中，因此世界上没有绝对的事物，都是相对存在的。少数民族双语教育系统也不例外。但我们可以设定一种理想状态，如果以此为理想值的话，少数民族双语教育系统生态发展围绕其进行上下波动，在一段时间内平均值接近该理想值的话，则可视为该系统处于相对性平衡状态。例如民族双语教学在某一时期由于学校重视、教师教学方法使用恰当，可能会收到较好的效果，但如果资金拨付不到位或其他原因，双语教学质量就会出现一段滑坡，这时候就会暂时脱离平衡，而有关部门管理人员和教师要采取相应措施积极应对，促使其回到理想状态。

4. 少数民族双语教育系统开放性平衡

少数民族双语教育系统本身是一个开放性的系统，封闭状态下的民族双语教育必然发展缓慢。开放性平衡是体现其健康有序发展的标志之一。和东部沿海地区相比，民族地区经济相对落后，而实施双语教育的民族学校大多处于偏僻地区，这些都限制了系统的开放性平衡。为此，民族学校要有开放意识，主动走出去，和外界加强交流，并利用有利的外部环境来发展双语教育，而教师则可借此吸收先进的教学理念和方法，并应用于教学实践之中。

第二章　黔东南双语教育的历史与现状

一、苗族历史语言及文化概况

每种语言的产生都是在一定的文化背景下发展起来的，同时，每一种语言也代表着相关的文化内容，体现相关的文化特点，语言和文化是相互依存、相互衬托的。黔东南苗族历史悠久，是我国多个民族中一个不可或缺的重要部分，苗族语言也是在具有苗族特色的文化背景中产生，并逐渐发展起来的，苗族的特色词汇也在很大程度上反映着苗族逐步发展的历史和文化特征。[①]

（一）苗族历史与文化

苗族是我国人口较多的少数民族之一，根据史书记载，苗族先民最早居于中原，后来经过部落间的大战，逐渐迁往长江流域附近，此后又逐渐西移，到达楚国边界，成为南蛮的一个分支，随着时间的变迁，苗族又经历了"武陵蛮""五溪蛮"等阶段，从唐朝开始正式称为"苗"族。经过多年变迁和发展，苗族继续西迁，逐渐迁入到黔东南、黔西北地区，并形成了与其他各个民族杂居的局面。苗族在历史变迁的过程中，不仅保持着苗族自身的特色文化，也在此过程中吸收了其他民族的文化，同时也影响着其他民族的文化，形成了如今充满活力和生机的特色苗族文化。

在经济文化的研究中，学者把世界上的民族经济文化分为两大类别：一种是以农耕为主的田园经济，另一种是跟随牲畜迁徙的畜牧业经济，但也有人质疑第三种类别的存在，即介于前两者之间的经济文化类型。从严格意义

[①] 李廷贵，张山，周光大主编. 苗族历史与文化［M］. 北京：中央民族大学出版社，1996：55-57.

上来说，苗族的初始阶段由于不断迁徙，既不属于传统的游牧民族，因为他们以农耕业为生，也不同于传统的田园农业，因为其处于不定居的状态、不断迁徙。苗族在进入农耕社会以后，由于自然的原因和生产力水平低下，所耕种的土地在经过三至五年的耕种时间里，就会因为土壤肥力下降而被抛弃，转而寻找和开垦新的土地。

苗族在建部落初期，分支众多，人员复杂，部落长期处于一个相对分散的状态，其中大的分支是一个部落或者几个部落联盟，而小的分支往往是在氏族的基础上形成的。各个分支以血缘作为连接的纽带，形成了"部落内婚、氏族外婚"的婚姻状态。

从服饰文化来说，苗族不同分支之间为了相互区别，服饰就成为分支之间的区别标志，如"红苗""白苗""短裙苗""长裙苗""青苗"等，根据《中国苗族服饰图志》的描述，苗族服饰众多，数量达到173种，这个数据也在客观上反映了苗族分支的数量众多，且不同服饰和头饰代表着不同的文化内涵。

从苗族文化习俗来说，由于各个分支所处的区域和历史不同，习俗也相对有所差异，如有的地方过苗年，有的过春节，还有清明歌会、龙舟节、赶秋、吃新节等传统习俗。苗族的姓氏和姓名也是苗族的一大文化特色，如黔东北和湘西，"代晓""代瓜""代来"比较常见，黔东南，"必向""喀柳""喀嘎巴"较常见，还有如麻江的"西菊"、炉山的"喀堆"等。在苗族发展的过程中，很多姓氏也逐渐汉化，有些改为汉姓，有些是在汉姓外保留着苗姓。

最为普遍的苗族的信仰是自然崇拜，他们相信万物有灵，崇拜天地、雷神等，除此之外，还有图腾崇拜和祖先崇拜，苗族的传统历史往往通过古歌代代相传，如"迁徙歌""枫木歌""开天辟地歌"等。

苗族的语言文字也是在这些特色的苗族文化中，逐步形成并发展起来的，也具有鲜明的苗族特色。

（二）苗族语言文字

在苗族的耕种文化下，与农耕、稻种相关的苗族词语得到发展并丰富[①]，

---

① 周纯禄. 苗语湘西方言西部土语个地方话的语音差异及其对应规律浅析［J］. 苗文教学研究，1990（2）：10-15.

如水田称为"lix eb"、旱田称为"lix gil"、坝子田称为"lix diub zangt"、冷水田称为"lix eb senb",如水稻的用词方面,早稻称为"nax hxangd sod",糯谷称为"nax nax nef",冷水稻称为"nax eb senb",这些词语细致的分类,也间接表明了农耕文化对苗族的重要意义。

苗族喜食酸辣,几乎在煮汤菜、做饭时,会辅以酸汤、酸菜,在苗族词语里,酸汤称为"eb zas hxub",酸菜称为"vangd hxub",酸辣称为"zend naf hxub",酸腌菜称为"ghangf"。糯米也是苗族喜爱食用的食物之一,而且在苗族中的用途广泛,如过年时苗族传统是用糯米打糍粑,自食或者送客,此外,在接亲嫁女、建造新房、祭祀祖先等重要场合都需要蒸糯米饭。这也与苗族生存的环境有关,苗族多居住于山区,气候寒冷,且鸟雀众多,糯谷不仅耐寒,还具有芒刺长防止鸟雀偷食的特性,故形成苗族人民特有的糯谷文化①。

在宗教信仰方面,苗族信奉自然,认为万物有灵,在生病或者坎坷不顺的时候,往往会祭祀天地树石等,以求自然护佑,因此,在苗族词语中,祭石称为"diangb vib",祭树称为"diangb det",祭桥称为"diangb jux",祭凳称为"diangb dangk"。苗族也信奉祖先,祖神有很多不同的称谓,如"ghet niongs""bod niongs""ghab hseib ghet niongs"等。每到逢年过节,都要进行规模宏大的祭祖活动。除此之外,苗族也信奉鬼神,并对不同的鬼神有不同的语言命名,如地神称为"dliangb dab",灶神称为"dliangb ghab sot",井鬼称为"dliangb eb ment",火鬼称为"dliangb dul",驱鬼叫作"qet dliangb",也有很多关于灵魂的语言,如灵魂称为"ghab dliux",捉魂称为"wil dliux",投胎转世称为"tuk hsenb"等。

苗族的芦笙、铜鼓文化也对苗族语言产生了很大的影响,很多苗族父母在给男孩起名字时,希望男孩能够像铜鼓一样神圣,名为"Niel"。从以上叙述可以看出,苗族语言是在漫长且富有特色的文化发展过程中产生并逐渐完善的,是苗族文化的特色符号,也承载了苗族特有的文化精髓。

二、苗汉双语教育的历史变迁

(一)起步及曲折发展阶段(1949—1976年)

新中国成立后,各项民族政策得到推行,少数民族语言的保护和教育工

---

① 李显元. 浅谈苗语词汇中的文化迹象 [M]. 贵阳:贵州民族出版社,1993:3.

作也在紧锣密鼓地进行中。政府投入人力物力帮助各个少数民族使用和发展民族语言，这些政策和有力措施为双语教育打下了坚实基础，并积累了非常宝贵的教学经验。

1951年，教育部在政府民族政策的指引下，进一步明确了民族教育的新方针和新任务，黔东南苗族地区结合本地区的地域特点，也实施了一系列发展教育的措施。

一是在教学语言上，应用本地汉语、苗语、书面语言三者结合的方式，由于苗族一直以来没有文字，教材课本采用汉语编写，对苗族学生而言难度非常大，小学的入门学习教师需要耗费大量时间，教学生能够看图识字。根据所记录的资料记载，在黔东南的小学学校里，低年级大致使用90%的苗语进行授课，中年级大约使用50%的苗语进行授课，高年级情况得到明显好转，大约能够采用90%的汉语进行授课。

二是教师注意方法，循序渐进引导学生掌握苗语的语法结构，在很多苗区小学，教师鼓励学生加强朗读，并对难读的音进行反复纠正，其中，很多苗语教师用汉语对苗语进行翻译，从苗语和汉语的不同结构中分析比较，为学生的下一步学习打下了良好的基础。

三是教师严格执行政府政策，积极进行民族教学改革，在黔东南很多学校中，汉语教师积极学习苗语，并成立苗语教学和学习交流小组，编制《苗语语法》等通俗易懂的小册子，供教师之间进行学习和交流。

除此之外，黔东南地区还推行了如建立苗语指导委员会、加强苗语的创制工作等措施，进一步加强了双语教育的发展格局。

"文化大革命"期间，黔东南的民族双语教育陷入困境，处于停滞状态。

（二）恢复发展阶段（1977—1983年）

20世纪80年代开始，黔东南地区的双语教育进入恢复发展阶段。

1978年，学者们开始加强对民族教育教学的研究，很多喜爱苗语的教师在教学中分析苗汉语中包含的通用词，1980年开始，黔东南地区教育部组织骨干教师编写《苗汉语的不同特点》等关于教学的小册子，并在民族地区教学中进行推广和交流。

苗语教育的恢复工作是对少数民族教育的重整旗鼓，自20世纪80年代开始，黔东南地区在省相关部门的积极引导下，苗语教学的领导机制开始运行，试点工作也在顺利进行，编写了大量关于苗汉语教学的教材以及读物，为了学校能够拥有相对完善的师资队伍，地区举办了系统性的苗语师资培训班，培养教师 186 名，为民族学校的双语教学输送了人才。同时，双语教育也体现在针对老百姓的苗语扫盲工作中，苗族人民由于长期生活在苗族聚居地区，采用苗语进行对话和生活，再加上地区经济落后，相当一部分人处于文盲和半文盲状态，为了帮助当地的老百姓脱盲，学习先进的汉族文化，利用文化知识改善地区经济、社会生活，学校教师、知识分子进行了积极的苗语扫盲工作，并取得了一定成效。

（三）稳步发展阶段（20 世纪 80 年代中期—90 年代中期）

20 世纪 80 年代中期到 90 年代中期是黔东南地区双语教育的稳步发展时期。1983 年，贵州省民委和教育厅联合下发了《关于在民族学校进行民族语文教学实验的通知》，从此，黔东南地区开始稳步实行苗汉双语双文的实验教学，通过在小学的汉语教学中每周固定加入 3~4 节苗语课，系统性地融入苗语的基础知识，把苗语教学与汉语教学结合在一起，通过苗语教学加强学生对汉语的理解和记忆。通过该实验教学项目，黔东南地区中实行该项试点教学的民族学校，期末考试语文平均分数为 71.2 分，及格率达到了 91%，而在正常进行的苗语平行班中，平均分数为 66.3 分，及格率为 83%，这个结果证明了苗汉双语教学的方式有利于学生学习成绩的提高，具有一定的优势，促进了民族教育教学质量的提高。

在这种背景下，民族双语教学改革的进程也在逐渐加快，苗语正式进入学校，这也同时意味着简单的口耳相授的双语教育模式逐步向正规化的双语教育转变。这种改革的势在必行也是与当地的社会环境紧密相关的，黔东南地区苗族一直以本民族的苗语为主要的通行语言，根据相关数据统计，在当地民众中有 96% 以上的人以苗语为主要语言，这种特殊的环境也决定了语言的教学离不开苗语的学习。

具体的苗语进校主要体现在以下三个方面。

第一，在教学构思上，计划在二年级让学生通过大量的苗语阅读和写作，养成苗语阅读和写作的基本习惯和基本能力，在此基础上，二年级进行汉语和苗语的双语学习，在注重寻找两者之间共同规律的基础上，掌握汉语拼音的基础知识。在二年级时进行汉语训练，把苗语的阅读和写作能力逐步转化为汉语的阅读和写作能力，通过循序渐进的五年学习，完成民族小学的基本教学任务。

第二，在教学要求上，对汉语教学、苗语教学、双文过渡教学都有相应的明确要求，如能够对苗汉文章进行互译、熟练掌握苗语和汉语的拼音规律，了解基本知识等。

第三，在具体做法上，采用苗语启蒙教学的方式，初期做到苗语口语向书面语的转换，再由苗语作为中介，实现苗语阅读和写作能力到汉语阅读和写作能力的转换。同时，也加强了教材建设，试行了拼音教材、阅读教材、过渡教材与课外阅读教材相结合的措施，并在教学中不断修改和完善。

经过这些努力，在对学生的全面检测中，人均每分钟可以读 102 个音节，正确率能够达到 90% 以上，二年级学生的阅读量人均达到 15 万字以上，能够熟练运用苗语进行听、说，并能够达到一定的汉语词汇量。在阅读汉语文章的理解能力上，如表 2-1 所示，双语班在阅读能力上优于其他班级，为进一步的识字教学打下了良好基础。

表 2-1 民族小学二年级不同班级汉语理解能力统计（1986 年 10 月）

班级	测试内容	测试人数	理解能力			
			优	良	及格	不及格
苗文班	阅读同一篇汉语（拼音）文章	30	12	15	2	1
汉文班		35	14	13	6	2
双语班		38	26	11	1	0

在政府的教育政策支撑和引导下，多项有利措施实行，黔东南地区的双语教学处于稳步发展中，双文并进的教学思维模式也得到了有力推广，大面积大幅度地提高了苗族聚居地区的基础教育质量，苗语成为促进双语学习的重要利器，也推动了民族基础教育的发展，为其他民族地区双语教育的发展提供了有价值的经验和参考案例。

（四）徘徊和转型新阶段（20 世纪 90 年代末）

20 世纪 80 年代中期以来，黔东南地区进行了一系列的双语教学改革和实验，取得了明显的教学效果，在教育政策的支持下，度过了一个时期的稳步发展阶段，但在 20 世纪 90 年代末期，由于多种因素的影响，特别是经济的快速发展，双语教学达到了一个瓶颈期，很多问题随之出现。

在双语教学稳步发展的阶段，苗汉双语的实验学校数量众多[①]，教学班级学生求知欲强、班级活力十足。但到了 90 年代末，类似的实验学校数量开始锐减，苗汉双语的教学班也随之缩减，任课教师质量和数量也大不如前。学校之间由于地域、教师等原因，发展呈明显的不平衡性，很多学校在双语教学上逐渐形成了"表面功夫"，教学方式陈旧、不加改变，积极进行教学理论探讨的气氛也在逐渐减弱。特别是在师资队伍方面，很多经过专业培训的教师被调离原学校，或者离开教育岗位，补上来的代课教师对双语教学的业务不熟悉，不能适应教学的高要求。

在机构建设方面，双语教学从管理层到基本教学层面，人员变动加大，有的管理机构有名无实，不能发挥真正的作用，有的已经撤掉或者并掉，管理工作跟不上双语教学的节奏，不能有效地发挥领导功效。

地区经济的落后、教育经费的欠缺，也是黔东南双语教学停滞不前的重要原因。教育资金的欠缺，导致很多教育活动难以得到有效开展，在 20 世纪90 年代初期，每年用于苗汉双语实验活动的经费在 4 万元左右，但自 90 年代中期以后，实验经费逐年减少，有些甚至没有经费，由于教育经费的锐减，教师双语专业培训、双语教材及辅助材料的编写和印刷、双语教学活动的调研交流等活动，都得不到有效开展。

同时，随着我国生产力的不断发展，社会生活水平不断提高，民族教育也经历着传统教育向现代教育迈进的关键时期，黔东南地区的双语教学也处于转型发展的新阶段。

从宏观方面而言，双语教育的实质是两种不同文化之间的碰撞。我国是一个多民族大杂居小聚居的民族国家，主流文化占据着压倒性的优势，多数少数民族的双语教育由最初的双语教学变成了双语的单文化状态，黔东南双语教育的开展，使苗族学生掌握汉语，并逐步融入主流社会，在此过程中，逐渐趋同于主流文化，而逐渐远离苗族自身具有的语言文化传统。同时，双语教育发展得越好，就意味着苗族对主流文明认同的程度越高，所接触的主流文化逐渐大于自身的民族文化，在到达临界点后，苗族群体内的大多数人接受了主流文化，形成特色的"类主流文化"，反而会逐渐摆脱对双语教育的依赖和需求。

从微观方面而言，黔东南苗族聚居地大多处于山区，交通不发达，经济

[①] 凯里县民委．凯里县挂丁小学苗文试点工作小结［J］．贵州民族研究，1982（3）：21-22.

落后，虽然民族教育在不断发展，但和发达区域的教育水平相比，差距仍非常大①，学生辍学率相对较高，进入高等教育的比例较低，因此，双语教学对于相当部分苗族学生来说不具有足够的吸引力。

双语教育的形成和发展需要一定的社会历史条件②，一个民族或者一个社会只有在特定的条件下才能把某一民族语言成功纳入自身教育体系中去，20世纪80年代初至90年代中期，苗汉双语教学的结构相对比较稳定，但由于环境的改变、影响因子的变化，打破了原有的平衡，只有重新建构新的平衡机制，才能让双语教学在20世纪90年代中期以后的阶段，在新的环境中焕发生命活力，找到新的支撑点。

三、黔东南双语教育的生态性现状考察：以两所苗族小学为个案

（一）走进番省苗族小学及挂丁小学

1. 走进番省苗族小学

（1）自然环境

台拱镇有田 15840 亩，土 4140 亩，森林面积 12447.2 公顷，森林覆盖率为 53.36%；有待开发的宜林荒山 5000 亩，牧草地 5 万亩。全镇国内生产总值完成 19034 万元，年财政收入 398.03 万元，人均产粮 379 公斤，农民人均纯收入 1613 元。境内平均海拔 730 米，年平均气温 15.7℃，有效积温 7.85℃，无霜期 286 天，年平均降雨量 1133 毫米。日照充足，冬无严寒，夏无酷暑，土地肥沃，适合发展种植业、养殖业、服务业和旅游业等行业。

桃香村位于台拱镇东部，是台拱镇 37 个行政村之一、距台拱镇城区 10 千米、距台盘乡 18 千米。全村辖 2 个自然寨，4 个村民小组，总户数 145 户，总人口 665 人，男性有 360 人，女性有 305 人；劳动力有 345 人。其中农业户 138 户，农业人口 653 人，占总人口 98.1%；苗族人口 659 人，占总人口 99.1%。桃香村总面积 1700 多亩，有耕地面积 356 亩，林地面积 1200 多亩，林地覆盖率约为 70%；境内平均海拔 730 米，年平均气温 15.7℃，有效积温 7.85℃，无霜期 286 天，年平均降雨量 1133 毫米。日照充足，冬无严寒，夏无酷暑，土地肥沃，拥有得天独厚的自然环境和丰富的民族风俗文化，适合

---

① 田深泥. 浅谈扶贫与推行苗文的关系 ［J］. 民族论坛，1993 (3)：25-27.
② 陈达明. 双语教学的前景 ［J］. 贵州民族研究，1984 (3)：64-68，113.

发展种植业、养殖业和旅游业等产业。拥有 2 个 40 立方米自来水蓄水池，水源较好，未遇干旱年份，人畜饮水勉强解决。居落集中，但经济发展滞后和交通不便，阻碍了充分开发利用生产资源与旅游资源。村民经济收入单一，经济收入主要是靠原始种养业和外出务工。

（2）文化环境

台江县有 14.5 万人口，有苗、侗、土家、布依等 15 个少数民族，其中苗族占总人口的 97%，有"天下苗族第一县"之称。境内民族风情古朴浓郁，有依山傍水的民居建筑，精美的苗族刺绣、工艺制品，心惊肉跳的牛斗狗争，奔放的笙鼓舞蹈、文学歌曲，文明的礼仪风范，别具一格的婚恋习俗等；有"世界最长的节日"——祭祖节（也称"世界第一俗"，13 年才过一次，每次过 3 年时间），有"世界最古老的情人节"——姐妹节（也称为"藏在花蕊里的节日"），有"世界唯一的独木龙舟节"——施洞龙舟节，有常到世界各地巡回演出的、遐迩闻名的"东方迪斯科"——反排木鼓舞，有荣获 2003 年度西部民歌大赛金奖的苗族大歌——反排多声部、方召情歌。这里是歌与舞的海洋，是情与爱的世界，有"文化藏在身上，史书从头读起"之说，被联合国列为全球一等"返璞归真、重返大自然"的十大人文旅游景区之一。

人文景观是台江旅游的一大产品，境内无迹不古，是贵州东线旅游线路上的一朵奇葩。有清代苗族起义领袖张秀眉领导的苗族人民起义遗迹、遗址，有建筑风格异彩纷呈的古军事重镇——施洞古镇，有省级文物保护单位 2 处，有县级文物保护单位 17 处。寒武纪时代古生物化石群遗址及博物馆，被列为全国青少年科普教育基地。台江这块神秘的土地经联合国保护世界乡土文化基金会考定为一等"返璞归真"类旅游区，并被列为十大少数民族文化保护圈之一。

（3）台江县番省苗族小学概况

本书作者所调研的黔东南苗族侗族自治州台江县台拱镇番省苗族小学位于台江县北段，虽然距离县城仅仅 12 千米，但由于沿途多为崎岖的山路，因此驱车前往该地需要 30 分钟左右。番省小学是当地台拱镇下设的一处小学，现有学生 351 余名，共 10 个班，教师 24 名。该校宣传介绍词为："迎着新世纪的曙光，沐浴着课程改革的春风，台江县台拱镇桃香村番省小学如同一颗散发着诱人芬芳的蓓蕾，在贵州省黔东南苗族侗族自治州台江县台拱镇桃香村委会徐徐绽放。本校师资队伍强大，学课建设合理，学校文化浓厚，学校坚持用科学发展观指导办学实践，打造人民满意的优质教育的理念。热忱欢迎社会各界光临指导，同台江县台拱镇桃香村番省小学一起为培养社会主义新人才而努力。"

图 2-1　台江县台拱镇番省小学

2. 走进挂丁苗族小学

（1）自然环境

挂丁小学所在的三棵树镇是凯里市"一区两镇"发展战略的重点开发镇，是贵州省"双百"小城镇建设和黔东南州 45 个经济强镇建设试点镇、是凯里市首批农业综合开发建设乡镇。其地理位置为东经 107°58′30″—108°12′32″，北纬 26°28′53″—26°38′45″。镇政府所在地距凯里城区 9 千米，交通便利，通信发达，地理位置十分优越。320 国道、炉榕省道和凯麻高速公路在此交汇。是黔东南州府凯里市通往东部 9 县的必经之地，也是贵州省东出湖南的重要通道。具有良好的地理条件和气候环境，自然资源也相当丰富，具有可观的综合开发价值。

挂丁村（行政村名）位于凯里市东 14 千米，辖境东邻郎利村，西与三棵树镇政府驻地交界，南接长青、沙咀村，北连柏松、石同下村。1942 年属化铅乡第堡，1950 年属化铅第一村。1953 年设立挂丁乡属挂丁乡，1958 年 8 月属胜利人民公社、同年 11 月建挂丁大队、属凯里公社。1961 年为挂丁公社挂丁大队，1984 年更今名（挂丁村）。面积约 10 平方千米，巴拉河流经 5 千米，西江旅游公路 5 千米，三凯高速公路经程 4 千米，辖有原凯里造纸厂、挂丁民族小学、凯里市联社挂丁分社、挂丁邮电所等。有 6 个自然寨，20 个村民小组，722 户、3678 人，耕地面积（田）849.06 亩，从事农业总产值 894060 元，从事第三产业人数流出 250 余人，从事服务行业 100 余人，从事建筑业 60 余人，自然村寨均通公路，通有线、移动、联通通信。进入农网供电闭路电视联网。村寨都进行了步道硬化。①

（2）文化环境

全镇总面积 263 平方千米，辖 1 个居委会、32 个行政村、243 个村民小组，辖区总人口 48751 人，苗族人口占总人口的 98%，人口密度为 185.4 人/平方千米，是凯里市苗族人口最多的乡镇，史称"南疆腹地"。有"三里不同风，五里不同俗，大节三六九，小节天天有"之说。这里的苗族人民崇尚文明的礼仪风范，创造了浩瀚的口碑文学，其富于哲理的曲艺嘎百福，娓娓悦耳的押调苗歌，内涵丰富的鼓笙曲舞，叹为观止的服饰艺术、手工刺绣、手工银饰、剪纸，庄严肃穆的鼓会集会，别具情趣的婚俗礼仪，独特的村寨吊脚楼群等，都是三棵树镇苗族文化的典特征，是我国民间古老流传文化保存最为完整的地方之一。

三棵树镇的苗族文化属于原生态的民族文化，原汁原味，尤其是三棵树镇的苗族服饰、民族风俗吸引了海内外游客，原生态旅游极有开发的潜力。该镇境内为苗族聚居区，各种民族节日甚为繁多，尤以"过苗年"（冬月十一），"吃新节"和"芦笙节"（农历六七月）最为隆重。过苗年是为了祭祀先祖，吃新节和芦笙节则是为了庆祝丰收。每逢节日，家家户户杀猪宰羊招待来自四方的亲朋好友，节日期间还举行隆重的芦笙舞、苗族飞歌、斗牛、赛马、拔河、篮球赛等活动。节日的场上飞歌四起，百牛争霸，身着苗族盛装的青年男女，如约而至来到了踩歌堂，随着芦笙悠扬的旋律翩翩起舞，整个会场成了舞的世界，歌的海洋，气氛十分热烈。

（3）凯里市挂丁小学概况

凯里市挂丁小学位于贵州省黔东南苗族侗族自治州凯里市。挂丁小学自建校以来，各级领导高度重视学校发展，不断加大教育投入，使学校办学规模、办学质量、社会效益不断发展。凯里市挂丁小学占地面积 2700 平方米，共 6 个年级，在校生 268 人，教职工 16 人。学校绿化覆盖率高，设施齐备，有普通教室、专用教室、多媒体教室、实验室、舞蹈房、课件制作室、电脑

① 本书数据未特别说明者，一般为作者调研期间数据。

房、儿童化阅览室，此外还有校史室、红领巾广播室、图书馆。学校以"谦、信、勤、敏"为训，实施德、智、体、群、美全人教育，并以"愉快学习、健康成长"为工作目标。学校希望通过锻炼学生独立思考的能力、协助他们建立正确积极的人生观。同时，学校为学生提供优良的学习环境及全面而均衡的课程，让他们愉快学习，发展潜能，为日后回馈社会做好准备。

图 2-2 凯里市三棵树镇挂丁小学

（二）调查问卷及结果分析

1. 数据的收集

此部分主要来源于一手田野调查得到的抽样统计数据，以问卷调查形式为主，辅以必要的访谈，并结合黔东南地区民族学校苗汉双语教育实际进行分类，数据可谓翔实而丰富，具有较强的说服力。早在 2013 年 9 月，在导师国家社会科学基金资助下，本书作者就对黔东南民族学校进行过调研，但当时涵盖所有民族文化课程，而 2015 年 6 月的再次调研则专门针对双语课程生态化教育研究。

（1）问卷调研的对象

黔东南地区民族学校苗汉双语教育生态发展现状如何，存在哪些具体的问题，民族地区学校的师生最有发言权。因此，本研究调研对象为黔东南地区民族学校的教师、学生和教育管理部门的工作人员等，为保证问卷的信度和效度，经多次讨论及征求专家建议，确定了调研问卷具体的发放范围和数量，本次调查共发放问卷155份，回收155份。

（2）问卷设计的内容

笔者围绕黔东南地区民族学校苗汉双语教育生态现状设计了《民族地区双语课程教学实施》调查问卷，分为学生问卷和教师问卷两种。学生问卷的内容由以下两部分组成：a. 民族地区学生对苗汉双语课程的学习态度及认知调查。b. 民族地区学生对苗汉双语课程教学满意度调查。教师问卷部分由以下三部分组成：a. 民族地区教师对苗汉双语课程教学的态度调查。b. 民族地区教师对苗汉双语课程教学开展的满意程度调查。c. 民族地区教师认为从事双语教育所面临的最大问题。

（3）调研问卷的发放与回收

为了保证调查的信度，在开展田野调查之前，我们就调查的地区和学校进行了筛选。由于调查的目的是掌握黔东南地区民族学校苗汉双语教育生态现状，在调查区域的确定上，前者必须是具备"苗汉双语教育"的条件且基础较好的民族地区。因此，研究者选取凯里市郊区的挂丁村和台江县作为调查研究地区，学校的选择也充分考虑到了样本所具有的典型性和代表性。以台江县台拱镇番省小学和凯里市郊区挂丁小学为主要调研地，还包括附近其他学校。前者是贵州省民委示范性双语教学学校，而后者是凯里市双语示范校。调查问卷回收情况见表2-2。

表2-2　调查问卷回收情况统计

问卷名称	发放数量（份）	收回有效答卷（份）	收回率（%）
民族地区双语课程教学实施调查（学生问卷）	124	124	100
民族地区双语课程教学实施调查（教师问卷）	31	31	100
总计	155	155	100

（4）问卷调研数据分类统计

调查主要通过书面问卷调查和访谈的形式进行，并辅以录音、录像等现代技术保存和记录调查资料。根据访问对象的不同，编写了两种调查问卷，分别用于教师和学生。问卷是在参考国内外权威研究资料的基础上编写的，具有一定的信度和效度。它由三部分组成：第一部分是填写指南，第二部分是被调查者的个人基本信息，第三部分为调查的内容。调查的实施较为顺利，得到了当地民委、教育部门和学校的大力支持。

①教师问卷

共计 31 位教师参加了问卷调查，内容涵盖民族地区教师对苗汉双语课程教学的态度调查；民族地区教师对苗汉双语课程教学开展的满意程度调查；民族地区教师认为从事双语教育所面临的最大问题。其基本信息如下，a. 性别：男 18 人，女 13 人。b. 民族：苗 26 人，汉 5 人。c. 年龄：平均 40.91 岁，最大 54，最小 24 岁。d. 文化程度：本科 5 人（16.19%），大专 25 人（80.60%），中专 1 人（3.2%）。收集到的数据应用 SPSS 18.0 对其进行了整理与分析。

②学生问卷

共计 124 名学生填写了调查问卷，内容涵盖民族地区学生对苗汉双语课程的学习态度及认知调查；民族地区学生对苗汉双语课程教学满意度调查；满意度调查题目包括教学方法、教学环境、双语教材等 7 个方面。参照心理学相关理论，共分为 5 个层次，满意度从高到低分别为十分满意、比较满意、一般、不太满意、完全不满意。

学生基本信息如下。a. 性别：男 67 人，女 57 人。b. 民族：苗 104 人，汉 18 人，侗族和彝族各 1 人。c. 年龄：平均 12.27 岁，最大 15 岁，最小 11 岁。d. 年级：五年级 82 人，六年级 42 人。e. 居住地区：城镇 5 人，农村 119 人。

2. 数据结果统计与分析

第一部分：民族地区学生对开设苗汉双语课程的学习态度及认知

（1）学生问卷调查结果

①你觉得双语在传承民族文化中所起到的作用

调查结果显示：大多数学生认识到双语在传承民族文化中所起到的作用，认为很重要的学生多达 103 人。（83.00%）（参照表 2-3）

表 2-3 你觉得双语在传承民族文化中所起到的作用

	选择次数（N=124）	所占百分比
很重要	103	83.0
一般重要	20	16.3
不重要	1	0.7

②你认为学校开设双语课程是否有必要

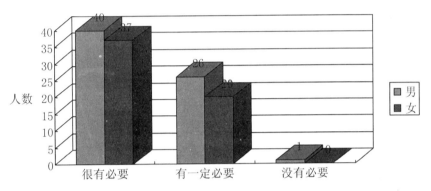

图 2-3 学校开设双语课程是否有必要

调查结果显示：选择很有必要性的人数最多，为 77 人（62.00%），男 40 人，女 37 人；很有一定必要的为 46 人（37.02%），男 26 人，女 20 人；没有必要性的仅 1 人（0.90%），男 1，女 0 人。（见图 2-3）

③你对学校所开设的苗汉双语课程是否有兴趣

绝大多数学生对此很有兴趣，选择该项同学有 83 人（67.09%），男 37 人（占男生 55.67%），女 46 人（占女生 80.46%），而且本项男女比较具有统计学意义：$\chi^2=9.033$，$P=0.003$，卡方检验结果表明对苗汉双语课程很有兴趣的女生比例显著高于男生。选择有点兴趣的学生人数为 39 人（31.44%），其中男生 28 人（占男生比例为 55.67%），女生 11 人（占女生比例为 80.46%），卡方检验结果表明该选项也存在显著性别差异（$\chi^2=11.264$，$P=0.001$）。选择完全没兴趣的学生较少，仅 2 人（2.98%）选择该选项，且都为男生。（参照表 2-4）

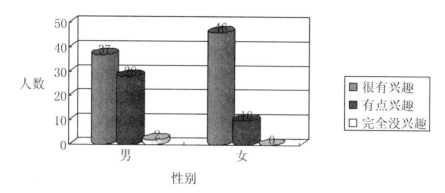

图 2-4 对学校开设的双语课程是否有兴趣

表 2-4 男女生对学校所开设的苗汉双语课程兴趣的差异

选项	男	女	χ^2	P 值
很有兴趣	37（55.67%）	46（80.46%）	9.033	0.003
有一点兴趣	28（41.79%）	11（19.29%）	11.264	0.001
完全没兴趣	2（2.98%）	0	1.729	0.188

④你认为学校开设双语课程对于你对本民族的认识是否有影响

调查结果显示：认为有一定影响的学生比例最大，为 52 人（41.90 %），男 30 人，女 22 人。其次是持"有深刻影响"的数 39 人（31.40 %），还有 33 人（26.70 %）认为没有影响，男 13 人，女 10 人，这值得我们深思。（见图 2-5）

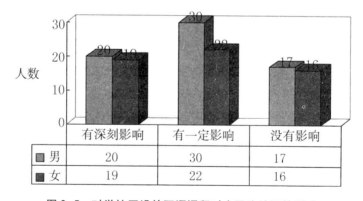

图 2-5 对学校开设的双语课程对本民族认识的影响

⑤你认为学好双语课程对今后升学有何影响

调查结果显示：绝大部分学生认为学好双语课程对今后升学有积极影响，共 117 人（95.02%），男 64 人，女 53 人，说明他们对此持肯定的态度。但竟然有 2 名男生认为开设双语课程对升学有消极影响，这是调查者始料不及的。此外，还有 5 名学生选择无影响。（见图 2-6）

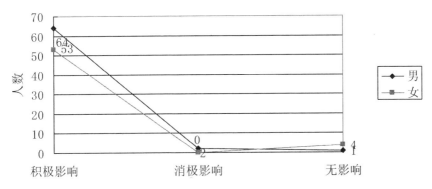

图 2-6 学好双语课程对今后升学的影响

⑥你的家人对于学校开设双语课程的态度

调查结果显示：对此抱理解并表示支持的人数为 107 人（86.20%），表明绝大多数家长对于学校开设民族文化课程的态度是开明的。从学生性别来看，其中男生家长 57 人，女生家长 50 人。（见图 2-7）

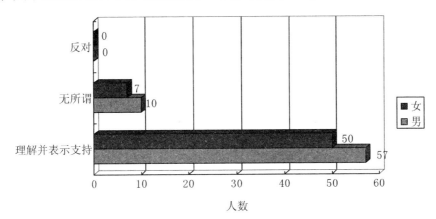

图 2-7 家人对学校开设双语课程的态度

⑦你认为目前学校开设的双语课程难易程度如何

从图 2-8 可以看出，高达 87 人（70.11%）选择了"目前双语课程难度合适"选项。从学生性别来看，其中男 43 人（占男生 63.92%），女 44 人

（占女生 77.16%），认为较容易的学生为 31 人（25.00%），男 19 人（占男生 28.87%），女 12 人（占女生 21.09%），仅有 6 人认为（4.89%）过难，男 5 人（占男生 7.22%），女 1 人（占女生 2.10%）。

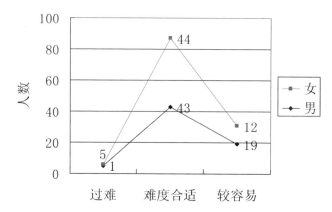

图 2-8 你认为目前学校开设的双语课程难易程度

第二部分：民族地区学生对苗汉双语课程教学满意度

表 2-5 民族学校学生对苗汉双语教学满意度调查表

满意度调查题目	十分满意（%）	比较满意（%）	一般（%）	不太满意（%）	完全不满意（%）
教学方法	5	10	50	21	14
教学环境	7	11	22	45	15
双语教材	8	10	40	32	10
学习氛围	11	22	30	25	12
考试方式	15	15	40	20	10
教学效果	10	20	40	15	15
课外活动	8	12	30	40	10

①你对目前双语课程教师的教学方法是否满意

调查结果显示，对双语课程教师的教学方法十分满意、比较满意、一般、不太满意和完全不满意的学生人数百分比分别为 5%，10%，50%，21% 和 14%。

②你对目前学校双语课程的教学环境是否满意

调查结果显示，对学校双语课程的教学环境十分满意、比较满意、一一般、不太满意和完全不满意的学生人数百分比分别为 7%，11%，22%，45% 和 15%。

③你对目前学校双语课程教材是否满意

调查结果显示，对目前学校双语课程教材十分满意、比较满意、一般、不太满意和完全不满意的学生人数百分比分别为 8%，10%，40%，32% 和 10%。

④你对目前学校双语课程学习氛围是否满意

调查结果显示，对目前学校双语课程学习氛围十分满意、比较满意、一般、不太满意和完全不满意的学生人数百分比分别为 11%，22%，30%，25% 和 12%。

⑤你对目前学校双语课程考试方式是否满意

调查结果显示，对目前学校双语课程考试方式十分满意、比较满意、一般、不太满意和完全不满意的学生人数百分比分别为 15%，15%，40%，20% 和 10%。

⑥你对目前学校双语课程教学效果是否满意

调查结果显示，对目前学校双语课程教学效果十分满意、比较满意、一般、不太满意和完全不满意的学生人数百分比分别为 10%，20%，40%，15% 和 15%。

⑦你对目前学校双语课程教学所开展的课外活动是否满意

调查结果显示，对目前学校双语课程所开展的课外活动十分满意、比较满意、一般、不太满意和完全不满意的学生人数百分比分别为 8%，12%，30%，40% 和 10%。

（2）教师的调查问卷统计结果

第一部分：教师对苗汉双语课程教学的态度

表2-6 教师对苗汉双语课程教学的态度

调查问题	对双语课程教学的态度（%）		
	1	2	3
①您觉得双语在传承民族文化中所起到的作用 （1. 很重要 2. 重要 3. 不重要）	100	0	0

调查问题	对双语课程教学的态度（%）		
	1	2	3
②您认为学校设置苗汉双语课程的主要作用体现在哪些方面（可多选）（1. 弘扬民族文化　2. 认同民族文化　3. 提高学生能力）	83	55	40
③您认为学校开设苗汉双语课程是否重要（1. 重要　2. 有一定必要　3. 不重要）	60	35	5
④您认为学生对苗汉双语课程是否有兴趣（1. 很有兴趣　2. 有点兴趣　3. 完全没兴趣）	63	35	2
⑤您了解到的学生家长对于学校开设苗汉双语课程的态度是（1. 支持　2. 无所谓　3. 反对）	68	29	3

①您觉得双语在传承民族文化中所起到的作用

调查结果显示，100%的教师都认为双语在传承民族文化中作用很重要。

②您认为学校设置苗汉双语课程的主要作用体现在哪些方面

调查结果显示，83%的教师认为学校设置双语课程的主要作用体现在"弘扬民族文化"方面，而55%的教师选择了"认同民族文化"，40%的教师认为它能"提高学生能力"。

③您认为学校开设苗汉双语课程是否重要

调查结果显示，60%的教师认为学校很有必要开设苗汉双语课程（非传统课程），35%的教师认为有一定必要，5%的教师选择"不重要"的选项。

④您认为学生对苗汉双语课程是否有兴趣

调查结果显示，63%的教师认为学生对苗汉双语课程很有兴趣，35%的教师认为有点兴趣，剩下2%的教师选择"完全没兴趣"的选项。

⑤您了解到的学生家长对于学校开设苗汉双语课程的态度是

调查结果显示，选择理解并表示支持的态度的教师有68%，29%的教师选择了无所谓的选项，3%的教师认为学生家长对此持反对的态度。

第二部分：教师对苗汉双语课程教学开展的满意度

表 2-7　教师对苗汉双语课程教学开展的满意程度

调查问题	对苗汉双语课程开展的满意程度（%）				
	1	2	3	4	5
①你对目前学校开设的苗汉双语课程在整个课程中所占比重是否满意（1. 十分满意　2. 比较满意　3. 一般　4. 不太满意　5. 完全不满意）	3	17	60	12	8
②你对目前学校开设的苗汉双语课程评价机制是否满意（1. 十分满意　2. 比较满意　3. 一般　4. 不太满意　5. 完全不满意）	10	20	50	15	5
③你认为苗汉双语课程教师对工资待遇是否满意（1. 十分满意　2. 比较满意　3. 一般　4. 不太满意　5. 完全不满意）	12	10	36	38	4
④你对目前苗汉双语课程教材是否满意（1. 十分满意　2. 比较满意　3. 一般　4. 不太满意　5. 完全不满意）	10	35	45	5	5
⑤你对目前苗汉双语课程教师培训是否满意（1. 十分满意　2. 比较满意　3. 一般　4. 不太满意　5. 完全不满意）	29	15	50	3	3
⑥你对目前学校为苗汉双语课程配置的条件是否满意（1. 十分满意　2. 比较满意　3. 一般　4. 不太满意　5. 完全不满意）	6	12	22	48	12

①你对目前学校开设的苗汉双语课程在整个课程中所占比重是否满意

调查结果显示，3%的教师选择十分满意的选项，17%选择比较满意，60%选择一般，12%选择不太满意，8%选择完全不满意。

②你对目前学校开设的苗汉双语课程教学评价是否满意

调查结果显示，10%的教师选择十分满意的选项，20%选择比较满意，50%选择一般，15%选择不太满意，5%选择完全不满意。

③你认为苗汉双语课程教师对工资待遇是否满意

调查结果显示，12%的教师选择十分满意的选项，10%选择比较满意，36%选择一般，38%选择不太满意，4%选择完全不满意。

④你对目前苗汉双语课程教材是否满意

调查结果显示，10%的教师选择十分满意的选项，35%选择比较满意，45%选择一般，5%选择不太满意，5%选择完全不满意。

⑤你对目前苗汉双语课程教师培训是否满意

调查结果显示，29%的教师选择十分满意的选项，15%选择比较满意，50%选择一般，3%选择不太满意，3%选择完全不满意。

⑥你对目前学校为苗汉双语课程配置的条件是否满意

调查结果显示，6%的教师选择十分满意的选项，12%选择比较满意，22%选择一般，48%选择不太满意，12%选择完全不满意。

第三部分：民族地区教师认为从事双语教育所面临的主要问题

表2-8　民族地区教师认为从事双语教育所面临的主要问题（可多选）

项目	选项	人数	百分比
民族地区教师认为双语教育所面临的主要问题	教师水平不过关	11	46%
	教育氛围欠缺	8	33%
	没有合适的教材	9	15%
	教学目标不明确	3	5%
	缺乏资金	22	70%
	政策支持不够	9	40%
	待遇太低	9	40%

3. 调查结果分析

（1）学生调查问卷结果分析

①民族地区学生对苗汉双语课程的开设持积极的态度

从学生问卷调查结果来看，83.00%的学生认为双语课程在传承民族文化中起很重要的作用，67.09%的学生对学校所开设的民族文化课程很有兴趣，95.02%的学生认为学好苗汉双语课程对今后升学有积极影响，86.20%的学生认为家人理解并支持学校开设苗汉双语课程。这些都表明了苗汉双语课程受到民族地区大多数学生的欢迎，他们对开设苗汉双语课程学习持积极的态度。但也有少数学生认为开设双语课程对升学有消极影响，这说明受应试教育的冲击，实施民族双语课程面临一定压力。

②民族地区学生对苗汉双语课程教学满意度一般

从民族学校学生对苗汉双语教学满意度调查表可以看出，目前双语教学的实施效果还没有达到学生的期望值，无论是教学环境还是学习氛围，都有待加强。尤其是缺乏双语教育的环境，譬如高达 45.00% 的学生对苗汉双语教学环境不太满意，40.00% 的同学认为教材一般，这就要求民族文化课程教材编写和出版机构要切实提高教材的质量，以提高学生满意度。而对教师教学方法十分满意和比较满意的学生比例总和才 15%，这是值得我们反思的问题。苗汉双语教学效果欠佳是多方面原因造成的，需要我们从教材、教法和教学环境构建等方面给予优化和提升。

③民族地区学生对苗汉双语课程的兴趣方面存在性别差异

学生调查问卷一第 3 题的卡方检验结果表明苗汉双语课程需求存在性别差异。结果显示，女生对苗汉双语课程的学习兴趣更浓厚。其中选择对双语课程很有兴趣选项的女生比例高达 80.46%，而男生为 55.67%，本选项的男女比较具有统计学意义，且存在显著差异：$\chi^2 = 9.033$，$P = 0.003$。同样，选择选项二"有点兴趣"的男女比例也存在显著差异（$\chi^2 = 11.264$，$P = 0.001$）。这可能是由于处于青春期的男女性格上的差异导致了他们对双语课程的态度和需求也不尽相同。

（2）教师调查问卷结果分析

①民族地区教师对苗汉双语课程教学的认同度很高

教师调查问卷的第 1 题到第 5 题的调查研究结果就充分论证了这一点。高达 100% 的教师认为双语课程在传承民族文化中起很重要的作用。60% 的教师认为学校开设双语课程很有必要。这表明民族地区大多数教师都意识到了双语课程在民族文化传承中的核心地位。此外，83% 的教师认为学校设置民族双语课程的主要作用体现在"弘扬民族文化"方面，55% 的教师认为双语课程能起到"认同民族文化"的作用。它表明教师认识到双语课程在文化传承中的重要地位，以上都表现了民族地区广大教师对双语课程教学的积极态度。

②民族地区教师对苗汉双语课程开展满意度不甚高

教师调查问卷的结果表明苗汉双语课程教学现状不尽人意。包括课程设置、评价机制和教材等。例如 50% 的教师认为目前民族文化课程教师培训一般，还有 48% 的教师对目前学校为民族文化课程配置的条件不满意。也仅仅有 35% 的教师对现行民族文化课程教材满意。

③民族地区教师认为当前苗汉双语课程的实施还存在诸多困难

从教师调查问卷的结果可以看出，目前民族学校双语教师认为从事双语教育所面临的最大问题是缺乏资金，高达 70% 的双语教师都选择了该选项。排在第二位的问题是自身水平不过关，它一方面表明民族学校双语教师对自己的水平不够自信，当然，双语教师综合素质确实需要提高，其中包括教学方法、教学理念和语言功底等方面。另一方面也反映出政策支持不够，教师待遇过低等问题，这些都不利于发挥教师的主观能动性。

（三）访谈结果与分析

1. 对番省小学双语教师的访谈

地点：台江县台拱镇桃香村番省小学

时间：2015 年 6 月 26 日

访谈对象 1：校长

性别：男

年龄：52 岁

民族：汉

籍贯：贵州省台江县

笔者：校长您好，虽然贵校地处偏僻地段，但作为贵州省苗汉双语教学示范学校鼎鼎大名，您能就贵校情况及苗汉双语教学情况给我们做一个简单的介绍吗？

校长：我校现有学生 300 余名，教师 24 名。其中专职双语教师 2 名。双语教学一直是我们的特色，这些年取得了一定的成绩，但同时也存在一些问题。

笔者：贵校苗汉双语教学是怎样实施的？是否得到师生的认可？

校长：上级既然把我校列为贵州省苗汉双语教学示范学校，我们肯定不能辜负上级对我们的期望，学校从上到下都非常重视这项工作，专门成立了相关工作领导小组。我亲自任组长，负责双语教学的管理工作。师生对此很认可。双语课程不仅不影响其他课程的学习，还能够激发学生的学习兴趣。

笔者：您刚才提到你们苗汉双语教学存在一些问题，主要集中在哪些方面？比如学生是否在学习中存在困难？

校长：我们这里属于经济落后地区，很多学生都是留守儿童，过去由于各种原因辍学现象比较严重，客观上也影响了苗汉双语教学的连续性。当然现在随着经济条件好转和观念的改变，以及学校采取的"保学控辍"措施，这种情况有所改观。

　　我们苗汉双语课程教学存在问题如下：首先，最主要的也是一致认同的困难是资金不足。虽然上面有财政拨款，比如学生的教材费都是免费的，但还是显得比较紧张。其次，师资力量紧缺，双语人才存在断层问题。虽然现在贵州省委托了贵州民族大学每年暑假进行师资培训，但愿意从事专职少数民族双语教学的人还是比较少，除了待遇不高外，职称也是其不得不考虑的一个问题。最后，缺乏因地制宜的双语教材。教材总是换来换去，用过纯苗文的，也有汉语为主的，或双语的，比如上面是拼音，下面是苗文，但效果都不太好。

　　笔者：您对此有何期待？

　　校长：我希望得到国家的进一步重视，落实好国家的优惠政策。其他细节可以对我们的双语专职教师张老师进行访谈。

　　笔者：谢谢校长。

　　访谈对象2：张云明老师

　　性别：男

　　年龄：54岁

　　民族：苗族

　　籍贯：贵州省台江县

　　授课科目：苗汉双语

　　笔者：张老师，您好，您是这里的资深苗汉双语教师，可以就贵校苗汉双语教学整体授课情况做一个介绍吗？

　　张老师：我校作为贵州省民委苗汉双语教学项目示范性学校，从2002年开始系统地开设苗汉双语课程至今已有13个年头了。总体来说，我们的双语教学实施得还是比较成功的，例如多次受到省民委的表彰，国家和省民委选择学校调研贵州省双语教学时我校都是首选。6月15至16日，县民宗委党组成员、副主任张和平率调研组到黔东南州，就苗汉、侗汉双语服务需求情况进行调研。我校可以说是县里唯一一所开设苗汉双语课程的民族学校，我们的生源来自周边的6个村和12个苗寨，学生几乎全部是清一色的苗族。

　　笔者：贵校是每一个年级都开设苗汉双语课程吗？除了专门的双语课程外，数学和体育等科目是否也是用双语进行教学的？一周课时多少？贵校苗汉双语课程的教学目的是什么？采取的是何种教学模式？

　　张老师：由于师资的限制和升学的影响，我校仅仅在小学1年级和3年级开设苗汉双语课程，科目也仅局限于语文和数学，周课时为 4 节左右。教学目的主要是辅助孩子后期的汉语学习。我们这里的学生几乎 100% 是苗族，孩子从小接触的是苗语口语，没有任何汉语基础，为了减少汉语语文教学的难度，我们采取苗汉过渡式的教学模式。从事双语教学 20 多年来，在双语教学课堂当中，主要采取辅助学生汉语教学的方式，比如红花，在苗文中译为"花红"，这两个字是颠倒的，所以我板书之后，学生更容易记住。在贵州，双语教学既包括传统意义上"双语双文（教学使用民汉双语和民汉双文）"的教学形式，也包括"双语单文（教学使用民汉双语，只用汉文）"的教学形式，且"双语单文"形式的双语教学在贵州少数民族地区普遍存在，是少数民族地区发展教育必不可少的教学模式。其中我校是"双语双文"的教学形式。

笔者：您怎么看待学校实施的苗汉双语教育？您眼中的苗汉双语教育是什么样子的？为什么？

张老师：我校实施的苗汉双语教育当然具有极其重要的价值和意义，如提高学生的双语能力，传承我们苗族文化等。但我总觉得实践中还存在很多问题需要我们克服。理想的苗汉双语教育应该是在国家高度重视下，所构建的师生和谐、寓教于乐、教学效果好、可持续性良性发展的双语生态教育体系。因为只有实现良性发展，才能使双语教育经久不衰，具有旺盛的生命力。

笔者：既然提到了困难和障碍，那你在教学工作中遇到的最大的困难是什么？你是如何应对的？

张老师：说实话，困难还是很多的，虽然现在上面的领导也比较重视苗汉双语教育，但由于各种客观原因，我们开展双语教学面临诸多挑战。目前我校从事双语教育的老师就 2 个人，而且年龄都偏大，我已经 54 岁了，如果退休后没人接班，双语教育很难继续。

笔者：难道没人愿意主动承担双语课程教学吗？

张老师：唉！承担这门课程是需要一点奉献精神和信念的，现在年轻老师的观念和我们那个时代的人不同了，不过也可以理解，现在是市场经济时代，都要养家糊口呢。

笔者：承担双语课程没有额外课时补贴吗？

张老师：省里确实拨了款用于双语教学，但由于我们学校财政困难，只好用于改善办公或其他方面了，真正用于提高双语课程一线教师的钱非常微薄，我主要为了孩子们，为了理想信念而支撑着，我现在最担心的是缺乏后备力量。除了待遇问题外，备课工作量大也是年轻老师不愿承担这门课程的原因之一。

笔者：也就是说，目前贵校苗汉双语课程教学所面临最大的困难是师资缺口和缺乏经费，对吧？那你有什么好的建议来应对或者你对苗汉双语教育有什么特别的期待吗？

张老师：其实省里面也意识到师资建设问题，并采取了相应的措施，例如贵州民族大学会组织为期半个月到一个月的苗语教师师资培训，我基本上每年都参加了这个培训项目。

笔者：培训的主要内容是什么？

张老师：主要针对苗文进行语言培训，例如声母和韵母等，也会培训一点教学技能，但不是很深入。

笔者：除了语言和教学法方面的培训，是否也涉及苗族文化认知和跨文化交际方面的内容？

张老师：苗族文化有一些，毕竟语言离不开文化，但跨文化交际的内容和相关技能的培训很少。我的建议和期待就是上面的政策能够再具体务实一点，比如为了调动双语教师的教学积极性，给予其相应的补贴，这个补贴到底是多少，按月还是按年，要进行细化和制度化。此外，对发展双语所制定的特殊政策一定要落到实处，并且要集思广益，将其不断进行完善。譬如将其纳入教师的年度考核目标。现在特岗教师这个制度就不错，但要留住年轻人不容易，待遇还得提高，此外要用感情留人。现在我们这里的英语教师就缺编，2000~3000 元的月收入对本科毕业的年轻人是缺乏吸引力的。

笔者：冒昧问一下，您现在是什么职称，另外当前的月收入为多少？是否对自己的收入比较满意？

张老师：我现在是中教一级职称，每月的工资加奖金为 4000 元左右，对于这个待遇我基本满意。

笔者：除了政策上和资金方面的支持外，您认为贵校的双语教育还存在哪些问题？例如教材是否实用？

张老师：目前所使用的苗汉双语教材是由贵州省少数民族语言文字办公室和贵州省教育科学研究院所编写的，由贵州民族出版社出版。可以看出，专家在教材设计方面花费了不少心血，客观评价，虽然教材编写质量还不错，内容也比较丰富，但由于苗语存在一定的地方差异，即使是不大的黔东南苗族侗族自治州也存在地区差异，标准不一，这本教材并不完全符合台江县苗语口语的实际情况，但在实际教学中我会穿插使用自己编写的教材，便于学生尽快掌握相关的知识点。

笔者：您不愧是一位尽心尽责的好教师，对待工作太认真负责了。另外请问苗汉双语是否有统一的考试形式？

张老师：哪里，我只是做了自己该做的事情而已。目前我县双语实施全县统考，考试范围和内容都由县教育局和县民宗局来决定。

笔者：您觉得孩子们上双语课有一定困难吗？此外他们生活上是否也存在一些困难，平时和学生的沟通是否较多？

张老师：我们这里90%以上的学生是留守儿童，家庭较为贫困。由于从小和爷爷奶奶说的是苗话，刚接触汉语肯定存在一些困难，但相信慢慢能够克服。农村孩子大多数比较内向，作为教师，确实需要与他们多进行沟通，多一份关怀，多一份爱心。

笔者：您觉得现在贵校的双语教学效果如何？

张老师：平心而论，自2002年贵州省教育厅、省民委下发《关于在各级各类学校实施民族民间文化进校园意见》以来，我校的苗汉双语教育走向了正规化和系统化，外界看来，我们取得了较为满意的教学效果，但我个人觉得还有很大的提升空间，现在感觉信心还是不足，压力也很大，但我们一直在努力，正如前面我们所讨论过的，也希望国家给予我们更大的政策和资金支持。

笔者：好的，谢谢张老师，和你访谈很愉快，收获也很大，祝你们学校的双语教学事业越来越好。

张老师：不客气，感谢你对我们的支持。

访谈对象3：邰老师

性别：女

年龄：42岁

学历：大专（第一学历中师）

民族：苗族

籍贯：贵州省台江县

授课科目：语文

笔者：邰老师，您好，我看了你在贵州省教育科学院、贵州省教育学会所组织的2014年教育教学科研论文、教学（活动）设计征集评选写的《双语教学融入课堂困难的分析及建议》一文，文笔流畅，具有实际价值和现实意义。感觉你非常关心你们学校双语教学的发展，很有责任心和主人翁精神，现我想向你了解一些关于贵校苗汉双语文教学的情况。

邰老师：我那篇文章也是有感而发，针对我校实际情况进行了客观的描述而已。如果你有具体问题我愿意向你提供信息和发表自己的看法。

笔者：从张老师那里了解到你们这最先接触到的是苗语，而双语教学的目的是辅助孩子们的汉语学习，那你作为一个语文老师，苗语学习对汉语有影响吗？主要体现在哪些方面？

邰老师：低年级的苗族学生之前没有接触过汉语，他们最早接受的是苗语的口语表达，因此汉语学习很吃力，苗汉双语教学在我们这里显得格外重要。比如"牛"这个词，我们知道在实际生活中有"水牛"和"黄牛"各种表达，但汉语和苗语表达却存在较大差异，我们给学生讲解时往往要解释半天。此外，苗语和汉语词汇的语言顺序不同，给学生汉语写作也带来不少的困难。

笔者：您在《双语教学融入课堂困难的分析及建议》中提到加强对青少年的民族文化熏陶就能促进苗汉双语教学，我认为这个观点非常恰当，请问贵校采取了相应的措施吗？

邰老师：2002年贵州省教育厅、省民委下发《关于在各级各类学校实施民族民间文化进校园意见》，我校被列为贵州省双语文试点学校的同时，也开展了苗族音乐和歌舞等苗族文化的传承工作，遗憾的是，和双语一样受师资的限制，不少优秀的教师去了县城。如果这项政策贯彻得好，我相信它对苗汉双语教育能起到促进的作用，可以说，苗汉双语教学的实施是民族文化传承中最大的特色，它离不开苗族文化这一大环境的促进。

笔者：我完全同意您的观点，另外您还提出了尽快构建统一的苗族标准语问题的建议，请问这是阻碍苗语教学的主要因素吗？

邰老师：黔东南苗文是20世纪50年代以凯里市三棵树镇挂丁地区苗语为基准音创制的。但是，现在各地的苗文培训中，培训老师并不忠实于苗文创制初期的基准方言，不是严格按照凯里挂丁地区苗语方言进行培训教学，而是按照自己地方方言的发音习惯进行随意拼读书写，不统一的苗文教学和培训，当然会给苗汉双语教学带来阻碍。

笔者：您认为具体要怎么来解决这一问题？

邰老师：我不是专家，但我认为首先政府要重视这个问题，其次民族语言学家要有所作为，尽快落实这项工作。

笔者：看来这项工作比较紧迫了，需要引起多方面的重视。另外，您对加强苗汉双语师资建设有什么好的建议吗？

邰老师：现在虽然贵州民族大学开设了苗语专业，但很多毕业生却不愿来我们这个偏僻的地方任教，我觉得一方面苗汉双语要采取类似于特岗教师的优惠政策，吸引应届毕业生过来任教，另外一方面我们也要加大本校苗汉双语教师的培训，之前我们这里有刘校长和张云明两位专职双语教师，现在刘校长调离了，就全靠张老师一个人独挑大梁了，但张老师毕竟年纪大了，如果他退休了就会出现后继无人的尴尬场面，所以稳固的师资队伍建设也是发展苗汉双语教学的关键因素。

笔者：嗯，这些问题也不是一下子就可以解决的，更重要的是要建立一个长期有效的机制。对了，您现在待遇怎么样？是什么职称？

邰老师：我是中小学一级教师，属于高级职称，所有收入4000元左右。

笔者：那您还满意自己的收入吗？

邰老师：还行吧，比上不足，比下有余，我们总要有点奉献精神。

笔者：最后，顺便问一下，你们这里的老师大部分是苗族，那您会苗文吗？

邰老师：我们每天在家里说的就是苗语，但书面苗文懂得并不多，事实上只有以口语和书面语两种形式并存的语言才能保持长久，这也从一个侧面表明苗汉双语教学责任重大，义不容辞。老祖宗的东西不能失传。

笔者：您说得太有道理了，如果每个人都和您一样，那我们的双语教学就不成问题了。谢谢您的配合和对发展双语教学提出的宝贵建议。

2. 对凯里市三棵树镇挂丁小学双语教师的访谈

地点：凯里市三棵树镇挂丁小学

时间：2015年6月24日

访谈对象1：杨校长

性别：男

年龄：45岁

民族：苗族

籍贯：贵州省台江县

授课科目：英语

笔者：杨校长您好，一谈到少数民族双语教育，凯里市民委领导就专门向我们推荐了贵校。我想了解贵校苗汉双语教育的现状。您能先介绍下贵校的大致情况吗？

杨校长：好的，我校建立于1968年，至今已有47年的历史，为全日制完小。共计6个班级，在校学生268人。现有教职员工16人，其中教师13人。从民族成分来看，90%以上师生为苗族，还有少量汉族、彝族、布依族。我们是以汉语为主加授苗语的双语教学示范小学，虽然我们双语教育一直延续下来了，但由于各种原因，现在面临诸多困难和挑战，急需外界的支持和保障。

笔者：你们这里的苗汉双语教学是怎样实施的？具体需要哪些支持？

杨校长：我们之前是真正意义的苗汉双语教学，因为几乎所有的村寨以说苗语为主，但现在经济发展太快，我校所在的三棵树镇也成了我们当地著名的旅游景点，在主流语言——汉语的多年影响下，现在应当称为汉苗双语教学，即由之前帮助汉语学习变成了苗语传承性学习。此外，我认为当前我们双语教学困难主要存在三个方面：首先，资金投入不足。其次，苗汉双语教育没有被纳入考核。最后是师资问题，虽然近3年贵州省有专门针对少数民族双语教师师资的培训计划，如寒暑假集中学习15天，但年轻教师对此积极性不高，因为承担双语教育意味着多一份责任和压力，但待遇却很微薄。虽然我们是凯里市示范性双语小学，但我们至今只有一个兼职的苗语教师，这是一个很无奈而又尴尬的问题。

笔者：嗯，这些问题确实不是轻易就能解决的，要多方共同协商后采取对策。你们这里的学生是走读还是寄宿？学生对双语学习感到困难吗？

杨校长：我校学生全部是走读的，相对于城市孩子而言，他们学习基础比较薄弱，所以学习苗汉双语会比较吃力，就从我所任教的英语课来看，农村孩子想学好要比城里孩子付出更多的努力。

笔者：其实我在高校教英语也有同感，城市孩子因为教育资源要丰富一些，在学习语言方面存在优势，所以在有限的条件下，你们能够把双语教学坚持下来已经相当不错了。您认为社区和家庭对学校的双语教学有影响或有促进作用吗？

杨校长：社区和家庭当然对学校的双语教学存在一定的影响。隔代教育是我们当地的一个显著特征，由于忙于生计，大多数年轻父母没时间管教孩子，这个任务就落在老人和学校头上了。

笔者：请问贵校双语教学是否有统一的教材，教学内容和方法模式是怎样的？

　　杨校长：我们有省里统一编写的教材，教学方法以直接翻译法或传统教授法为主，多媒体演示和课外参与式教学为辅，具体可以咨询我校苗汉双语任课教师龙副校长。

　　笔者：好的，谢谢杨校长。

　　访谈对象2：龙老师
　　性别：男
　　年龄：52岁
　　民族：苗族
　　籍贯：贵州省台江县
　　职务：副校长
　　授课科目：汉苗语文

　　笔者：龙老师您好，您是这里的副校长兼苗汉双语教师，您可以就贵校苗汉双语教学整体授课情况做一个介绍吗？

　　龙老师：我校地处黔东南方言区的核心地段，开展苗汉双语教学还是有得天独厚的优势的。可以说，挂丁苗族方言就是黔东南苗语标准音。我校建立于1968年，真正实施苗汉双语教学是改革开放以来，尤其是进入21世纪以来它逐渐被重视，双语教育被作为我校一个特色延续下来，近年来成为凯里市唯一一所少数民族双语示范性学校，也受到过上级的嘉奖和重视，当然在取得成绩的同时也存在不少问题。我校的苗汉双语课程课时为每周1~2次，年级不同而机动灵活，一至三年级一般为2次，而高年级则为每周1次课。教学内容灵活多样，除了教给学生苗族语言知识外，也进行苗文化的熏陶，例如苗族历史、文化与宗教等。我们现在传授苗文和过去不同了，在1986年以前是从苗语到汉语，目的在于辅助学生的汉语学习，当时是苗语占绝对优势，学生接触的第一语言必然是苗语。随着市场经济的发展和汉化的影响，学生从父母那首先接受的是汉语，现在双语教学的侧重点在于苗族文化传承，即从汉语到苗语。

　　笔者：也就是说过去才是真正意义上的苗汉双语教育，而现在是汉苗双语教育，对吗？

　　龙老师：你的理解是正确的，造成这一现象的主要原因在于市场经济的发展。过去我们这里较为封闭，现在被开发成了旅游区，在汉语占绝对优势的情况下，苗语的衰落似乎是不可避免的了。我们现在的苗汉双语教学就是为了传承老祖宗留下来的语言，使之不致失传。

笔者：你们挂丁小学一共有几个双语教师？

龙老师：目前只有我一个人兼职苗汉双语教师，严格说是汉苗双语教学。

笔者：那您也挺不容易的，一方面要从事副校长的管理工作，另外还要承担双语课程。您认为贵校在实施苗汉双语教学中遇到的最主要的困难有哪些？又是如何解决的？

龙老师：困难主要存在以下四个方面，第一，虽然国家双语政策确实很好，但地方落实机制还有待完善。第二，要开展双语教育就要舍得投入，虽然我们这里处于凯里市城郊，经济条件要优于一些边远山区学校，但缺乏资金仍然是制约我校开展双语教育的主要因素之一。第三，师资力量薄弱，可以说是青黄不接，年轻教师几乎不愿意从事双语课程的教学。第四，教材不太符合实际的教学需求，而配套的双语读物比较匮乏。我们建议教材能够更贴近实际。在资金方面，学校为了保证双语教育延续下来，所拨的有限的双语专项资金都全部用于教学投入，但还是相形见绌。关于第三个问题，师资建设，我们尚未找到有效的解决办法，这些需要你们的呼吁。此外，我们目前使用的教材是2009年6月由贵州省小学双语教材编译委员会编写，人民教育出版社和贵州人民出版社联合出版的汉苗语文。它经人民教育出版社授权，是以人民教育出版社出版的，课程教材研究所、小学语文课程教材研究开发中心编著的义务教育课程标准教科书《语文》最新版本为蓝本，编译成汉文和民文对照的小学语文用书。这本教材有一定的优势，质量也不错，但有些内容不太切合实际，还需要在实践中进一步完善。但我现在在实际教学中也不完全拘泥于教材，有时自己会编写一些实用性更强的讲义。

笔者：请问您在实际教学中采用何种教学模式？您认为是否有必要给学生讲解相关的苗族文化知识？

龙老师：过去主要采用传统教学法，即直接讲授法，这个方法的优点是信息量大，但有时学生会觉得比较枯燥乏味。现在有了多媒体设备，加上我在贵州民族大学参加培训学到了一些新的教学模式和理念，比如参与式教学、探索性学习等，我把这些都用于了苗汉双语教学实践。苗族文化当然非常重要，学语言的同时也要了解文化，我除了教学生好听的苗歌外，还给他们介绍一些苗族历史、宗教和文化知识，学生对此有浓厚的兴趣，因而收获的效果非常不错。

笔者：也就是说学习苗汉双语的语言环境非常重要。

龙老师：是的，我们学校每周都播放一次黔东南苗语节目，以此来创造和营造一种双语学习的氛围。我们学校的学生几乎全部为苗族，但可惜的是大多数年轻的父母苗语早已不熟练了，也不会苗族书面语，这样家庭的孩子苗语的习得主要依赖于爷爷奶奶，其实在自然的苗族村寨里面，中老年人之间还是用苗语进行交流的。我认为可以采取这样一种家庭语言环境，父母教孩子学习普通话，而爷爷奶奶传授苗语，然后和学校的双语教学相得益彰。

笔者：恩，这是一个非常好的建议，您认为目前贵校的双语教学总体效果如何？

龙老师：在有限的条件下我对我们所取得的成就基本满意，但提升空间还很大，这需要政府、学术界、学校一起来努力。

笔者：您平时在和学生交流的过程中，感觉他们在学习和生活中最大的困难是什么？

龙老师：虽然我们这里靠凯里城区比较近，这些年随着三棵树民族文化旅游的开发，经济比边远农村要好，但很多家长或在市区打工或经商，留守儿童还是有一定比例，大约 60%，因此他们在缺少关爱的同时学习方面无人监管，爷爷奶奶文化层次较低，也帮不上很多忙。

笔者：这些问题也是我们所关注的，需要我们采取相应的措施应对。您对未来的苗汉双语教育是否充满信心？对此有何特别的期待？

龙老师：当然有信心，现在国家越来越重视民族文化的传承问题，其中语言是一个民族存在最主要的标志，也是民族文化的核心内容。现在贵州某些地方，如黄平县把苗语纳入基层公务员加试内容，这对苗汉双语教学来说是一个良好的导向，鼓舞了我们的信心，希望这一政策能延续下去。理想的双语教育应该是教师乐于教，学生乐于学，且在资金和政策保障上无后顾之忧。这是我的理解，或许有些简单。

笔者：您对自己现在的工作满意吗？包括收入、幸福指数什么的。

龙老师：比较满意，我现在所有的收入接近 5000，在我们这算很高了，当然和双语教学的关系不大，其实双语教师并没特殊的待遇。要说幸福嘛，只要学生满意，他们将来能够成才就是我最大的快乐。

笔者：在没有特殊待遇的情况下，兼职双语教学工作是需要一点奉献精神的，也希望有更多的老师能够加入进来。感谢龙老师给我们提供的宝贵的研究资料和信息。

3. 对凯里市三棵树镇挂丁小学学生的访谈

访谈对象：学生1

性别：男

年龄：12岁

民族：苗族

笔者：你好，请问你们班有多少同学？

学生1：47个同学。

笔者：你认为你们学校开设苗汉双语课程有必要吗？

学生1：当然有必要啊。

笔者：为什么？能说说你的理由吗？

学生1：我自己是苗族，在学好汉语同时掌握本民族的语言是必须的。但是我觉得自己现在的苗语水平还不算好，仍有很多进步的空间。

笔者：嗯，你最先学会的语言是苗语、汉语方言还是汉语普通话？你在家用什么语言和家人进行交流？在外面用普通话吗？

学生1：当然是苗语啊，不过有时也用汉语方言，到我们这里的外地人很多，所以在外面较多使用汉语方言，有时也用普通话，学校老师也要求我们学好普通话。

笔者：你了解苗文化吗？能说说你们民族的一些特色不？比如你们有什么重要的节庆？

学生1：我们这主要的苗族节日有芦笙会、爬坡节、姊妹节、"四月八"、吃新节、龙舟节、苗族的苗年……

笔者：不错，看来你还是挺了解的。你们现在开设了苗汉双语课，感觉效果如何？比如老师的授课方法或内容什么的？上课气氛如何？学了后有所收获吗？你认为还存在哪些问题？

学生1：首先，我们老师上课是非常认真和负责的，每一堂课都会讲授不同的内容，也会有所收获。之前上课就是和语文课一样的直接讲解，现在加入了讲苗族故事、教我们唱苗歌等环节。但我们觉得课时太少了，也没有上语文和数学课那么正式。上课气氛还是比较活跃的，我们掌握了一些基本的苗语，但感觉内容还是太少，更像一门课外兴趣课程，作为土生土长的苗族，我们希望能够学到更多自己民族的知识。

笔者：除了这个问题外，你认为你们双语教学还存在什么问题，比如教材等。

学生 1：我觉得我们教学设施太简陋了，此外，从一年级到六年级都是龙老师一人承担这门课程，感觉他很辛苦。我和我的同学们都觉得教材不太实用。好在我们老师讲课时不完全依赖教材，有时学苗歌，有时讲他自己编写的材料。但我们认为有比较符合我们实际的教材会更好一点。

笔者：你对你们学校提高和改善苗汉双语教学有什么好的建议吗？

学生 1：我希望国家能够更加关注我们，不是在形式上，而是采用更实际的方式，比如多拨款，多给我们派一些优秀的老师过来。

笔者：你热爱你们的民族吗？热爱你们的家乡吗？你长大以后还会回家乡吗？

学生 1：当然热爱我们的民族，也热爱自己的家乡，这也是我们老师经常教育我们的内容。虽然我的家乡经济还不发达，甚至有些落后，但如果我以后大学毕业了或取得了一些成就，还是会考虑回来的，建设好家乡是我们每个人的职责。

笔者：你认为你学好苗语对你将来有帮助吗？

学生 1：我们现在升学考试没有这门科目，但我希望能够对我们升学有帮助，当然我是苗族，学好本民族语言是天经地义的事情。

笔者：好的，谢谢你的配合。希望你学业有成，每天开心。

访谈对象：学生 2

性别：女

年龄：10 岁

民族：汉族

笔者：你好，我看你是你们班上仅有的两个汉族同学，但处于苗族地区，或许对苗汉双语教学具有不同的看法。你是当地人吗？

学生 2：不是，我父母都是从外地到此经商的汉族人，像这种情况在我们班应该不多。

笔者：你会说苗语吗？

学生 2：刚开始肯定不会，但和周围同学及邻居接触多了就慢慢会了，再说我们学校也开设了苗汉双语课，多多少少学到了一些内容。

笔者：你觉得有必要学习双语吗？为什么？

学生 2：有必要，对于苗族来说，掌握自己本民族语言同时学好汉语对将来很有用。而我虽然是汉族，但对苗语非常感兴趣，再说学好了对我来说也是一门重要的技能。

笔者：在学习过程中有什么具体的困难吗？

学生2：困难当然很多，我觉得每个星期所开的课时太少了，似乎只是一门兴趣爱好课，虽然老师也很敬业，但我们总觉得学不够，也没有那么多的时间让我们去学习双语，因为语文课和数学课更重要一些。

笔者：那你对你们学校提高和改善苗汉双语教学有什么好的建议吗？

学生2：每周多上一点课，然后希望上课的形式更有趣一些。

笔者：好的，谢谢你的回答，祝你学习进步，生活快乐！

4. 对访谈结果的分析

师生访谈结果进一步验证了调查问卷数据的结果。第一，不管是教师还是学生，他们都对苗汉双语教学持积极主动的态度，尤其是教师，出于责任心和民族自豪感，真心希望苗汉双语教学能够达到预期的效果。第二，由于社会语言环境的变化等因素，苗语的衰落已经成为苗汉双语教育发展的制约瓶颈，尤其是在挂丁小学，由于三棵树旅游的开发，外地汉人涌入当地经商和旅游，使苗汉双语教学所依赖的环境发生了较大的变化，在某种程度上，苗汉双语教育正在转变为汉苗双语教育。第三，相对而言，由于台江县番省小学地理位置比较偏僻，苗语语言生态环境保存较好，双语教育的功能更偏向于辅助汉语学习。但校长及双语教师都不得不承认，当地苗汉双语教学同样面临诸多困难，仍然是亟待解决的资金、政策、教师待遇等问题。由此可见，提高黔东南民族地区学校苗汉双语教育质量的关键在于提升其生态环境。

（四）双语课堂观察与透视

1. 苗汉双语教育的课堂观察

一节苗汉双语课实录

时间：2013 年 9 月 16 日上午第三节

地点：黔东南苗族侗族自治州台江县台拱镇桃香村番省小学

授课教师：专职双语教师刘校长

班级：小学一年级

教学手段：粉笔加黑板（非多媒体传统教学）

伴随着清脆的铃声，一个 50 多岁的中年男老师带着课本走进了教室。他就是我们之前交谈过的刘校长，他介绍整个一年级学生总数为 50 人，其中男生 30 人，女生 20 人。大部分是留守儿童，其比例高达 80%。笔者一行人坐在后排，坐在我边上的同学开始显得有些拘谨，但进行了简单交流后就表现得比较自然了。

笔者环顾四周，教室墙壁斑驳，课桌椅都是 20 世纪五六十年代的老式样，显得有些破旧和沧桑。我向学生借了一本教材，大概翻了几页，封面显示该教材由贵州民族出版社出版，打开前言介绍，编写者分别来自贵州省少数民族语言文字办公室和贵州省教育科学研究院。印刷比较精美，也配了不少的图案，可以看出编写者付出了辛勤的劳动，凝结了专家的汗水。

首先，师生之间用苗语和汉语双语进行了问候，并且对我们的来访表示热烈的欢迎。第一个环节是复习，所谓温故而知新，教师分别用汉语和苗语提出本堂课的第一个问题："你会数数吗？我将请一个同学从数字 1 数到数字 5。"话音刚落，马上就有好几个同学踊跃举手发言。老师非常高兴，马上要求大家用掌声对他们进行了鼓励，他们依次来到讲台上，分别用汉语和苗语两种语言数出了这几个数字。接下来是寓教于乐的抢答环节，教师出手势，学生先用汉语回答数字，接下来又用苗语说出数字。

第二个环节是导入，教师用苗语问同学们，你们想认识更多的数字吗？喜欢吃苹果吗？从而激发起学生的求知欲，"请把课文翻到第一课，认识数字"，教师分别用苗语和汉语进行了板书（kok1 xangk Fhab），粉笔字刚劲有力。

第三个环节是新课新内容学习，主要介绍了这节课的学习目标和要求，紧接着，老师在黑板上画了一个苹果，结合数字教了苹果的苗汉双语表达，并用苗文写出"ib，ib laib pinf gox"，然后教师进行了带读，学生跟读声音很洪亮，看得出大家学习热情很高。不一会儿，教师又画了 2 个梨子，并同时用苗汉双语进行板书。依葫芦画瓢，又画了 3 个桃子，并用苗汉双语写了下来。物品配数字，在复习数字的同时教了新的词汇表达，这样连续学到了数字 10 以后，教师组织学生进行分组练习，形式是看手势说数字，并说出水果名称。整个环节花费了 20 多分钟。

最后环节是练习和总结，教师请同学们到讲台上数粉笔。不知不觉一堂课就过去了，教师布置作业后就响起了下课铃声。

下课以后，笔者和授课教师以及学生进行了简单交流。老师告诉我们，由于孩子们很少接触汉语，教学难度非常大，有时一个简单的词语要解释半天。此外，由于大部分学生是留守儿童，在家里进行的是隔代教育，这样多少会给孩子的心理和性格成长带来一定的影响，同时也影响着双语课堂教学，例如课后作业的督促和完成情况。

2. 苗汉双语教育的课堂观察透视

深描法是课堂志最主要的分析方法，它可以让宏观抽象、分散的片段形象和具体化。描写和叙述可以呈现事物的本质特征，从中发现规律性，从而上升到理论高度，促进黔东南地区苗汉双语教学的发展。

笔者对这节课的评价如下：首先，不可否认，这堂苗汉双语课有不少亮点，例如备课充分，可以看出教师精心进行了课前的准备，而且整个课堂也存在互动，教师上课热情很高，学生也是兴趣高涨。但从笔者观察来看，还存在以下不足之处，具体体现如下：

首先，客观而言，授课教师的课堂驾驭能力和教学水平都不错，而且这也是得到过上级部门肯定的，但研究者总觉得课堂缺少了一些元素。虽然上课内容比较浅显易懂，老师也采取了启发式教学法并遵循循序渐进的原则，但感觉课堂时间分配不太合理，仅复习就用了大约半节课的时间，导致这堂课涵盖的内容和知识点偏少。另外，教师普通话不太标准，教学方法还可以更多样化，而且课堂设计应当更具趣味性一些，这样才更符合儿童的心理特点。教师既是双语教育生态系统的生态主体，又是双语教学主导者，那么教师素质的提高应该是永无止境的。该教师从事双语教学长达 20 多年，无疑具有丰富的实践经验，但从课后交流及课堂透视情况看，其双语教育的理论知识掌握得还不够全面，这也是制约其教学水平进一步提高的客观因素。

其次，笔者仔细观察和统计了回答问题的同学，发现每次积极发言，敢于表现的总是那几个同学，个别同学似乎对教师提出的问题漠不关心。这就说明处于双语教育生态主体中心地位的学生在双语学习方面还存在很多困难。除了学业成绩提高的障碍，他们的心理、学习态度和价值观同样不容忽视，这些和双语教学都密切相关。

从教学模式来看，这堂课使用的是双语文教学模式，更确切的是双语双文模式，即学前班和小学低年级，以民族语辅助汉语文教学。这也是贵州等我国南方少数民族双语教学普遍使用的模式。和其他模式相比较，该模式具有自身优势，母语课和汉语文课分别充当不同的角色，前者起本民族文化传承的作用，而后者是让学生在吸收主流文化的同时实现全面发展。该模式与浸润型双语教学模式不同，它是将汉语作为第一语言教学的。据了解，该校早年曾尝试过其他双语教学模式，即使是双语文教学模式，它又分为双语单文模式和双语双文模式，到底哪种模式更适合？这也是该堂课带给笔者的思考。

此外，从教学形式看，新课程改革所倡导的新形式如交互式教学法等还使用得不够充分。当然硬件设施配备不足是其中的一个制约因素，如整个学校就一间多媒体教室，因此选择传统的黑板加粉笔教学也是出于无奈。笔者大概翻了一下学生的双语教材，又回味了上课教学的内容，认为教材编排可以更合理一些，此外教学内容还可以更丰富一些。

经过反思，笔者认为，以上不足的本质是苗汉双语课堂生态主体发展失谐和课堂生态环境失衡所导致的，具体分析参照第三章的相关内容。

第三章　黔东南苗汉双语教育生态系统
失衡现象及归因

良好的教育生态环境是双语教育产生和发展的必要条件，语言的多元化是社会环境中双语个体生成的基本条件，个体的积累最终形成了双语社会。①从很大程度上来说，双语教育推动和促进着双语社会的形成和发展，同时，教育生态环境对双语教育的发展起着促进或者阻碍的作用。黔东南苗汉双语教育的教育生态环境包括人口、学校、家庭、社会。

该部分的数据除了研究者走访有关部门获取的一手资料外，还参考了国家权威部门（如贵州省统计局）统计结果及重要学术期刊和资料，如贵州省历年教育统计年鉴，我国民族教育理论研究等系列丛书及权威的学术网站、学术报刊等，具备真实性、权威性。

在分析了生态环境后，根据第一章所提供的理论范式，首先对生态主体和生态环境所构成的双语教育系统生态结构失衡现象进行了分析。其中生态环境分为宏观、中观和微观三个层面。宏观包括社会及文化环境，中观指学校和社区环境，而微观指课堂生态环境。其次，研究者分别从结构优化功能衰减、关系调谐功能减弱、演化促进功能减弱、生态育人、文化传承功能发挥不够等几个方面阐述了生态功能失调的问题。最后利用生态学相关理论对失衡问题进行诠释与归因。

---

① 滕星．多元文化教育——全球多元文化社会的政策和实践［M］．北京：民族出版社，2010：
65-67.

一、黔东南苗汉双语教育的生态环境

（一）黔东南苗汉双语教育的自然生态环境

1. 自然地理环境

黔东南苗族侗族自治州位于贵州省东南部，东邻湖南，南接广西，西与黔南自治州接壤，北与遵义、铜仁两地区相连。总面积 30337 平方千米。它地处云贵高原向湘桂丘陵盆地过渡地带，根据地层岩石和地质外营力作用，境内可划分为岩溶地貌区和剥蚀、侵蚀地貌区。境内呈东南低西北高的山原地貌，最高海拔雷公山 2178.8 米，最低海拔黎平地坪 137 米，大部分地区海拔在 500~1100 米。黔东南苗族侗族自治州地属中亚热带季风湿润气候区，具有冬无严寒、夏无酷暑、雨热同季的特点。年平均气温 14~18 摄氏度。

2. 生物资源

黔东南素有"宜林山国"和"杉木之乡"的称誉，是全国 28 个重点林区之一。群峰叠嶂，林木葱茏，被誉为"贵州高原上的翡翠"，是贵州省野生动植物资源最为丰富的地区。黔东南苗族侗族自治州森林面积 188.73 万公顷，活立木蓄积量 10959.7 万立方米，覆盖率达 62.2%，有各类植物 2000 多种，其中野生植物资源 150 余科，400 多属，1000 余种，在种子植物中，有中国特有属 24 属，占全国特有属的 11.7%，有秃杉、篦子三尖杉、银杏、鹅掌楸等重点保护树种 37 种，占全国重点保护树种的 10.5%，占省保护树种的90.2%；药用野生植物 400 余种，盛产太子参、松茯苓、五倍子、天麻、杜仲等名贵药材；有野生动物上千种，其中草鸮、麝羊、彪豹、毛冠鹿、娃娃鱼、中华鲟等 10 多种被列为国家重点保护动物。

总体而言，黔东南地区自然生态环境良好，而它是决定黔东南地区人口和学校分布的重要因素。但近年来随着工业化进程的加速，黔东南地区的自然生态环境遭到了一定程度的破坏，这应当引起相关研究者的关注。

（二）黔东南少数民族人口分布与语言使用

在考虑双语教育语言生态环境的因素中，第一语言的使用人数是其重要的一个因素，从原则和理论角度来说，某一地区、某一国家使用某种语言的人数越多，该项语言的社会地位就会越高，虽然也有例外，但总体而言，双语环境中的语言使用人数可以显示语言的分布状态和语言生存、发展的基本环境。因此，一个地区的双语现象以及双语教育的发展受到这个地区人口因素的影响，它主要体现在三个方面：使用某种语言的人口数量、使用某种语言的人口分布状态（包括城镇因素、分布形态、不同社会阶层等）、少数民族使用双语者所占总人口的数量比。

语言是一个民族最显著的文化特征，民族人口的分布情况直接影响着语言的分布状况。黔东南苗族侗族自治州辖凯里市和麻江、丹寨、黄平、施秉、镇远、岑巩、三穗、天柱、锦屏、黎平、从江、榕江、雷山、台江、剑河 15 个县，境内居住着苗、侗、汉、布依、水、瑶、壮、土家等 46 个民族，2021 年末常住人口 374.04 万人，户籍人口 489.86 万人。少数民族人口占总户籍人口的比重为 81.8%，其中苗族人口占 43.5%，侗族人口占 30.5%。

从分布状况来说，汉族主要居住在凯里、镇远、黄平、岑巩等县市，其他地区分布较少，少数民族分布特点有所不同，呈现人口基数大、分布广泛、大分散小聚居的特点，同时也存在着很强的地域差异性，总体上人口数量呈现西北多、东南少的趋势，少数民族大多集中分布在农村地区，其中，苗族大多分布在凯里、黄平、台江、雷山、丹寨、剑河、麻江、榕江、从江等市县。

从文化构成上来说，根据调查数据显示，黔东南州在全国第六次人口普查时，文盲人口数量为 30.60 万，占到总人口数量的 8.79%，其中男性数量远远少于女性数量，大学以及大学以上学历的人口比例为 4.2%，这个数据显示了黔东南州人口的文化构成情况，与全国及全省的总体数据相比较，远远低于平均水平。

从语言的选择上来说，在少数民族绝对聚居的地区，如苗族聚居区，母语是当地人们生活、交流的主要语言，由于没有汉语言生长的环境，学生也会在课外选择母语交流，在汉族人口分布较多的地区，苗族等其他少数民族受影响的程度加大，汉语成为人们日常生活和工作中使用的主要语言，在多个民族杂居的环境中，汉语会与当地主要的民族语言如苗语实行双语并行，成为当地人们交流的主要语言。在一些散杂地区，少数民族在本民族内部一般使用母语，为了便于与其他民族或者主流社会接触交流，还必须学会汉语或者是另一通用性的少数民族语言，形成明显的双语区域。

（三）黔东南家庭语言环境与双语教育

1. 家庭结构

家庭是构成社会的重要组成部分，家庭结构包含了所组成家庭成员的人员构成以及年龄构成，家庭结构与家庭的教育环境、语言环境也有密切联系，按国家人口普查的标准来划分，年龄经常被分为"年轻""中间"以及"老年"三个层次，家庭结构也是如此，可划分为年轻、中间、老年，且从家庭人员的构成情况来分，可归类为"单一化"和"复合化"两大类①。

从社会层面来说，社会成员的组成结构、年龄结构直接影响着社会教育系统的性质，家庭的构成也受到这些因素的影响，一般来说，处于"年轻"层次的家庭结构中，父母受教育的程度往往会高于"中间"和"老年"层次的家庭，子女受教育的程度、接受教育的机会也会明显高于另外两个层次。与所处的环境相关，黔东南偏远地区少数民族中年纪较大的人群，能够熟练使用汉语的人数相对较少，中青年懂汉语的比例较大。处于"年轻"层次的少数民族家庭中，使用汉语和母语的概率较大，在"中间"和"老年"层次的家庭中，一般使用母语，很少使用汉语。在城镇居住的少数民族家庭里，"单一化"的家庭会使用汉语和母语两种语言，"复合化"的家庭常会使用母语，农村居住的少数民族家庭无论是"单一化"还是"复合化"，通常使用母语。

家庭所处的环境、区域、所得经济收入不同，会影响家庭成员的人员素质结构，一般而言，生活在经济条件相对较好的城市少数民族家庭，能够凭借相对稳定的经济收入，支撑子女成长所需要的教育条件，也有为子女创造接受高等教育的条件和机会。黔东南州苗族大多居于偏远山区，经济条件有限，而且在家庭成员的构成中，所生育的子女一般较多，相对负担更重，这些家庭因素也在很大程度上影响着教育发展的水平，造成双语教育发展不平衡的局面。

2. 家庭使用语言

家庭在教育系统的地位极其重要，这种重要性与其家庭规模、家庭成员构成、家庭特征等因素密切相关。在一个家庭系统中，语言的忠诚度和变化是最为明显的，也是形成语言特色的关键，儿童最初接触语言的环境是家庭，

---

① 方晓华. 少数民族双语教育的理论与实践［M］. 北京：学苑出版社，2010：15.

从父母、长辈的交流中初步掌握语言，并形成对家庭使用语言的忠诚度。

家庭作为社会的重要组成单位，其产生、运行都会受到社会环境的影响，家庭所使用的语言与主流社会所使用的语言也存在一定的关系，如果家庭使用语言与主流社会使用的语言一致，那么这种语言将作为家庭的主流语言，地位稳固并不断强化。

从家庭使用语言的种类来分，可以划分为双语和单语两种类别，在黔东南州少数民族聚居地区，双语家庭居多，且使用的语言可能是汉语和母语，也可能是两种少数民族语言，根据以上阐述，一般而言，家庭使用语言的情况可以归纳为以下三类：第一，单语家庭，家庭成员单纯使用一种民族语言，如在汉族人口稀少的少数民族聚居区，当地居民一般以母语作为家庭使用语言；第二，汉语与少数民族语言同时使用，在汉族人口和少数民族杂居的地区，存在着父母一方为汉族、一方为少数民族的情况，在家庭语言上会存在两种语言交替使用的情况；第三，两种少数民族语言同时使用，如在少数民族混居的地区，存在使用母语和另一主流民族语言的情况。

在黔东南州，由于民族众多且分布区域各异，各个少数民族之间交往机会不同，各个民族对待外来语言和母语的态度也复杂多样，造成了地区性的语言差异。家庭使用语言直接反映了人们对语言的认知和态度，从这种意义上来说，在双语教育生存的语言生态环境里，家庭使用的语言特征是双语观最直接的体现，少数民族家庭的语言环境是社会语言环境和学校语言环境的延伸，特别是对学龄前儿童来说，家庭是直接接触语言的第一环境，如果在家庭使用语言中接触汉语的机会增多，在以后的双语学习中就会处于相对的优势地位。

3. 家庭住所

家庭住所与双语教育、家庭的语言环境也联系紧密，儿童一旦出生，将会生活在家庭住所这种固定的环境中，随着儿童的不断成长，这种环境会逐渐取代家庭成为影响儿童语言最重要的因素之一。

根据黔东南州的民族人口实际情况，少数民族的家庭住所可以划分为以下类型：第一是少数民族聚居区，在这些少数民族所占人口比例为95%以上的区域，由于与其他民族接触面较少，地理环境又相对闭塞，母语成为该地区的单一使用语言，汉语或者其他民族语言的使用率甚小；第二，多民族杂居区，在这些区域范围，由于民族众多，不同民族之间进行交流、交往，需要第二语言作为除了母语之外的第二通用语言促进联系，交往越密切的两个民族之间使用对方语言的频率越高，这种状况形成了另一种语言的学习环境；第三，民汉杂居区，在这些区域里，虽然少数民族多以镇、村的形式相对集中聚居，但由于使用汉语的人口众多，形成了汉语和少数民族语言交替使用的语言环境。

除此之外，家庭住所还可以通过城镇、乡村的差别加以区分，一般来说，城镇不同民族杂居的程度较大，各个少数民族学习和使用汉语的机会也随之增加，易形成少数民族语言与汉语并行或者以汉语为主导的双语语言环境，再加上城镇教育资源较为丰富，教育的水平和质量相对较高。黔东南多数乡村地处山区，少数民族聚居较为常见，使用汉语的人口基数小，再加上乡村经济落后，教育资源相对贫乏，导致双语教育的发展存在诸多困难，制约着双语教学的发展。

4. 家庭成员职业

家庭成员的职业在很大程度上影响着家庭教育，成员的职业类别关系着家庭的经济收入、对语言教育的态度、对语言使用的选择、与外界的接触等，它是家庭情况的基本构成因素。由于每个家庭成员职业的不同，家庭生活和家庭教育所受到的影响也不同，职业的类别会产生不同的职业习惯、不同的工作方法、不同的生活方式，从而形成了类别各异的家庭生活环境、家庭教育环境、家庭语言氛围，同时，职业不同的家长在对待子女的教育观、对子女学习的辅导、对子女的言传身教上都存在着明显的差异性。

在黔东南各个少数民族地区，一般而言，知识分子、干部等职业群体中，生育子女一般一至二个，经济收入稳定且相对丰厚，与外界交流较多，因而在语言态度上相对开放，易形成较强的双语能力，家长的职业活动也能对子女感知语言、社会信息产生积极的影响，从而影响子女的语言使用和双语能力。与此相反，在以农业为主的家庭或者没有正当职业的家庭中，家长由于忙于生计，很难有精力和财力给子女创造一个良好的学习环境，对子女的语言学习不能产生正面影响。因此，家庭成员的职业也是影响双语教育的一个重要因素，它是家庭结构构成的重要组成部分。

5. 与外界联系

由于社会的流动性与多变性，双语教育的语言环境也在随之变化，且具有灵活的选择性和自由度，每一个家庭语言环境的形成，与家庭成员对语言的态度有直接关系，而家庭成员对语言的态度又受到外界环境的影响。

在少数民族家庭中，双语家庭对某一语言或者某几种语言表现出偏爱性，从本质上来说是这个家庭对所处的社会群体态度的间接表现，如果该家庭处于较低的社会层次中，家庭成员会从实用性角度来考虑语言的选择和应用，不会有过多精力对语言进行选择和考虑，如果该家庭处于社会群体的较高层次，其语言态度会更为抽象，可能会选择有利于事业发展的方向，或者是出于某种政治或者文化的原因，语言会作为一种工具，出现在家庭生活环境中。

家庭与外界积极联系，表明该家庭对于语言的积极态度，这样更有利于促成适合双语发展的家庭语言环境，如果家庭对某种语言加以排斥和拒绝，它与外界的联系就会变得消极和被动，也就很难形成良好的双语家庭语言环境。与外界联系的积极性的高低同样与地域、家庭住所有关系，相对而言，城镇家庭所处的地区人口密度大、各方面的交流较多，因而与外界的联系也相应增多，易于促进双语教育的发展，处于农村地区的家庭接收信息的渠道狭窄、交通和通信都不便利，因而易形成单语的语言环境。

6. 家庭经济状况

一个家庭的语言环境除了受到以上因素的影响外，还与该家庭的经济状况有很大关联性。教育的经济投入需要家庭的支撑，一般而言，如果家庭经济状况良好，在子女的教育问题上，会有能力和财力投入子女身上，也会相应促进双语家庭语言环境的形成。就黔东南州少数民族的实际情况而言，居住于城镇的少数民族家庭的经济会好于山区，经济状况良好的地区会好于经济落后的少数民族聚居区。

在黔东南州很多少数民族聚居区，由于地处山区，经济落后，村庄闭塞，很多家庭很难负担起基本的教育费用，子女接受高等教育的机会大大减少。在很多相关调研中，家庭在对教育方面投入的多少与经济水平有很大关系，一般来说，经济状况良好的家庭更加重视子女的教育问题，在教育上投入的比例占据家庭总开支的相当大部分，而经济落后的地区或收入不高的家庭绝大部分开支用于基本生活支出，用于文化教育的支出不足，严重制约着双语语言生态环境的形成。

7. 家庭教育

家庭教育是影响家庭成员成长的重要条件，如果一个家庭实施良好的教育方式，长期坚持就会形成良好的家庭教育环境，对子女语言的学习、文化素质的提高有重要作用。少数民族家庭从民族文化和习惯上传输给子女最初始的教育。家庭成员素质的高低、家长学历水平的高低也对家庭教育环境的形成起着重要作用，一般来说，处于高素质的家庭环境中，会更重视教育的发展和个人素质的提高，从而利于形成开放式、积极的语言生成环境。

在实际调研中，黔东南州位于城镇的少数民族家庭相对而言，比较重视家庭教育，注重与子女进行汉语沟通，并送子女进入汉语学校进行学习，在家庭中会有意识地培养子女的语言沟通能力、学习能力，但存在汉化现象，重视子女汉语能力的培养，却很少对本民族的文化、习俗进行相传。但在偏远的少数民族聚居区，以农耕经济为主，经济条件相对较差，不少家长对教育的重视程度不够，对子女的学习毫不关心，家庭教育以民族的传统文化为主，通过家长的言传身教传输给子女。家庭是社会的有机组成部分，也是儿童出生至上学期间最主要的基本场所，家庭教育对于子女的成长至关重要，也是影响少数民族双语教育的第一环境。

（四）黔东南社会语言环境与苗汉双语教育

在某一情境中一种语言处于明显的有利地位，这种语言被称为"优势语言"，另一种或者几种语言被称为"弱势语言"，在黔东南州的苗族聚居区，语言的不平衡现象依然存在，具体表现为以下三个方面：第一，汉语作为主流社会的通用语言，通常具有较高的社会功能，多数政府公文、报刊、书籍使用汉语，苗语仅在生活日常交流中被使用；第二，在社会阶层中，由于政治、文化等因素的影响，较高阶层一般使用汉语作为最主要的语言，城镇通常采用汉语作为第一语言，偏远山区通常采用苗语作为第一语言；第三，以汉语为母语的双语者比较少，以苗语为母语的双语者较多，这与社会环境有极大关系。

社会语言环境是影响苗汉双语教育的一个重要因素，其中，社会分层、经济状况、人员的流动情况、社会的历史变迁是研究的重点。

1. 社会分层

在西方社会学的研究领域中，社会分层理论是一个重要的研究点，最早提出该理论的社会学家是德国人韦伯，他对社会层次的形成划分了三条标准[①]：第一是象征经济标准的财富，第二是象征政治标准的权利，第三是象征社会标准的声望。同时，很多人类学家和社会学家也承认教育的重要性，他们认为教育是影响或者体现社会分层的重要指标之一。

社会分层的含义比较复杂，其最直接的体现是社会各成员的职业结构，

---

① 马克斯·韦伯. 经济与社会（上）[M]. 林荣远，译. 北京：商务印书馆，1997：17.

每个职业结构上的群体代表着其相应的社会阶层，如政府人员、知识分子、个体商户、手工业者、农耕者等，每个职业的经济收入、社会地位都不同，他们对于双语教育的态度也不一样。社会分层理论对教育有极大影响，处于社会高层的阶级，在经济、政治、文化等社会条件方面具有低阶层没有的优越性，享有高等教育、更高层次教育的机会也就越大，在类似黔东南州这种少数民族众多的区域环境里，双语教育是教育的重要途径，只有通过学校的双语教学，培养出与主流社会相适应的双语人才，才能促进双语社会环境的形成。

社会分层理论体现在经济阶层、政治阶层、文化阶层对教育机会的影响上，在黔东南州苗族聚居地，辍学率高的主要原因在于经济方面的压力，由于地处山区，经济条件落后，很多家庭经济收入微薄，只能支撑平时日常生活的开支，对教育的投入无力承担。同时，家长的文化素质、对教育的重视程度也是影响辍学的重要因素，社会文化的阶层分类会对教育产生较大影响。

2. 社会经济

社会经济对语言的形成和发展有着重要的影响，从黔东南地区的社会经济形态来看，大部分民族以农业为主，一般来说，各个民族所处的经济形态不同，所体现的双语状况也各有特点，处于偏远山区、交通不便的苗族聚居区，其经济状况较为封闭、与外界经济交流相对贫乏、经济分散，这种经济状况导致了该地区与其他民族或者主流社会的交集较少，对第二语言的实际需求较弱，单语语言环境浓厚。处于城镇区域的苗族家庭，交通、通信便利，社会成员之间联系频繁，经济条件较好，对第二语言的需求就会较为强烈，因此会促进苗汉双语社会环境的形成，近而促进苗汉双语教学的发展。

一个区域的社会经济是否开放，开放的程度如何，也在很大程度上影响双语的普及率，理想状态下，越开放的地区经济形态越灵活，也能为双语环境的形成创造更有利的条件。如处于城镇地区的苗族人群，接触开放性的经济形态越多，必然会带来思想上的解放、开阔眼界，参与的人员越多，使用双语的人口数量就会越多，也会带来苗汉双语语言环境的优化，但在汉语处于绝对优势的情况下，苗语日渐衰微，这也是一个客观事实。一般而言，城市的社会经济开放性优于农村，同时每个经济水平发展不同的城市之间也有开放的差异性，双语的社会环境分布情况从总体上来说会与各个地区的经济发展情况相符合。

教育的发展会受到当地经济水平的制约，黔东南州多数苗族聚居区处于偏远山区，受落后经济条件的影响，很多家庭不能享受大众传媒的服务、不能接收丰富的教育资讯，在接收双语的信息量上与城镇差别很大，这也是苗汉双语教育发展缓慢、教育水平总体不高的重要原因。

3. 人口流动

人口的流动指的是人在空间位置上的变化情况，人口的流动性会带来一个区域人口数量的变化，改变着地区的人口分布情况，同时也会改变该地区的人口素质结构，进而改变该地区的社会用语环境。随着我国经济和社会的不断发展，地域上的人口流动越来越频繁，总体而言，黔东南地区的少数民族人口流动主要有以下特点：第一，农村人口逐步向城市流动，且创造条件可能成为城市居民；第二，少数民族人口由自身聚居地向汉族人口聚居区流动，或者是向民汉杂居区流动；第三，少数民族人口向稍微发达的区域流动；第四，少量汉族人口向少数民族聚居区流动，这种现象主要是商人在少数民族聚居区投资、进行能源开发等。

这些现象的普遍发生，对所处区域的教育形式、教育发展产生了多方面影响。从理论上看，大量人口的流动性促进了第二语言的需求，从而促进了双语教学的发展，形成了双语学习的良好社会环境。但由于汉语和苗语相比，处于绝对强势地位，因而人口流动也会导致苗语弱化。同时，人口流动也促进了学校教育的变化，针对不同的教育需求，民汉学校的比例、学校内部民汉学生的比例都在随之变化。这种变化是随时发生、正在发生的，对双语教育有重大影响。

4. 社会变迁

社会变迁是一个客观的自然现象，它是历史发展的客观过程，在社会学观点里，社会变迁指的是包含社会制度、社会组织、道德、宗教、哲学、风俗习惯等各类社会现象的变化，语言作为社会生活中的重要组成部分，处于一定的社会环境中，并与社会的需求密切相关。社会变迁会带来社会环境的变化，社会环境包含着社会语言环境，单语区域可能在社会变迁的过程中转变为双语区域。

我国社会经济的飞速发展是社会变迁的一个重要表现，随着全球化进程的加快，全球经济、电子商务作为趋向性的经济词汇，进入语言体系中，这些大量新型词汇的融入，逐步替代了原有的语言词汇，形成了新的语言体系。对于黔东南地区来说，西部大开发是促进社会变革的重要措施和重要机遇，汉语的重要性也逐步扩展到各个少数民族地区，人们逐渐把教育的发展与经济发展、家庭幸福联系在了一起。

在这个科技发达的信息社会里，经济、政治、文化正在发生着日新月异的变化，社会变迁越来越快、越来越明显，对于黔东南地区的苗族而言，只有积极掌握第二语言，与主流社会相融合，才能跟上时代的发展步伐，促进当地经济、教育、文化产业的发展。

（五）黔东南学校教育环境与双语教育

学校是社会发展到一定阶段出现的必然产物，是基于社会发展的需求产生的，构成学校教育环境的因素比较复杂，既包含一定量的受教育人口，也包含了社会条件、交通条件、文化条件等。在黔东南苗族聚居区，学校的教育环境与苗汉双语教育的发展有着密切联系。

1. 社会教育水平

根据我国人口普查的统计数据显示，我国大部分少数民族聚居区的教育水平远远低于全国平均水平，且各个民族之间的教育差距相当大，通常来说，教育水平相对越高的民族，掌握和使用双语的能力越强，反之则越弱。在黔东南地区，处于城镇的苗族教育水平往往高于处于山区的教育水平，教育环境也要优于山区。

目前，政府为改变山区民族教育落后、双语教育发展缓慢等问题，投入了大量的人力、物力和财力，在少数民族聚居区兴建寄宿制学校、在学校设立贫困生助学金等，努力提高民族基础教育、高等教育的教学水平，为双语学校提供更多政策扶持，这些措施在某种程度上提高了这些地区的社会教育水平，也为双语教育的发展奠定了基础。

2. 社会教育资源

国外有学者认为教育资源是促使教育生态系统发展的基本条件，[①] 也是教育系统与社会系统之间进行信息、物质、能量交换的基本内容，社会的教育资源可以通过影响社会教育的变化，进一步影响学校教育水平和布局的变化。从教育资源的含义来说，它包含的内容较为广泛，如信息资源、物力资源、人力资源等，其中，人力资源是其主要的组成部分，以教师为主的人力资源在学校的教育发展中占据重要位置，师资队伍的质量和数量是影响学校教学水平的重要因素之一，以学生为主体的受教育者决定了学校的教学规模、教

① 梅，麦克莱恩.理论生态学 ［M］.北京：高等教育出版社，2010：66-68.

育设施建设、学校的层次结构等。信息资源与教育形式关联性较大，是连接受教育者与教育者的纽带。物力资源是学校建设和发展的必要条件。

黔东南州的苗族聚居区，从教育资源来看，由于受到当地经济、文化、政治水平的制约，物力资源相对贫乏，教育经费投入的不足造成了区域间的教学差异性，信息资源相对于发达地区而言，也存在着信息传输渠道不足、信息内容贫乏等现象。社会教育资源的相对贫乏，是影响黔东南学校苗汉双语教育发展缓慢的重要因素。

3. 教育思想观念

一个民族、一个地区对教育的潜在理念，对教育的认知程度，是影响该民族、该地区教育发展的重要思想原因①。重视教育、热爱教育、支持教育，会对教育的发展产生积极的促进作用，反之则会起到阻碍作用。

随着社会的不断发展，人们的思想观念也发生了巨大的变化，在黔东南州的众多苗族聚居区，很多家长外出务工、积极增加经济收入，在子女的教育方面投入更多的精力和经济支持，这些思想上的改变也逐步影响着学校教育的发展，如辍学率越来越低、少数民族接受高等教育的机会越来越多，相应地，教育思想观念的变化也在很大程度上影响着学校的教育环境，促进了苗汉双语教育的发展。

二、双语教育生态结构存在的不足

任何系统都由一定的结构或框架组成，但结构有合理不合理之分，前者能构成和谐稳定的系统，而后者会导致系统的不稳定性。其实质是各个因子排列的有序性和规律性，这是造成系统平衡和功能正常发挥的直接因素。在20世纪70年代末80年代初，黔东南苗汉双语教育生态系统处于总体平衡的状态，即各个组成的生态要素和因子能互相制约和协调。到了90年代，由于全球化和信息化促使社会经济发展迅速，语言生态环境发生了较大的变化，与此同时它促使生态系统内部的各个因子之间的结构关系也发生相应的变化，包括生态主体发展失谐，宏观、中观和微观环境三个层面发生改变等。生态系统结构组成参照图4-1。

---

① 哈经雄，滕星. 民族教育学通论［M］. 北京：教育科学出版社，2001：235-237.

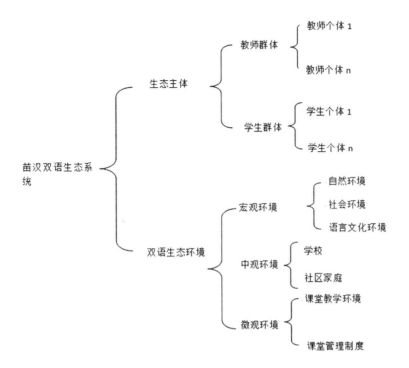

图 4-1　苗汉双语生态系统结构组成

（一）生态主体发展方面

1. 生态主体交互关系

黔东南苗汉双语课堂生态主体为网状交织的结构。除了双语教师生态群体内部、学生生态群体内部所存在的交互关系外，还存在教师生态群体与学生生态群体、教师生态个体和学生生态群体等错综复杂的关系。在所有的生态主体关系中，双语教师和双语学生生态群体之间的关系最为关键。

它们的关系主要体现在微观生态层面，即课堂生态环境中。两大双语教育生态主体理想的关系表现为教学目标和理念的一致性；双方交流沟通的顺畅性；师生关系的和谐性。但在实际的苗汉双语课堂实践中，这些特征并不明显，主体之间存在失衡的问题。

第一，从对双语课程教学的态度来看，尽管民族地区教师和学生都一致认为双语学习非常重要，但在目标和理念方面存在一定的差异性。在教学目标上，教师关注更多的是通过双语教育来传承传统民族文化，即文化目标要求较高。而学生除了实现语言目标外，即较好地掌握苗汉两种语言外，更关心对今后升学是否有用，教师和学生教学目标和理念的差异也体现在教学内容和方法上。由于侧重点不同，教师的教学内容和某些学生的需求存在一定偏差。为了突出文化，有些双语教师对苗汉双语学生的语言基本功训练重视不够。在教学方法上，部分教师过度倾向于培养学生的课堂自主性或参与式学习，这本来是一种教学理念上的进步。但在实际双语课堂中部分学生会感到不适应，由于黔东南地区的双语课程主要在小学开设，大部分学生的自主学习能力较差，所以对于他们来说，直接的课堂讲授法是最有效的方法之一，当然也不能一概而论，对于教学条件相对较好的城郊民族学校，可以偏向于以"学生自主学习"为主的教学方法，在教苗语的同时进行苗文化渗透。

第二，作为苗汉双语教学生态主体的师生情感交流不够顺畅。相关研究表明，情感因素是提高双语课堂教学的重要因素之一。积极的情感能提高学生的学习兴趣，并促进学生主动学习，消极的情感则会减少学生的学习兴趣，阻碍学生的学习。黔东南地区双语学习的苗族学生大多数是农村留守儿童，家庭关爱的缺乏需要学校来弥补，客观上这也是提高苗汉双语课堂教学效果的因素之一。但现实中双语教师所关注更多的是如何传授知识，课后师生之间缺乏沟通和交流，这样不但影响其学业成绩，也不利于和谐师生关系的构建。

2. 生态主体主导者

同样是苗汉双语生态教育的主体，教师和学生在该生态系统中所发挥的功能和作用是不一样的。教师是能量的转化者和生产者，这个能量就是指知识，并要把知识作为营养输送给学生。在这个过程中，苗汉双语教育教师本身起着重要的作用。可以说，教师的综合素质、能力水平决定了苗汉双语教育的效果。但现实中，黔东南地区苗汉双语教师双语教学角色和能力的缺失主要体现在以下三个方面：

（1）教学理念

和谐双语教育生态发展目标以 2010 年颁布的《国家中长期教育改革和发展规划纲要（2010—2020 年）》中所规定的少数民族双语教育目标和任务为标准。《纲要》指出，"大力推进双语教学。全面开设汉语文课程，全面推广国家通用语言文字。尊重和保障少数民族使用本民族语言文字接受教育的权利。重视加强学前双语教育。国家对双语教学的师资培养培训、教学研究、教材开发和出版给予支持"①。指导纲要出台后，各民族地区都根据本地区实际情况制定了具体的发展目标。其中贵州省要求在民族中小学逐步形成少数民族语和汉语教学的课程体系，并把双语教学教材建设列入当地教育发展规划，进行重点保障。但双语教师的教学理念严重滞后于双语课程的发展。虽然他们意识到了双语教育对于民族文化传承的重要意义，对双语教育持积极和肯定的态度，但部分教师认为，和语文数学等主要科目相比，苗汉双语课程在整个基础教育课程体系中显得不太重要。

（2）教学模式和手段

构建生态苗汉双语课堂要求改革落后的教学模式和手段。现代生态化课堂要求一切以学生的需求为中心，强调师生的课堂互动和情感交流，鼓励学生的积极参与和思维创新，并根据课堂实际情况选择灵活多变的教学方法。在调研中，研究者发现黔东南地区民族学校苗汉双语教学存在两个极端，一方面，部分教师观念陈旧，依然主张以教师为中心，采用灌输式的"填鸭教学法"，使本来生动有趣的双语课堂变得索然无味。另一方面，还有部分教师则对"学生为中心"的教学观进行错误解读，或过分迁就于学生，或高估了学生的自主学习能力，或过多地使用花哨的所谓新教学模式，尽管能调动学生的积极性，但实际的语言学习效果并不明显。

（3）教师综合素质

从调研结果来看，目前黔东南地区民族学校的双语教师在学历、双语言能力、跨文化交际能力、信息技术应用能力等方面还比较欠缺，这也是构建生态苗汉双语课堂的制约因素之一。大多数苗汉双语教师第一学历为中专学历，他们在20世纪80到90年代毕业于中等师范专业学校，只有少数为大专以上学历。虽然他们的双语语言能力足以使他们胜任教学任务，但在跨文化交际、教学技能、信息技术应用能力等方面还比较欠缺。

3. 生态主体的核心

从课堂观察情况来看，学生学习效果一般。研究者认为，除了教师的课堂教学水平有限是其一方面原因，还存在其他一些深层次的原因。课后，笔者曾经试图和孩子们进行一些简单的交流，发现和城市孩子相比，他们大多比较羞涩和胆小。由于大多数孩子是留守儿童，一是儿童心理的成长方面会

---

① 国务院. 国家中长期教育改革和发展规划纲要（2010—2020 年）［M］. 北京：人民出版社，2010：3.

存在一些不足，直接或间接影响双语学习，比如上课不敢主动回答问题。二是家庭教育的辅助作用有限，在上节课内容尚未完全消化的情况下，再学习新的知识时会感到比较吃力。

假如课堂上教师能给孩子们更多的鼓励和赞扬，让他们充满学习的信心，课堂互动或许会变得更频繁，气氛也会更活跃。从本质上来看，它要求我们优化影响双语课堂教学效果的各类生态环境，包括相关的社会、经济和文化环境。

（二）宏观生态环境方面

1. 双语政策需要进一步具体化

不可否认，国家有关部门一直以来十分重视少数民族语言文字的保护与建设。如宪法和少数民族地方法规都明确规定"各民族都有使用本民族语言文字的权力"，但遗憾的是相关细节性的政策有待具体化。

（1）苗语苗文纳入学校考试的政策

除了个别双语试点学校外，苗区很少有学校把苗语苗文纳入学校考试。长期以来，受应试教育的影响，各级各类的升学考试，特别是中考和高考，一直是中小学最关注的。这种现象在民族地区表现尤为突出。要改变贫穷落后的家庭环境，考入大学几乎是唯一的途径。但是，各级考试试卷都是用汉语答题的，因此提高汉语和汉文水平是最主要的，即使在实施双语教学的民族学校，除了学校内部组织的考试外，苗语和苗文用于正规考试的情况很少。正是因为苗语苗文没有被正式纳入学校考试，教师和学生学习苗语和苗文纯粹是为了完成教学的任务，或纯粹出于个人兴趣而继续学习。

（2）苗汉双语师资聘用、正规培训和专业发展的政策

教师专业水平是黔东南民族学校双语教学发展的关键因素，此外，苗语和苗文本身是一个完整的语言和文化知识体系，教学也有其独特的规律，因此，从事双语教学的教师除了满腔热情外，还要具备良好的专业素养，而这些都不是一蹴而就的。从实际情况来看，接受过标准化、专业化训练的苗汉双语教师少之又少，大多数双语教师非专职教师，仅仅数月的培训就上岗。而且培训也是断断续续，这是由于苗汉双语师资聘用、培训和专业发展政策体系尚未完全构建。据笔者了解，在早年，部分苗寨村落小学担任双语教师的师资为民办教师和代课老师，学校本来想通过民办教师转公办的机会来留住这些人，但由于没有优惠政策可依靠，待遇长期得不到解决，最终流失了

不少相关教师。总体而言，苗汉双语师资聘用制和培训制度还处于起步阶段。

虽然国家政策非常重视，但由于客观存在的原因，造成了以下困难：

①苗汉双语实施总是不能正规化，长期处于试行阶段

贵州省少数民族双语教育历史可以追溯到 600 多年前的明朝时期，但正式实施苗汉双语教学改革则始于 20 世纪 70 年代末 80 年代初，首先在黔东南地区苗语标准音的三棵树镇挂丁村等地方进行实验。虽然上级部门不断进行考察，对其所取得的成绩也给予了正面的评价。但并没有趁热打铁，据此完善相关政策并进行推广，造成苗汉双语教学改革半途而废，长期以来改了又改，都没有收到应有的成效。

②苗汉双语教师待遇不高，挫伤积极性

根据调研情况，由于政策不具体或者一些地方没有完全落实到位，担任苗汉双语教学的教师享受不到应有的待遇，个别偏僻学校相关教师甚至由代课教师担任。在这种情况下，一方面难以激发教师的工作积极性，另一方面，教师的专业水平长期停滞不前，难以实现教师专业的可持续性发展。

③个别地区政策执行不到位使双语办学经费捉襟见肘

苗汉双语教学涉及教材编写和印制、师资培训和教研教改等方面，这些都离不开资金的支持。近年来虽然也制定了一系列相关的政策，但由于没有做到专款专用，有限的资金只能保障双语教学运行的最低状态，即开展日常的教学，却无力改善教学条件、进行教学方法模式改革和提高教师收入水平。

2. 苗语自身的特点

（1）苗语内部语音差异较大

黔东南地区苗语属于黔东苗文，不同区域苗语土话复杂，方音存在较大差异。而苗文和汉语不同，它是一种表音文字，即使以某语音点来作为标准音，也很难满足其他方音的需要。苗文大致可以分为北部、东部和南部三大方音区，每个区的方音有较大差异，甚至各个区域内部也存在不完全通音的情况。实际上，这也是数年以来让民族语言学家和双语教育者感到棘手的现实性问题。"像苗族这样人口众多，而分布这样广泛的民族，在民族共同语尚未形成之前想找一种威信较高，人口又多，大家都懂得方言作为创立统一的拼音文字的基础，在目前还是不可能的。想找一个威信很高，又是政治、文

化、经济中心的地点的语音来作为民族共同语的标准音，在目前也是不可能的。"[1] 就以相对较统一的北部土语区的台江县台拱寨、排羊乡、凯里市舟溪、鱼粮为例，虽然就声母、韵母和声调的某一方面而言差别并不明显，但是把声韵调进行组合后，就会出现较大差别。从交流情况可见一斑，同属台江县的台拱寨和排羊乡之间能进行通话，但他们和舟溪、鱼粮交流又存在一定困难。由此可见，苗语内部语音差异是影响黔东南民族地区苗汉双语教学的障碍之一。目前双语教学主要在标准音及其周边地区使用，如凯里、台江、剑河及其附近地区。而非标准苗语地区实施苗汉双语教学存在一定困难，也有语言学家提出找到声母、韵母和声调的对应关系，从而通过对其规律性的掌握摸索"文同音异"的教学思路，但由于师资力量的局限，具体实施难度较大，这还有待于研究者进行深入探讨和论证。

（2）苗文使用范围太窄，象征性特征比较明显

从现实情况来看，苗文主要是相关研究者或该专业的学者使用，而地方苗族群众虽然母语是苗语，但对苗文了解不多，更谈不上使用书面语了。即使是曾经接受过苗汉双语学习的成年人，也由于苗文读物数量过少、类型不多，难以激发起他们阅读苗语的兴趣。此外，虽然广播电台和电视会定期播出苗语内容，但其象征意义大于实际价值。在苗文普及条件不够成熟的状态下，政府部门挂苗语牌匾及前文所提及的苗语媒体节目都只是为了响应国家相关民族语言政策，距离真正的苗文普及要求相差甚远。政府公文、信函和法规条例文件中几乎看不到苗文，这些也是苗文推广和苗汉双语教学普及困难的原因之一。

（3）苗文文献资料匮乏，且缺乏规范性

传说和苗族古歌里都说苗族有文字，但是至今存世的只有在湖南城步发现的某些苗文碑，只是零零散散，已经无法作为系统的语言文字。新中国成立后，国家用拉丁字母为苗族制定了四套拼音文字，加上国外苗族的国际苗文，现在一共有五套拼音苗文通行。1955 年，初步将苗语划分为东部、中部、西部及滇东北（又称北部）四个方言区，并提出《苗语调查报告》。1957 年 7 月中央民族事务委员会的"关于民族语文工作座谈会"中，将上述四大方言名称修订为：中部方言改为黔东南方言（或称黔东方言），东部方言改为湘西

---

① 马学良，喻世长，王辅世. 苗语方言调查报告（草稿）［R］. 民族语文科学讨论会，1956：46-47.

方言，西部方言改为川黔滇方言，北部方言改为滇东北方言。同年12月国务院批准《关于少数民族文字方案中设计字母的几项原则》，规定上述苗语四个方言的文字方案，都是以拉丁字母为基础的拼音文字。后因种种原因，这四种苗文未能顺利推行，并从20世纪60年代初起就中断了推行工作，直到1980年以后才逐渐恢复。苗文的曲折发展使苗文文献资料非常有限。和光辉灿烂的苗族历史文化相比，用苗文所记载的民歌、民间文学、故事等只是沧海一粟。一手苗文资料的缺乏导致苗汉双语教学素材不够丰富，间接制约了苗汉双语的进一步发展。

此外，苗文文献资料的规范性也有待加强，由于历史的原因，苗语经典著作如《苗族古歌》《苗族酒歌》等都是靠口口相传才得以保存和流传于世，但这种文化传承方式存在一定的局限性，因为方言差异，其规范性和统一性受到一定影响。而少数文献还存在一些糟粕，这些都要求在苗汉双语教学中进行去粗存精、力求规范化，这也对教师提出了较高的要求，双语教师要提高自身专业素质和水平来应对这一变化。

（4）苗族文化传统对双语教育的制约

除了苗语自身的局限性，苗族社会文化中还存在一些不利因素，也制约着双语教育的发展。其中最突出的问题是苗族文化的相对封闭性影响了苗文的推广。中央民族大学石德富认为苗语存在地域差异是由自然地理条件及其社会历史条件所造成的，而黔东苗语片区受它所在的亚文化圈的影响。[①] 黔东苗族文化的形成受历史和地理因素的影响。从历史上来看，黔东南是"驿道所经"之处，毗邻省区群众经商、逃难等都集散于此。就地理生态环境而言，黔东南地区以山地高原地貌为主，地理环境的相对封闭性导致苗族社会生活的相对封闭性。苗族的居住形式多为分散村寨，或同其他民族杂居。而村庄往往不大，少则数十户，多则数百户。坐落于山脚或河流边的村寨人口密度相对较大，且相互交往密切。但部分散落在大山深处的村落却彼此联系不多，唯一交流的途径是每周一次的集市交易。来往较多的相邻村寨在长期交往过程中慢慢形成了基于地域为中心的亚文化圈，他们方音差异较小，如养蒿苗话就是凯里地区一带的标准音。但不同的亚文化圈苗语片区方音存在较大差异，如即使是同属于北部土语的台江和榕江，由于亚文化圈的不同，在苗语语音方面存在不少差异，而这种差异性限制了不同片区的交往，这也是造成

[①]　戴庆厦. 中国少数民族语言使用现状及其演变［M］. 北京：语文出版社，2010：332.

苗语标准音难以推行普及的原因，不同苗语地区不得不按本地方音编写苗族读物，当然也不利于标准苗汉双语教学的推广。

3. 多元民族文化传承与发展背景对双语教育的影响

从民族学理论角度而言，民族与文化联系紧密。一般来说，一提到民族，大多数人都会不自觉地将其与文化相联系。实际上，每一个民族都对应了一种独特的文化。黔东南地区民族众多，据统计，该地区居住了苗、侗、汉、布依等 46 个民族，其中以苗族和侗族为主。它们长期在这片土地上生活，共同创造了灿烂的民族文化。民族性蕴涵着保守性和发展性的内容，其中不乏一些优秀的文化瑰宝和值得传承的传统。如何将其进行传承与发展，在文化多元化的现代社会中谋得一席之地，成了现实的问题。由此，我们采用民族教育的手段。需要澄清的是，民族教育不代表改造落后的教育，恰恰相反，它是一种既可兼顾国家全民教育特征和核心内容，又可兼顾民族性优秀因子的特色的教育模式。在很多民族内部，他们拥有独特的知识传承内容体系，如很多民族不但有自己的语言和文字，还有特有的教育和传承机构。民族教育除了实现民族地区教育发展的目标外，还肩负着民族文化传承的使命。黔东南地区多姿多彩的民族文化样式为民族教育特色发展奠定了基础。而民族语言是民族教育中最重要的内容之一，在多元民族文化传承与发展的大背景下，实施民族双语教育既是时代的需要，又面临一定的机遇和挑战。

在此背景下，双语教学与双文化传承是民族教育中双语教育的两条主线，且要处理好以下三个问题[①]：即掌握双语教学与双文化传承与发展的关系；了解跨文化背景下双语教学的内涵和本质；双语教学在处理自身和双文化的关系外，还要体现出两种语言本身的性质和价值。[②] 不可否认，文化差异对双语教学的影响是不可避免的。随着民族地区对外开放，西方文化传播和渗透及英语学习的兴起也给苗汉双语学习带来了一定的影响，这些都体现了跨文化方面的内容，需要有关学者对此进行深入研究，以辅助黔东南地区民族双语教学。

4. 全球经济一体化和市场经济的冲击

随着全球经济一体化发展和改革开放的深入，黔东南民族学校苗汉双语教育的社会经济环境发生了天翻地覆的变化。它主要体现在以下三个方面：

---

① 苏德. 多维视野下的双语教学发展观—内蒙古地区蒙古族中小学个案 ［D］. 北京：中央民族大学，2005：28.

② 王鉴. 民族教育学 ［M］. 兰州：甘肃教育出版社，2002：160-161.

第一，城市化进程的加速改变了语言布局。城市化最大的特征就是人口的大量流动。经济发展打破了黔东南苗族地区传统简单经济模式，苗族农民走出家乡，涌向东南沿海及其他发达城市或新兴城市打工创业。从 20 世纪 60 年代出生的第一代农民工到 90 年代新生代农民工，都逐渐接受并适应普通话，因为这是能给他们带来经济效益的交流工具，过去封闭的苗语单语环境状况已不复存在了。而与此同时，全国各地的投资创业者也奔向民族地区进行西部开发。他们在促进当地经济发展的同时也带来了先进的理念及生活方式和教育观的改变，当然也包括语言的改变。商务谈判往往采用普通话，苗语在商业领域不占主导性地位。

第二，新媒体的发展进一步削弱了新生苗文的地位。无论是传统媒体形式的报纸、广播、电视，还是 QQ、微信等新媒体载体，强势发达的网络覆盖了苗族社区各个角落，让新生的苗文缺少普及的市场。虽然苗族村寨平常交流的依然是苗语，但他们所接触的文字载体包括新闻报刊、文学作品、通俗读物和政府公文等都是清一色的汉字。民族政策偶然播出的苗语电视节目或出版的苗文读物与同类型的汉语载体相比，数量显得过少，不能满足苗族群众文化和信息获取的需要。

第三，全民教育的快速发展，让苗族人会说普通话。20 世纪末 21 世纪初，黔东南苗族侗族自治州已经基本普及了九年制义务教育，扫除了青壮年文盲，特别是近十年来随着国家对贵州民族地区教育的不断投入和重视，基础教育、职业技术教育都得到了稳步发展，尤其是基础阶段的义务教育得到了巩固和充实。大部分苗族青少年能说普通话，而这一群体正在成为黔东南苗族侗族自治州社会发展的中坚力量。另外，苗区家长越来越意识到教育对孩子成长的作用，为了让孩子拥有一个更好的未来，很多家长从小就让孩子学好汉语，在城镇中，汉语早已成为苗族学生的母语。农村则仅有老一代以苗语交流为主，对于青壮年来说，苗语逐渐沦为第二语言，这种现象正在悄然蔓延。

社会经济环境的变化使苗汉双语教学面临挑战，因为它改变了苗汉双语教学所赖以生存的语言生态环境。

第一，主动使用汉语的苗族人口逐渐增多，而大部分人很少或几乎不再使用苗语。研究者对三棵树某村寨进行了抽样调查，结果如下：按照苗语使用频率高低，它可以划分为以下六种类型的人群。第一种是使用频率最高的留守村寨的老年人，他们属于苗语单语人，比例约占 10%；第二种是苗汉兼用的双语人，他们大部分年龄在 50 岁以上，人口约占总数的 30%，平时在家务农，但偶然有走亲访友等外出活动；第三种是临时转为使用汉语的"暂时单语者"，多为在外从商或打工的苗族中青壮年，虽然他们会苗语但因为在外地使用机会不多，而说的汉语也是带有口音的普通话，人口约占总数的 30%；第四种是已经完全转用汉语的成年人，他们通过读大学、参军或经商等途径走出苗族家乡多年，虽然还能够说苗语，但完全脱离了这个语言环境，比例约占 10%；第五种是虽然出生在苗区，老一辈也会苗语，但父母大多接受过高中以上相对较好的教育，他们已经意识到教育对今后社会生存的重要性，且认为汉语是升学和就业必备的语言工具，因此从小就把汉语作为孩子的母语，苗语是第二语言，人口约占总数的 10%；第六种是全部使用汉语的新生代，他们是那些早年离开苗族聚居区在外地安家置业的第二代、第三代，完全接触不到苗语，人口约占总数的 10%。

从苗语强势地位到双语使用以及语言转用的变化，使苗语自身发展也面临困境，当然也不利于苗汉双语生态化教学的实施。最主要的变化是持苗语者人数显著下降。据统计，在 20 世纪七八十年代，大约 80% 的苗族人口，尤其是广大农村，都把苗语作为首选或唯一的生活用语，而到了 21 世纪初，其比例下降到 60%，其中苗语单语持有者仅为 12%。

第二，苗语使用者的平均年龄不断增大。苗语单语者大多数集中在 60 岁以上的老人。还有部分外出不多的中年双语人，年龄集中在 45—60 岁，他们有过外出打工经历，但在家乡时主要还是使用苗语。而且青少年苗语使用数量不容乐观，尤其是 12 岁以下的苗族儿童，以台江县为例，除了一些相对封闭的乡村，大部分小孩不再以苗语为母语，而苗汉双语也变成了汉苗双语教学，即保护性的语言和文化传承。

第三，苗语的社会功能被大大削弱。市场经济发展和社会主义和谐社会的构建在给苗乡人民的物质和文化生活带来便利的同时，也使本民族固有语言的生存空间被大大压缩了。在政治、商贸、传媒和教育领域都是汉语一统天下，苗文仅限于极小范围内使用。笔者调研结果表明，目前苗区小学低年级的苗汉双语教学分为两种情形，靠近城市或交通便利的苗区儿童大多数已经以汉语为母语，加上学前教育的普及和普通话的推广，苗汉双语本质上成为汉苗双语教学，如凯里市三棵树的挂丁小学。但在台江等相对偏僻的苗族聚居区民族学校，儿童最先接触的是苗语，然后入学才学习普通话，他们所在学校实施的仍然是传统的苗汉双语教学，但随着经济开发和旅游的热潮，外地人慢慢涌入苗区，这种情况也正在悄然发生变化，部分家庭的家长文化素质相对较高，更青睐于让孩子率先掌握汉语，因此苗语单语家庭数量越来越少。语言是文化的载体，以苗语为载体进行传播的苗族传统文化传承面临危机，如过去苗族青年喜闻乐见的苗家情歌不再流行，而一些苗族传统技艺也面临后继无人的尴尬局面，现在只有一些老年人仍然坚守苗族传统文化。这些现象反过来削减弱了苗语的社会功能。多元化的语言环境，以及网络语言的使用，让苗语内部结构也发生了变化，新产生的苗语词汇越来越多，既有体现新事物的新创词汇，也有一些代替了原有的苗族词汇，而这个比例在不断增大。

黔东南苗族侗族自治州苗区延续数百年来的双语现象正面临挑战。其中最显著的变化是由苗汉双语转向汉语，且速度在加快。这和 20 世纪 50 年代土家族的汉语使用转向如出一辙。因此，我们要对苗语由盛转衰这一现象引起重视。幸运的是，有关部门开始逐渐关注这一现象，并采取了相应的措施，如召开了一系列的双语教学研讨会，举办民族地区双语师资培训班等。

第四，全球经济一体化和市场经济对教师队伍的稳定性也造成了一定的冲击。由于待遇不高，部分苗汉双语教师或转岗或调离学校。其后果可想而知，没有高水平的师资，民族双语教学效果难以得到保证。总之，作为民族教育重要内容的双语教育离不开民族地区的经济生态环境，掌握双语教育的生态规律，对民族地区更好地开展双语教育具有重要的意义。

（三）中观生态环境方面

黔东南苗汉双语教学从 20 世纪 80 年代初实施以来，至今已历经 30 多年的风雨，但效果始终不理想，长期徘徊在实验或试行阶段，这和学校中观生态环境影响因素有关，如学校对此思想上认识度不够、双语师资紧缺、办学环境、办学条件及管理方面存在问题等。

1. 民族学校对苗汉双语教育实施的认识

黔东南民族地区民族学校为了贯彻国家和贵州省下达的民族双语教育政策，分别开展了相应的双语教学计划和措施。但其中能够透彻地解读政策、真正理解双语教育概念和内涵的学校寥寥无几，更谈不上因地制宜和分类指导与实施了。大部分学校只是为了完成上面的检查，或只注重形式而忽视实效性。此外，个别校领导对双语教育的重要性认识不足，对实施中存在的问题没有深入了解。这些都不利于民族双语教学的可持续性生态发展。

2. 民族学校苗汉双语教学的管理

教学管理是为了达到预期的教学目标，遵循教学规律和特征，对整个教学过程进行全方位管理。包括计划管理、教学目标管理、教学过程管理、质量管理、教师管理、学生管理、教学档案管理等。黔东南民族双语教学管理主要包含两个层面的内容：第一，系统内部管理，主要指双语课堂教学管理；第二，系统外部管理，主要指影响民族学校双语课堂教学的外部因素，包括教师管理、质量监督管理等。构建生态化视域下的黔东南民族双语教学，教学管理与整个生态系统的和谐共生体现在以下两个方面：①教学管理能在黔东南苗汉双语教学体系中发挥协调和组织的作用。②苗汉双语教学体系能促进教学管理效率的提高。它们既是整体和部分的关系，又是相互和谐和促进的关系。

和传统课程教学管理比起来，双语教学管理具有自身的特点，它需要教育管理部门、学校领导和教师共同努力，积极探索，从而构建出一系列较为完善的管理模式。遗憾的是，大多数管理部门和管理者依然采用传统的管理方法和模式，对双语教学中出现的问题不能及时解决，造成了双语教学管理生态失衡。

首先，由于学校缺乏统一的实施计划，配套管理跟不上，限制了双语教学的发展。由于管理层重视度不够，部分民族学校对双语教学管理比较松散，没有形成苗汉双语教学的常态化和正规化管理。譬如对教师、教材和资金管理不够完善，在某一时期，如迎接上级检查时管理比较严格和规范，而检查完后又把管理精力放在语文、数学等主要科目。

其次，由于个别领导缺乏双语方面的教学管理经验，导致管理不规范。如在苗语教材选择上，没有从本地苗语实际出发，盲目地采用所谓的标准苗语教材，认为这样更有利于加强管理，而实际教学实施效果却不好，给教师备课也增加了不少的负担。在教学模式选择和指导管理方面也同样存在不规范的情形，个别领导没有考虑学生双语接受能力，引入不符合学生实际的教学模式，造成教学标准不统一，教学质量滑坡。

最后，个别学校教育管理者服务意识不强，管理观念落后，不能满足苗汉双语教学的发展需求。民族地区农村配备多媒体教学设备的学校不多，管理者往往不能最大限度地发挥有限资源的利用价值，信息技术教学优先考虑语文和数学等科目。就教师管理而言，以工作量计算为例，个别民族学校至今没有出台双语教师教学工作量条例和管理办法，只是象征性地给一点报酬，这样必然会挫伤教师的工作积极性。

3. 民族学校苗汉双语教学的办学环境和条件

办学环境和条件体现在物质环境、组织环境和规范环境等方面。其中物质环境是民族学校苗汉双语教学能够正常运转的基础。包括教学设施、图书配置和校舍等。由于黔东南地区民族学校地处经济相对落后的贵州，地方财政比较困难，投入办学的经费非常有限，只能维持基本的教学运转。据相关数据统计①，按国家关于农村普通中小学校建设标准，黔东南州尚缺校舍（包括教学及辅助用房、学生宿舍、食堂、教师宿舍等）353，8696 平方米，还需投入 159，241.32 万元。从笔者所调研的两所民族小学来看，地处凯里市郊区的挂丁小学条件相对好一点，但也只能勉强达到国家农村普通中小学校建设基本标准，在这种情况下，只能整合有限的教学资源，来保证双语教育的实施。

组织环境也是民族学校双语教学的影响因素之一。民族学校组织环境最大的不足之处在于封闭性，即缺乏与家庭、社区和社会的联系。当然这有特殊的原因，民族地区农村大多数学生来自留守家庭，经济压力迫使其父母背井离乡去打工。这使得学校和家庭之间的联系更加有限。此外，受传统封建观念的影响，部分民族学校组织机构在管理等方面比较保守，缺乏创新和开拓进取精神。理想化的学校组织应该是上下级同事之间的和谐共处，工作环境温馨快乐，学校事务决策非常科学和民主。

学校规范环境，主要指与学校硬件设施配套的文化意识形态，既包括学校的规章制度、校园文化，也可以特指校风、班风和学风。首先，民族学校要有明确的章程，且贯彻依法治校，办学目的、性质和方向明确。此外，学校机构健全，分工明确。这一条是最基本的要求。从笔者调查走访的情况来看，绝大部分学校都能遵循以上要求，只是部分学校关于双语教学的章程制定不够完善。其次，民族学校要凸显办学特色，这些也可以从校园宣传标语、校训、展示栏等方面体现出来。有些民族学校在这方面表现较为突出。如笔者所调研的黔东南州台江县番省小学，校门口墙壁上就刷满了苗语声母和韵母，让人不自觉地将其与苗汉双语教学相联系，而这又恰恰是该校的办学特色。但仍然有少数学校的双语办学特色不明显，需要进行特色建设。由于历

---

① 刘勇. 历史嬗变与现代碟变——贵州民族教育六十年发展研究 [M]. 成都：电子科技大学出版社，2011：53.

史的原因，我国农村文化的基本特征是"乡土文化"，土地的文化意义在于它把农民紧紧联系起来，而学校本身是文化传播的场所，这些乡土性和学校的结合是农村学校的特征。农村民族学校在此基础上增加了一条"民族性"，它们在进行国家和民族认同感培养的同时，还要提升本民族的自豪感和自尊心。笔者通过观察法和访谈法对几所民族学校的校风、班风和学风进行了调查，发现虽然整体情况良好，但也存在一些需要解决的问题，最突出的是在素质教育的贯彻方面，现实的升学压力使其根本无暇顾及这一方面的内容。

4. 民族学校苗汉双语教学的社区环境

虽然社区环境与自然地理环境、交通、人口以及文化传统有着千丝万缕的联系，但社区又有着自身的特点，社区环境对于黔东南州民族学校苗汉双语教育的实施存在诸多的影响。因此，本书专门开辟一部分来论述民族学校苗汉双语教学的社区环境。

社区（community）一词源于拉丁语，意思是共同的东西和亲密的伙伴关系，是若干社会群体或社会组织聚集在某一个领域里所形成的一个生活上相互关联的大集体，是社会有机体最基本的内容，是宏观社会的缩影。社会学家给社区下出的定义有 140 多种。尽管社会学家对社区下的定义各不相同，在构成社区的基本要素上认识还是基本一致的，普遍认为一个社区应该包括一定数量的人口、一定范围的地域、一定规模的设施、一定特征的文化、一定类型的组织。社区就是这样一个"聚居在一定地域范围内的人们所组成的社会生活共同体"。在教育学领域，只要涉及学校研究的必然离不开社区环境，因为学校的设置总是和一定的社区环境联系在一起的。

社区对黔东南州民族学校苗汉双语教育的影响体现在自然环境、语言、文化和经济环境等几个方面：

首先是社区自然环境的影响。如果民族学校所处的社区环境幽雅僻静，则更适合其教学活动和行为的开展，反之会带来负面的影响。

社区语言环境是影响黔东南州民族学校苗汉双语教育的另一重要因素。笔者对台江县某民族小学的周围社区语言使用情况进行了调查。结果如下：第一，在社区内部主要使用的交际语言是苗语，但和过去不同的是，苗语不再是单一的交流语言，个别场合村民也用普通话进行交流，尤其是在村里会议等正式场合。与外来人员交流时，语言则和来访者的身份等情况相关，如果来访者也是苗族，且彼此认识或曾经接触过，就也使用苗语进行交谈。如果不认识，但可以确定不是来自远方，则先用苗语进行试探，如对方能理解，则使用苗语，否则转用汉语。从语言使用能力来看，一般老人和儿童的汉语水平非常有限，但中青年人或文化层次相对高的人汉语能力较好。总体而言，该学校所处社区双语语言环境尚好，但随着外来人口的流入以及大众传媒的流行，社区汉语使用频率正在增高，这在一定程度上对民族学校的双语教学造成了冲击。

语言和文化不可分割，前面从宏观层面专门论述了文化环境对双语教学的影响。而这种影响在社区表现得尤为明显。文化作为教育的生态环境之一，其构成要素较为复杂。不同的学者对此有不同的定义，司马云杰根据马克思、恩格斯关于历史科学可以从自然史与人类史两方面进行考察的学说①，认为文化分为两大类，即分别从自然史与人类史领域产生的文化，其中自然史文化指智能文化与物质文化。而人类史领域分为规范文化和精神文化两大类，规范文化包括制度、伦理道德、风俗、语言、教育等，精神文化指宗教、文学、艺术等。社区文化应当归于第二类文化的范畴。它指通行于一个社区范围之内的特定的文化现象，包括社区内的人们的信仰、价值观、行为规范、历史传统、风俗习惯、生活方式、地方语言和特定象征等。民族地区的社区文化具有特殊性，它是和当地民族文化紧密结合的文化产物。相关研究结果表明，民族文化保存和传承得越好的地方，双语实施效果也更好。随着社会经济发展，民族学校所在的社区文化正在发生变迁，最显著的变化就是民族文化特色在弱化。举一个简单的例子，过去耳熟能详的苗族古歌仅在社区少数老年人群中流传。

（四）微观生态的失衡

一直以来，黔东南苗族侗族自治州民族学校双语教学质量未能令人满意，并不是教师不敬业，而是存在各种各样的主客观原因。其中以课堂为中心的微观生态环境不佳是其主要原因，尽管该地区正式实施苗汉双语教学已有三十多年的历史，但课堂教学质量不太理想，具体存在以下问题。

1. 民族学校苗汉双语教学的教材

为了迅速解决黔东南民族学校苗汉双语教学教材短缺的问题，从 2009 年开始，贵州省民委和教育厅委托贵州人民出版社组织相关专家编译出了一系列民族双语教学教材，这些教材都是由人民教育出版社出版的，以课程教材

---

① 马克思，恩格斯．费尔巴哈—马克思恩格斯选集［M］．北京：人民出版社，1995：66.

研究所、小学语文教材研究开发中心编著的小学《语文》课本为蓝本，其中苗语教材分为黔东方言、湘西方言、川黔滇方言等三种，不可否认，这些教材印刷和版面设计精美，解决了民族学校苗汉双语教学长期缺乏正式教材的燃眉之急，但同时黔东南民族学校苗汉双语教学使用的教材存在以下问题：

（1）教材内容和苗族学生的实际生活联系不紧密，没有体现地方特色

既然苗语教材是由人民教育出版社出版的小学《语文》课本编译而成，那么以汉族文化为主流是不可避免的，容易出现与黔东南民族学校苗族学生现实生活脱节的现象，导致学生的学习积极性不高，逐渐失去兴趣。对于教师而言，由于翻译过来的教材汉式思维明显，必然导致学生的理解障碍，在这种情况下对教师的教学要求也提高了，而由于水平有限，很多老师还是采用照本宣科式的陈旧的教学模式，效果可想而知。可以说，苗语教材缺乏地方民族特色是目前黔东南民族学校苗汉双语教学教材最大的问题。

（2）教材缺乏系统性等原则，没有遵循语言认知规律

由于贵州省的民族双语教材编写工作起步较晚，还不成熟，导致其缺乏系统性等原则。词汇和语法有些支离破碎，教材搭配和编排也有待优化，另外难度也没有把握好，这也是单纯的教材编译所带来的弊端。除了系统性，优秀的双语教材还要遵循交际性原则、文化性原则等。但目前教材缺乏国家统一性和民族性的兼容，民族共性文化与个性文化的统一。此外，双语教材编写要遵循民族学生的语言认知规律。这也是由双语系统中二语习得的特点所决定的。教材编写要有的放矢，有所为有所不为，符合少数民族儿童语言学习规律的内容要进行必要的强化，而有些不适宜的可有可无的内容则可删去。

（3）教材品种过于单一，很难适应多元化苗汉双语教学发展的需要

前面提到过，苗语文教材体现的文化和现实的苗族传统文化存在一定差距，那么必然需要一些带有过渡性质的教材作为辅助读物，且这些读物也不是任意编写的，必须符合苗族儿童的心理特点，并恰到好处地适时渗透一些本民族文化元素和传统。从黔东南地区民族学校苗语教材现实情况来看，不但没有这种过渡类型的辅助读物，即使是和现行教材配套使用的教辅用书、练习册也非常缺乏。教材品种和类型的单一性也是制约黔东南地区民族学校苗汉双语可持续性生态发展的主要因素之一。学习语言需要大量的阅读，这也是双语学习的规律之一，双语课程标准所设定的阅读量形同虚设，根本无法实施。此外，现行的苗语教材多集中于苗语文这一块，而数学等课程相应

的民族语言教材非常匮乏，这也是需要引起我们重视的一个问题。

（4）针对双语教材的研究和评价不足

针对贵州省，尤其是黔东南地区民族学校苗汉双语教材的相关研究及评价也不多，同时它也是造成当前双语教材建设滞后和编写质量不高的原因之一。虽然出版社在教材编写前也进行了一定的调研工作，但由于客观原因的存在，调研的深度不够，且加上双语教材编写本身难度大，时间又仓促，这些都影响了教材的总体质量。此外，教材评价也是提高教材质量的一个重要环节，通过评价反馈，出版社能够及时掌握情况，对教材进行相应的调整和补充。虽然针对少数民族双语教学的研究很多，但主要集中在教学模式、教学方法、师资队伍建设等方面，涉及教材评价及其相关的研究不多。

2. 教学目标及课堂评价

首先，双语课程教学目标没有达到，以知识学习为目标的占主流。自从基础教育阶段实施新课程改革以来，中小学各门科目的课程标准都把"知识和技能、过程与方法、情感态度和价值观"作为主要的教学目标。其中双语课程教学也不例外，除了要培养学生乐于学习、学会学习、创新学习外，还要提升它们民族文化的自觉性，把民族语言学习和文化传承相结合。然而，在双语课堂上，教师只把学科知识灌输作为教学的首选目标，认为掌握了基础知识就达到了教学目标。而且学习内容过于狭窄，过分依赖于教材，或仅限于学习教材里面的东西，很少涉及和学科相关的课外知识。而双语课程教学应当是一种掌握综合能力的过程，除了掌握基础双语知识外，还包括提升语言能力、跨文化交际能力。此外，在情感态度和价值观方面的培养也存在缺失，而这些也是影响双语教学质量的重要因素。

其次，科学合理的评价机制有利于双语教学目标的实现、教学活动的顺利实施和师生的全面发展。然而，目前黔东南地区的双语评价机制过于单一，如在形式上只简单地采用考试评价法或上级检查评价法，过分强调终结性结果评价而忽视阶段性过程考核与评价。微观层面的课堂评价也不够完善，如缺乏全面的课堂指标评价体系等。

3. 教学方法、模式存在问题

首先，课堂教学仍以传统教学模式和方法为主。虽然全国各地中小学都普遍实施了新课改，但在民族地区却没有得到很好的贯彻和落实。从表面上看，虽然也采取了多媒体辅助教学等现代教学方法和手段，也有所谓的"互动教学"法，如教师提问、学生回答等形式，但大部分问题并没有深度，启示性也不够，知识灌输法仍占主导地位，学生仍然不会主动学习，课堂教学存在费时低效的尴尬局面。其次，长期低效的课堂教学也导致双语教学质量一直徘徊不前，我们需要对传统教学模式和方法进行大刀阔斧式的改革，在提高课堂教学质量的同时也优化课堂教学环境。

一直以来，学术界对最佳双语教学模式的选择争论不休。如前文所及，目前黔东南民族地区主要使用的两种模式是双语双文模式及双语单文教学模式，但这些模式并不符合某些学校实际。笔者田野考察发现两种语言在教学中比例失调，汉语在加强，而苗语则不断弱化。虽然黔东南民族地区一直以来冠以"苗汉双语教学"，但从19世纪90年代末20世纪初开始，形势慢慢改变，除了台江县等苗语基础较好的地方，凯里等地的民族学校实际上更倾向于"汉苗双语教学"，学生汉语水平不断提高，但苗语尤其是苗文进步缓慢。在此情况下，黔东南民族地区双语教学应采用何种双语教学模式值得探讨。

除了以上所提到的问题外，还存在课堂师生关系有待改进、教学气氛不够活跃、教室环境不佳及教学设施陈旧等亟待优化的问题，这些都表明了黔东南民族地区双语教育微观环境的失衡。

三、双语教育生态功能存在的不足

众所皆知，系统必然会产生功能，生态系统（ecosystem）也不例外。前文所及，它是指在自然界一定的空间内，生物与环境构成的统一整体，在这个统一整体中，生物与环境之间相互影响、相互制约，并在一定时期内处于相对稳定的动态平衡状态。生态系统是生态学领域的一个主要结构和功能单位，属于生态学研究的最高层次。如前文所及，黔东南苗汉双语教育也是一个特殊的生态系统，它同样具有相关的功能并且需要保持相对平衡。从黔东南苗汉双语教育生态系统来考虑，它具有优化发展功能、协调关系功能、系统演替和生态滋养功能；保护语言、传承文化；实现多元文化的和谐共生；促进民族团结，构建民族地区和谐社会等内部和外部功能。从一定意义上而言，黔东南苗汉双语教育的生态功能失衡，会通过这几大功能的弱化和衰减体现出来。

（一）内部生态功能方面

1. 优化发展功能减弱

它主要体现为双语教育生态系统结构优化功能的减弱。首先，我们要真正了解系统和结构的概念。和集合或者聚合不一样的是，系统是各种要素组合而成的具有一定功能的整体，各个组成要素不是相互独立的，而是密切相连、相辅相成的关系，它们所产生的作用力，推动各个要素自身不断调适，从而让每个要素实现一定的质与量，且相互之间趋于和谐，这样作为整体的系统就会处于一个相对稳定和平衡的状态。当在一定范围内出现不平衡时，自然生态系统具有这种自我调整的能力，推动系统重新实现平衡，但从不平衡到平衡状态的调适需要一段时间。而教育生态系统作为一种社会生态系统，如果生态主体能够发挥主观能动性，能促使系统迅速恢复为平衡状态，反过来，如果不能迅速进行调整，则说明其结构优化功能衰减。

黔东南苗汉双语教育生态系统结构优化功能的衰减，可以从对该生态系统结构的调查得出结论。在过去的一段时间内，黔东南苗汉双语教育生态保持一种基本平衡的状态，但近年来，随着社会变迁和语言环境的变化，这种相对平衡的状态正在被打破。由于这些因素所导致的负面影响力超出了系统自身的调节和修复力，随着时间的推移，生态系统各个因素的比重逐渐失调，将系统过去的结构状态和现在的状态进行对比可以看出，生态系统结构优化功能趋向衰减，且在一段时间里难以实现自我调节和维持平衡。

2. 协调关系功能减弱

黔东南地区苗汉双语教育生态系统的关系协调功能减弱，体现在以下几组不协调的关系之中。第一，应试教育和苗汉双语教育发展的矛盾。目前黔东南地区开设双语教育课程的中小学都面临升学的压力，而由于客观因素的影响，苗汉双语课程没有被纳入升学考试科目，在这种情况下，即使大部分师生都意识到该课程在民族文化传承中的重要意义，但短期会限制学生的个人发展，苗汉双语教学不得不采取形式主义，这样难以保证教学效果。第二，苗汉双语教育理念与苗汉双语教育需求的失调。黔东南民族地区教育管理工作者、教师和学生虽然认识到了苗汉双语教育的重要意义，但在苗汉双语教学实践中仍然坚持落后的教学方法和理念，如以灌输法为主要教学模式，对新出现的交互式教学、探究式教学和研究性教学感到无所适从，从而造成教学实践中的一系列矛盾的出现，如教师对职业发展环境、学生对教学现状的不满等。归根到底，落后的苗汉双语教育理念与现实的苗汉双语教育需求成了一组亟待解决的矛盾。第三，输入和输出的矛盾和失调。我们不得不承认，和过去相比，黔东南民族地区的双语人力、物力和财力的投入不断增长，从而为黔东南地区苗汉双语教育生态系统提供能量输入，但在这个过程中存在大量的损耗，如没有做到专款专用、双语教育投入和产出比例不协调等。

值得一提的是，此类错综复杂的不协调关系不是同时出现的，也并非只出现于某一个学校，有些问题或许在一些民族学校存在，而另外一些学校在某些层面上则已经解决或正在解决。但无论如何，这种不协调的关系在一定范围内是存在的，并且在很长一段时间内仅凭借系统的自动修复功能，很难修复，这恰恰表明黔东南地区苗汉双语教育关系协调功能的减弱。

3. 系统演替功能的衰退

生态系统的结构优化功能、关系协调功能及系统演替功能三者之间不是孤立的，而是相互交织和相互影响的。其中，结构优化是基础，只有合理的结构才能促进关系的协调。而关系协调又推动系统演化促进功能的发挥。从营养结构的角度出发，物质循环、能量流动和信息交换是生态系统的三大功能，生态系统优化离不开以上功能的发挥。黔东南地区苗汉双语教育作为一个特殊的生态系统，也同样具有以上营养功能。双语知识是交换的信息，而能量流动是指知识通过双语教学等形式进行传播，物质循环中的物质所包含的范围较广，它既指智能等抽象意义的物质，也指服务于双语教学的具体的物质内容，如多媒体教学设备等。

在各种因素的影响下，黔东南地区苗汉双语教育生态系统被带离到一个远离平衡的区域，如果系统在自身作用下在该区域重新建立平衡，就构成耗散结构，而系统则结束一次演化。然而，由于黔东南地区苗汉双语教育生态系统结构和关系的失调，系统难以实现自我平衡，从而造成系统演化困难。从营养功能进一步分析，系统内各类关系的失调损耗了所输入的能量，导致动力不足，使物质循环和信息交换的速度减缓，从而让系统处于不平衡的状态。由此可见，解决系统演替功能问题的关键在于足够的系统驱动力。

4. 滋养功能发挥不足

也有学者称为"生态育人"。可以说，滋养功能或生产力的提升是生态系统最基本的功能，就黔东南地区苗汉双语教育生态系统而言，其基本功能是在传承民族文化的同时也培育苗汉双语人才，同时促进双语教师的发展，最终构建一个运转良好的苗汉双语教育生态系统。但调查研究结果表明，该生态系统的生态滋养（育人）功能发挥不足，而系统并没实现新的平衡。

如前文所述，生态育人的实现包括以下三方面的内容。一是生态主体的共同成长；二是双语教师和学生的可持续性发展；三是育人方式和途径的生态性与科学性。那么，黔东南地区苗汉双语教育的实施是否较好地实现了生态育人的功能？从研究者的调查结果来看，该系统生态育人功能发挥得不够全面。首先，生态主体的共同成长，是指在关注教师发展的同时促进学生成长，而目前双语教师专业发展步伐缓慢，由于双语学校大多位于相对落后的农村，受学校平台的限制，他们进修学习的机会非常有限，教师成长速度缓慢直接制约了学生双语水平的发展。在对凯里郊区挂丁小学双语教学效果的抽样调查中，86%的学生对自己的双语水平缺乏自信，而认为双语教学效果好的学生仅占总人数的20%。这些也制约了双语教师和学生的可持续性发展。育人方式和途径的生态性与科学性，其本质是交互式、构建式等生态教学方法和模式的应用，但目前传统双语教学模式仍然占主导地位。由此可见，黔东南地区苗汉双语教育效果和预期目标存在一定差距，在实践中，研究者要针对问题进行深入探索，找出其中阻碍生态育人功能发挥的因子，并对症下药，探索生态性与科学性的育人途径，从而实现预期目标。

（二）外部生态功能方面

主要表现在文化传承功能发挥不足。进行文化传承是民族双语教育最重要的外部功能之一。和民族艺术、民族历史、民族体育等相比而言，民族语言在本民族文化传承中起最关键性的作用。但从调研结果来看，苗汉双语教学并没有很好地发挥该功能，苗文的象征意义似乎大于其实际应用价值，即使是经过数年的苗文学习，能够真正流利阅读苗文的学生人数也不多，这样就限制了文化传承功能的发挥。此外，民族学校没有把苗汉双语教学和民族艺术、民族历史、民族体育等其他民族文化课程有机整合与统一，更加限制了这一功能的完整发挥。

四、失衡的生态学诠释与归因

（一）双语教育系统内生态因子的生态位有待调整

前文所述，生态位是指群落当中种群或物种个体占据的一定空间以及其所具备的- ·定功能。简言之，一个物种的生态位就是指它具体生长在什么地方，起到什么样的作用。生态位系统中，每一个物种都有属于自己的生态位，各生态因子合理的生态位是保持系统稳定运行的基础。从生态位理论来看，双语教育生态系统失衡是生态位重叠、错位和缺失造成的。

随着社会发展，我们要不断改进调整双语师生生态位。在传统苗汉双语教学生态系统中，教师所充当的是生产者的角色，他承担的任务是将外面输入的能量和信息进行转化、消化及吸收，并在进行必要的知识加工后，通过课堂授课及教材等信息传媒方式，把这些内容教给学生。学生在该系统中充当消费者和分解者的角色。他们在接受这些知识后，及时将其消化和吸收，并以内化的形式进行储存，为将来应用于实际打下基础。在能量和信息流通的过程中，生态环境的优劣性起主导作用。经济全球化和信息时代的来临，加速了信息流通的速度，也让黔东南苗汉双语教育生态系统呈现出多元交互的特点。在教师与教师、教师与学生、学生与学生的交互过程中，教师和学生的角色不是固定不变的，而是在一定条件下也有可能进行相互转换，如学生也可以是知识的生产者，教师也可以是知识的消费者。从这个层面来看，黔东南苗汉双语教学系统中的师生身兼三职：生产者、消费者和分解者。如果仅仅视学生为消费者和分解者，就会造成其生态位错位。随着生态环境的变化，学生也不单纯是知识消费者和分解者，在一定条件下，他们也可以成为知识的生产者，这主要体现为自主学习能力的培养，这也是构建生态化双语教育课堂所必需的要素之一。同理，虽然不可否认教师的生产者地位，但随着社会的进步，教师消费者和分解者的角色正在逐渐突出，它涉及教师的成长问题。强化教师消费者和分解者角色的关键因素是进修和在职培训。研究者在对黔东南地区民族学校的调查结果表明，虽然和过去相比较，双语教师获得的进修机会有所增加，但仍然不能满足教师实际发展的需要，这就要求有关部门正视这一问题，并采取相应的措施。此外，黔东南民族双语教育缺乏地方特色可以归因于生态位宽度过窄和重叠，这些问题都可以用生态学相关原理进行诠释。

（二）双语教育生态链有改进空间

自然界当中的生态链主要是指基于能量流传递摄取而形成的生物之间的关系。通俗来讲，在整个生态系统环境中的各种生物之间为了生存产生一种吃与被吃的关系，是一种以营养供求关系形成的链条。教育生态学也可以引入类似的生态链法则，但区别在于，它更强调生态因子之间的交互关系，具有多样化、系统性和不可或缺性的特点。在双语教育生态系统里，生态因子之间的营养关系常常不是简单的直线关系，而是复杂的网络，形成一个生态链。例如教师、教材、教学方法和模式与学生之间就构成多种环环相扣的生态链。黔东南地区苗汉双语教育系统生态链受损体现在三个方面，即生态链单一化、脱节和缺失。

单一化除了体现在教材、教学内容、方法模式、课程评价等方面外，也包括信息和能量的流通方式，在和谐的双语教学系统中，信息的流通不再局限于单一的师生传递方式，而是能够依赖于多元化的传递途径。在这种情况下，作为黔东南苗汉双语教学系统的生态主体——师生需要不断更新观念、转变角色，以适应新的生态环境的变化。

生态链脱节和缺失是指由于缺少一些因子，或某些因子和组成要素过于陈旧，导致黔东南苗汉双语教育发展现状落后于其实际需求。首先是一些不恰当的输入方式，例如个别教师缺乏耐心，在课堂情感方面输入方式不恰当。而情感输入方式是否合适，关系到少数民族学生苗汉双语学习热情的激发，因此，教师要多给学生一些鼓励和支持。其次，输入和输出的内容失调。教材是教学内容的载体，也是学生双语语言输入的主要来源，但目前教材建设滞后，教学内容不能满足时代发展的需要。此外，生态化双语课堂除了给学生输入知识外，还要注意情感、态度和氛围等要素，但目前黔东南苗汉双语课堂教学过程中，教师仅仅满足于知识的输入而忽视了以上内容。这些都是双语教育生态链脱节和缺失的表现。

（三）双语教育生态规律要充分遵守

前文所述，生态系统包含诸多的规律和原理，如"活水效应""花盆效应"等原理，可持续发展和正向演替等规律。活水效应，是指在整个生态系统的内部由于生态因素的不断优化与物质能量的输入而使得生态系统保持动态化的平衡现象。黔东南苗汉双语教育生态系统未充分发展，是因为缺乏政策、资金等物质能量的持续输入，以笔者所调研的凯里市三棵树镇挂丁小学为例，校长也坦言目前资金只能维持最基本的教学，这就是由于活水效应发挥不足而违背了生态系统可持续发展规律。除了政策、资金等硬件的输入，还要输入先进的教学理念、发展观等要素。

花盆效应，或称生境效应，该效应指花盆当中的植物一旦离开人的精心照料，就会经不起风吹雨打，生命也会很快终结，其内涵是指生态主体对环境因子的适应阈值逐渐下降、生态幅变窄、生态位下降。它也是影响黔东南苗汉双语教育生态结构和功能失衡的原因，例如民族学校过分依赖于上级的扶持和指导来发展双语教育，缺乏自主发展的能力。与此同时，黔东南苗汉双语教育系统不平衡也可以用整体效应来诠释，整体效应是指生态系统内部各个组成部分在质与量上面的变化，在相互作用的过程中也可以对更高层系统所产生的放大效应，也包含连锁反应。黔东南苗汉双语教育是一个由各个因子组成的生态系统整体，研究者在调研过程中发现其整体效应发挥不够，例如缺乏学校—家庭—社会之间联动的双语教育发展机制，甚至还存在责权不分的情况，如双语教育管理的问题，到底是以地方民委为主，还是由教育局来牵头，都存在不少的争议。

第四章　黔东南双语教育生态发展规律及可持续发展生态范式

黔东南双语教育生态发展规律体现在以下五个方面：双语教育开放性及交互性规律；双语教育生态的教师引导性规律；双语教育生态的学生主体性规律；双语教育生态的动态生成性规律；双语教育生态平衡规律。在遵循规律的基础上，提出了可持续发展生态范式。要实现黔东南地区民族学校苗汉双语教育的生态化可持续性发展，要从一定的前提基础出发，并要在理念和实践上遵循以下原则：持续性原则、公平性原则、和谐性原则、整体性原则、以人为本原则及高效性原则。最后提出构建的理论途径：调整系统中各主要生态因子的生态位，发挥双语教育生态系统的整体效应，规避双语教育生态系统环境构建过程中的花盆效应，构建平等互利、相互交融的生态交往关系，重构系统生态化机制与功能，发挥双语教育生态系统的活水效应，利用好限制因子定律，实现系统正向演替等。

一、少数民族双语教育生态发展的基本规律

（一）探索苗汉双语教育生态发展规律的原则

规律是事物在发展和运动过程中所固有的、本质的、必然的、稳定的联系。它可以从以下层面来理解。首先，规律是事物运动过程中本身固有的内在联系，具有内在规定性；其次，规律是事物运动的本质联系，具有根本性；最后，规律是事物运动过程中必然的联系，具有一定稳定性。根据表现形式的不同，常见的规律包括自然规律、社会规律和思维规律。自然规律在自然界中是客观存在的，并通过不自觉的相互作用力表现出来。社会规律虽然也是客观的，但以人类的自觉活动为特征，它们两者的共同之处在于都反映了

客观的物质世界。而思维规律则是人的主观的思维形式对物质世界的客观规律的反映。无论是自然规律、社会规律还是思维规律，它们都具有客观性，但规律需要人们去主动发现和揭示，并进行思考和应用。苗汉双语教育系统由生态主体及各种不同类型的生态环境构成，并以双语教学活动贯穿始终。该系统具有怎样的规律性和特征？要回答以上问题，必须从以下原则出发：第一，研究者要把握苗汉双语教育，尤其是双语教学课堂的内在特征；第二，掌握规律的关系本质；第三，凸显双语教育生态的个性化规律。

1. 把握苗汉双语教育，尤其是双语教学课堂的内在特征

苗汉双语教育内在的特征将其与其他事物区分开来。首先，它属于双语教育的范畴，但又不同于目前国内所实施的、热门的跨国语言双语教育，例如英汉双语教学，而是属于少数民族和主流民族语言的双语教育教学活动。由于民族学校是双语教育发生的主要场所，把握苗汉双语教育生态规律的本质在于理解双语教学课堂的内在特征。首先，在理念上，我们要把握课堂教学、班级教学、教室教学的细微区别。课堂的英文单词"lesson"来自拉丁语"lectio"，代表阅读和说出来。课堂是学生学习的主要场所，或课堂是育人的主渠道。课堂是一种有结构的时期，学生在这个时期打算学习知识。教师或导师会在上课时，教导最少一个学生，多则成百上千。从课堂本质来探讨，课堂是学生身心成长的原野。因此，在苗汉双语教育实施过程中，课堂的特殊地位是无法替代的。表面看来，班级教学与课堂教学没有差别，因为它们都是教学的载体，目的在于实现教学目标。但从教学发展来看，班级教学只是课堂教学某一阶段的主要组织形式。在信息技术的推动下，现代课堂教学突破时空，被赋予了新的内涵，民族学校开展双语教育要正视这一点。而班级教学更加强调社会性，即突出教学主体的表现形式。同样，课堂教学也早已突破了教室的束缚，它可以根据需要延伸到操场、博物馆等场所。

由此可见，双语课堂主要以教室为教学场所，又不拘泥于此。但它终究存在于特定的时空中，无论是延伸后的课堂还是传统课堂，都具有物质的规定性，受自然规律约束。此外，班级授课制依然是课堂的主要组织形式，网络课堂等组织形式也要受到社会规律的制约。从思维规律来看，双语课堂具有开放性和探索性的特点，新时期课堂虽然崇尚创新性，但仍然受思维规律的束缚。基于此，苗汉双语教育遵循自然、社会和思维三重规律，是一个具有约束性的整体。

2. 掌握规律的关系本质

马克思主义哲学指出："规律就是关系，本质的关系或本质之间的关系。"① 那么，教育规律就是教育现象与其他社会现象之间本质的必然的联系或关系。教育中这种关系有许多，如生产力发展与教育发展，社会发展需求与教育结构等。当然，并不是任何关系都是规律，只有各种现象间本质的关系才是规律。一个事物有多种属性，只有本质属性间的联系才是规律。因此，探索双语教育生态规律，要把握其在运动发展过程中所显示的固有的、本质的、必然的、稳定的联系，要以关系思维而非实体思维，以动态而非静态的要素，来研究学校双语教育与其外部环境之间，系统内部各生态因子之间必然的、稳定的关系。

（1）了解学校双语教育与其外部环境的关系

民族学校苗汉双语教育的外部环境是指对其产生作用和影响的各种外在条件的总和。具体包括自然生态环境、家庭生态环境和社会语言生态环境等。它们的作用各不相同。自然生态环境是指一个地区的地理位置、地质、地貌、自然资源、气候等综合的自然条件。我国少数民族大部分集中在西部地区，自然条件相对恶劣，经济社会发展水平低下。贵州地处我国西南的云贵高原，东与湖南接壤，南与广西交界，西与云南高原毗邻，北与四川盆地连接，历史上是"驿道所经"之地，毗邻省区，群众经商、逃难等都集散于此。贵州是一个以山地高原为基本地理特征的省份，全省各地的地形地貌千差万别，气候水文呈垂直变化，资源物产迥异不同。在此复杂的自然生态环境下，贵州各民族接受、融会外来文化的强度和能力，开发和封闭的程度，在不同的民族和地区之间，表现得不一致。从全国范围来看，贵州是少数民族和汉族接触的边缘地区，由于地理环境相对封闭，少数民族与汉族之间、各民族之间的交往受到了一定的限制。地理上的相对封闭性为贵州民族教育的独立发展和特征提供了客观地理条件，从而形成了具有地域性特征的贵州民族教育模式。该模式对苗汉双语教育也造成了一定的影响，例如相对封闭的地理条件及复杂的多民族杂居空间影响了苗语的标准化进程，也使黔东南不同地区的民族学校苗汉双语教学存在显著的差异性。

家庭生态环境是指影响苗汉双语学习者学习的所有家庭因素。除了父母的民族成分和使用的语言，他们对学校苗汉双语教育的态度和信念都关系到

---

① 列宁. 列宁全集：第38卷［M］. 北京：人民出版社，1986：161.

苗汉双语教育的发展。一方面，随着经济和科技的发展，民族地区家庭成员的受教育程度不断提高，长辈对子女的教育重视程度与日俱增。另一方面，由于生活的压力，民族地区父母无暇顾及子女教育，把大部分责任推给学校，尤其是民族地区留守儿童导致的隔代教育问题，对苗汉双语教育有利也有弊。

民族学校苗汉双语教学的社会语言生态环境，主要是指影响双语教学的社会结构环境，包括人口环境和经济环境等方面。人口环境又分为人口数量、分布、流动及素质。经济环境指当地少数民族的经济方式、经济发展水平和经济发展环境。经济发达与否直接制约着民族学校双语教育的发展，如教育经费和基础设施都需要经济基础来进行支撑。和其他外部环境相比，社会语言生态环境显得更复杂。

了解学校双语教育与其外部环境的关系至关重要，自然生态环境、家庭生态环境和社会语言生态环境所处的地位和作用各不相同，但它们都是促进或阻碍黔东南苗汉双语教育不可或缺的外部因素。

（2）分析双语教育系统内部各生态因子的关系

从少数民族双语教育生态系统结构构成来看，它由教师、学生及环境三大因素组成。其中它们各自又可划分为诸多的生态因子。仅以微观层面的课堂环境因素为例，就可以按照类似宏观层面的划分方法，将其划分为课堂自然物理环境、课堂社会环境与课堂心理环境三大类。按照具体内容进行划分，又包括教学设施、教材、课堂氛围、教学方法模式等生态因子。它们之间的关系如何？是否存在必然的、稳定的关系？这些也是掌握规律的关系本质的重要内容。

3. 凸显双语教育生态的个性化规律

当然，规律是具有普遍性意义的，但又具备具体性和个体规定性。如教育生态学范畴的课堂生态就具有自身的个性规定性。例如作为课堂生态主体的教师和学生都是人。而人是一种社会性的动物，人作为一种主体性的存在，不但能认识环境、适应环境，还可以改造环境和创造环境。人对环境的认知也存在一定差异性。而这个规律也是推动课堂生态系统动态发展的动力之一。在探寻少数民族双语教育生态规律的过程中，除了发现普适性的规律外，研究者还要善于仔细观察，以把握凸显双语教育生态的个性化规律。

（二）双语教育生态规律的主要内容

李森教授提出了课堂生态发展的四条规律，分别是外部制约性、教师主导性、学生主体性及课堂的动态生成性规律。① 由于相通性，它也有助于我们把握双语教育生态规律，但后者更为宏观。双语教育生态不是脱离周围环境而孤立存在的实体，从横向空间方面来看，双语教育属于更宏观的民族教育体系生态系统，它是由相互制约和相互影响的要素构成的，处于相互交织的网状结构。在纵向的时间上，它也不是静止不动的，而是以教学活动为中心，处于动态发展之中。综合双语教育生态发展的横向和纵向时空背景，以及动态变化发展中暴露出的矛盾，双语教育生态体现了以下四种规律：第一，双语教育开放性及交互性规律：它由外部环境与双语教育生态系统之间物质、能量和信息流动所形成。第二，双语教育生态的教师引导性规律，即教师的教育理念、态度及专业发展水平是决定学生的发展和双语教育的生态环境优化的重要因素。第三，双语教育生态的学生主体性规律，即学生的学习态度、学习行为和效果是推动教师发展和双语教育的生态环境优化的关键性因素。第四，双语教育生态的动态生成性规律，即同为生态主体的教师和学生通过双语教育环境相互作用构建而成。除了以上规律外，还要遵循生态学最核心的规律，即双语教育生态平衡规律。

1. 双语教育开放性及交互性规律

双语教育是一个开放性的生态系统，它通过物质、能量和信息流动的形式和外部环境进行相互作用。双语教育生态系统的发展与所处环境所拥有的物质基础、信息资源和精神指引息息相关。开放性及交互性使所处环境在本质上制约着双语教育生态系统的形态及其发展的方向，规定了双语教育目标、教学内容及师生的教学行为和理念。

社会政治、文化、经济和科技等外部因素制约着双语教育生态系统的形态。例如国家和地方少数民族语言政策的制定直接影响着双语教育的发展。为了更好地开展民族教育、维护民族团结，同时也为了更充分地尊重各民族的语言和风俗习惯、保护和传承优秀的民族文化，贵州省明确出台了关于在少数民族地区实施双语教学、做好少数民族语言文字工作的相关规定。好的政策的制定能促进双语教育的发展和良好生态环境的形成，反之则会起阻碍作用。进入 21 世纪以来，随着全球化和信息技术的迅速发展，社会政治、文化、经济和教育等方面都出现了较大的变化，它们也给民族地区双语教育发展带来了深刻的影响，民族双语教育的目标、理念、手段和模式都呈现出了

---

① 李森. 课堂生态论：和谐与创造［M］. 北京：人民教育出版社，2011：123.

新的发展趋势。从双语的教学目标来看，它提出了更高的目标，除了实现文化传承的功能外，它还要培养双语双文化人。从教育理念上来看，现代教育理论逐渐流行，如过去的"教师中心论"正逐渐被"以学生为中心，教师为主导"的教学理念所替代，学习者的自主学习、合作学习和探究学习越来越受重视。教师在双语教学过程中充当的角色是引导者和组织者。从双语教学的手段和模式来看，多媒体网络技术的普及和新媒体的兴起带来了教学组织形式的变化。

此外，实施双语教育民族学校所处的社区，学校的师资水平和办学条件也影响了双语教学的实施效果和课堂生态。即使是同一民族地区的学校，由于外部环境的微观差异，双语教学也会呈现出不同的特点。

以上都是制约双语教育生态系统发展的环境因素。需要指出的是，这些因素不是等量齐观的，而是具有一定的层次性和差异性。根据影响的程度和范围不同，它们能够以同心圆的模式进行展示。将双语课堂视为内心圆，依次向外延伸，依次为学校、社区和社会三个不同的外围圈，距离圆心越远，对双语教育的直接影响就越小。国外有专门的学者对影响学生学习效果的变量进行了归类，认为它由 6 个大范畴和 30 个子范畴所决定。[①] 范畴 1——州及学区变量；范畴 2——校外环境变量；范畴 3——学校水平变量；范畴 4——学生变量；范畴 5——项目设计变量；范畴 6——贯彻执行、课堂教学及氛围变量。以上范畴对黔东南民族学校苗汉双语学习者的影响程度各不相同。范畴 5——项目设计变量是最主要的因素，它涵盖教学组织形式、目标、内容和方法等。其次是范畴 6——贯彻执行、课堂教学及氛围变量，它要求我们根据外部环境和实际情况的需要来不断调整教学方法和模式。

双语教育开放性及交互性规律启示我们，外部环境是影响双语教育实施的一个条件性因素，它能够促进或阻碍双语教育的发展，而这个作用是通过环境和生态主体之间的交互活动来完成的。

2. 双语教育生态的教师引导性规律

发挥教师主导作用是学生简捷有效地学习和发展的必要条件。20 世纪 50 年代初，教育界曾提倡学习苏联凯洛夫《教育学》，主张"教师中心说"，强调教师在传授知识过程中发挥"主导作用"；同时批判美国杜威实用主义教育

[①] 胡森，等，主编. 教育大百科全书（教学、教师教育卷）[M]. 张斌贤，等，译. 重庆：西南师范大学出版社，2006：42.

所主张的"学生中心""儿童中心"说。但自 20 世纪 80 年代改革开放以来，教育界的有识之士，借鉴国外的先进思想，大胆地发出"以人为本"的呼声，在教育领域则主张"以学生为本"。这原是一种教育进步、良性发展的表现。但在实际中出现了矫枉过正的现象，即完全否定教师的主导作用，认为它与学生主体性的发挥是不兼容的矛盾组合体。

实际上，教学是师生的双边活动。教师是教育者，是"先受教育的"。我国唐代著名文学家韩愈在《师说》中写道："古之学者必有师。师者，所以传道受业解惑也。"这揭示了教学工作中的一个普遍规律，即学生所闻的"道"，所受的"业"和所解的"惑"，是通过教师来解决的。教师受社会的委托，代表社会的利益，执行社会对教学的要求；他受过专门训练，精通所教的专业知识，了解学生的身心发展，懂得如何组织和进行教学。他在教学过程中决定着教什么和如何教，决定着按什么方向和目标组织教学，把学生培养成什么人。他是整个教学过程的组织者、启发者和指导者，能正确引导学生由未知到已知，由知之甚少到知之甚多，启发学生不断进行思索，促使学生由"需要教"向会自学、能自学转化，充分发挥学生在教学过程中的学习积极性、主动性和自觉性。学生学习主动性、积极性的发挥都有赖于教师的引导，依赖于教师的教，依赖于教师的教学艺术、教学方式、教学质量。对学生而言，只有借助于教师的教导与帮助，才能以简洁有效的方式掌握科学文化知识，迅速提高自身身心发展水平，使自己成为社会所需要的人才。

双语教育生态系统中教师的引导性规律，是新的时代背景下教师角色使命发展的结果，民族学校教师是双语学习者的引导者，"引导"和"主导"显然不同。作为学习的"引导者"，要求教师能激发学生的学习情趣和动力；教师是学习发生的必要条件；学生是课堂教学最重要的资源，教师只需在学生遇到学习障碍时给予适当的点拨和指导。作为学习的"引导者"，它反对的是替代学生的学习；诱使学生一步步进入教师预先设置的"教学圈套"；只重视传授知识和注重自己的讲授艺术，无视学生的存在。

民族学校双语教师对学生引导作用发挥的效度由其教学态度和专业化水平所决定。教师的双语教学观和态度在影响他们教学行为的同时关系到学生的学习积极性和课堂氛围。积极的态度和理念将会激发学生学习的兴趣，起到较好的引导作用。反之，消极的态度和落后的理念则不利于教师引导作用的发挥。双语教师专业化水平的高低是决定教师发挥引导性规律的另一关键因素。随着社会经济和科技的发展，它们对我国民族教育的双语教育提出了新的要求，同时也包括对教师专业发展提升的要求。在这种情况下，教师要因势利导，努力提高自身的专业素质和教学水平，以便更好地发挥其引导性作用。

3. 双语教育生态的学生主体性规律

双语教育生态的学生主体性规律是由学生的基本属性所决定的。

首先，学生是处于迅速发展时期的人。从年龄阶段来看，学生是个体从不成熟到成熟、从不定型到比较定型的成长发育时期，对他们而言，其身心各个方面都潜藏着极大的发展可能性。在他们身心发展过程中所展现出的各种特征都处于不断的变化之中，具有极大的可塑性。以上体现了学生身心发展的条件性因素。

其次，它是双语教师制定教学目标和计划的出发点，同时也影响着双语课堂生态环境的构建。具体而言，双语课程的设计、教材的编写一方面要遵循知识循序渐进的规律性。另一方面，在教学方法和内容选择上，要考虑学生的身心发展水平及其可接受程度。同时，微观层面的学校双语课堂生态环境建设也要充分考虑这一点，从教室的布局到班级管理等，都要尊重学生身心发展的条件性及可塑性这一客观规律。这种条件性是学生实现发展的第一步，即学生有发展的可能性，而这种可能性能否转变成为现实的发展，需要通过自身的活动即与客观现实的相互作用才能实现。如果学生不参与活动，缺少个体和环境的相互作用，则会阻碍个体的发展。

再次，学生本身是具有主体性的人，这也是学生主体性规律内容之一。作为教育对象的学生，既因其是一个自然的人而具有自然属性，又因其是一个社会的人而具有社会性和主体性。学生在各种社会因素的影响下，成为社会的人，具有社会关系所决定的社会性。与此同时，学生在接受社会因素影响的过程中，又会做出不同的选择和反应，体现出社会活动中的主体性。学生的主体性也就是主观能动性，也即学生依据自我调节水平对内外刺激进行有意义的反映的过程，它包括独立性、选择性、创造性、自我意识等。主观能动性在实践中表现为参与性。在民族地区双语教学过程中，他们并非被动的知识接受容器，而是有个性、有意识的主动参与者，为此，应当调动学生课堂活动参与的积极性，让双语课堂焕发生机，成为他们获得知识的乐园。

最后，双语教育生态系统中学生主体性规律还体现在学生学习成绩的反拨作用。学生的学习成绩考核结果分为正式和非正式两个层面，它们对课堂生态发展具有反拨效应。在正式层面，学生的学业成绩是对学校进行教学评估的依据，是开展管理工作要考虑的因素，是教师改进教学的起点。在非正式层面，学习成绩也影响双语学习者的学习认知状况，包括对教师教学以及自身能力的评价。相类似的是，学习成绩也是教师了解学生知识掌握程度，并进行教学反思的出发点，最终对教学起反拨作用。

美国曼彻斯特大学沙佩尔的博士论文《论中学生课堂学习环境感知度对数学成绩的影响》，通过问卷调查和访谈等实证研究方法，从教师支持度、任务难度、课堂态度和学习者的合作度等要素探讨了课堂生态环境对中学生数学成绩的影响。研究结果表明，数学成绩优等生与学困生，他们在课堂学习环境的认知和体验上有较大差异。[①] 学生普遍认为学业成绩是教师喜欢自己与否的关键因素。此外，学生很关注教师与自己的交流及互动，并留意教师和其他同学的交往情况。由此可见，学生自我意识、学习动机、行为和学业成绩存在较大的相关性。

由此可见，虽然学生学习成绩不是考核教师教学水平的唯一标准，但教师可以以此为风向标，由此出发，供教师教学反思做参考，而反思的过程也是教师成长的过程，通过总结可以改进教学方法、促进教师专业化发展的同时，也陪伴学生不断成长和进步。

4. 双语教育生态的动态生成性规律

苗汉双语教育生态是在动态中生成的，而并非静止不动的，作为生态主体的教师、学生以及各个层面的生态环境三者之间不断进行相互作用，以生成性与变化性为特征。这个过程可以由以下三个方面组成：师生双语教学活动的生成性；教师与双语生态环境相互作用构建成的生成性；学生与双语生态环境相互作用构建成的生成性。

（1）师生双语教学活动的生成性

教与学既是一组矛盾，又是相辅相成的。它们是民族双语教育主体之间最重要的双边互动方式，环境只是作为辅助性的东西而存在。教与学相互影响、相互作用的过程推动着双语生态的形成和向前发展。教与学可以体现为师生互动的关系，以微观层面的双语教育——生态课堂动态生成为例，大致分为以下三种类型。第一种是教师对学生的单边作用，即教师采用传统的灌输法直接向学生传递知识，而学生主要是知识的被动接受者，缺乏必要的互

---

① SCHAPER E A . The Impact of Middle School Students' Perception of the Classroom Environment on Achievement in Mathematics［M］. University of Massachusettes Amhert，USA. Doctoral Dissertation，2008；100，113.

动性。这种教学方式主要应用于概念性的知识点学习。第二种是师生双方参与性的互动，包括教师对学生的提问、共同讨论等形式，在这个过程中，学生是积极主动的参与者。第三种是教师与学生、学生和学生之间的多维互动，和前面两种方式相比，它的互动性和参与度更高，整个课堂就像一个开放式的生态系统，小组讨论、合作学习以及体验式学习贯穿始终，课堂氛围非常愉悦，教师和学生都是积极主动的参与者。

（2）教师与双语生态环境相互作用构建成的生成性

教师与双语生态环境的相互作用体现在以下两方面：首先，良好的双语生态环境是生成的前提，它在一定程度上还约束了教师的行为规范。此外，教师本身在适应环境发展的同时还可以主动利用并改造双语生态环境来促进教学。就微观层面的课堂生态环境而言，民族双语教师对民族学校课堂物理环境有一定的要求，如希望教室空间足够让学生正常完成一系列的双语语言活动，如游戏等。此外，他们认为通风、采光以及多媒体硬件设施都是影响双语课堂教学的重要环境因素。而且，课堂环境衍生的课堂社会环境也越来越被关注。而教师改造课堂环境的行为反映了教师教学观的差异，教学观决定了教师对课堂环境的驾驭程度，是促进教师文化形成的一个因素，而教师文化中的教师专业发展共同体对双语生态教学有积极的影响。在宏观环境方面，教师希望国家层面能更加重视双语教学，从资金拨付和教材建设等方面来优化外部环境，这些也是生成性的表现形式。

（3）学生与双语生态环境相互作用构建成的生成性

民族学校双语学习者与双语生态环境之间的互动关系包含两个层面的内涵。首先，内部和外部环境，尤其是课堂环境，是学生学习的基本条件；其次，不管是有意识还是无意识，学生都在改变双语生态环境，使其向前发展。研究实践表明，环境不总是通过客观的形式影响学习者，他们之间遵循一定的协调法则。例如学生的民族成分及家庭背景，会造成学生对双语环境的认知和理解存在一定的偏差。并非所有学生都对学校所设定的双语教学环境给予全面的认可，笔者田野调查的访谈结果就表明，民族地区的汉族学生和苗族学生对苗汉双语教学的认知略有不同。即使是教师精心打造的双语课堂环境，也需要学生的融入与接纳。学生通过个体或团队的作用，促使课堂社会环境不断发生变化，如构建成充满生机的、和谐共生的生态化双语课堂，学生的主体性在这个环境中得到淋漓尽致的发挥，其动态生成性一览无余。

5. 双语教育生态平衡规律

与前面四条规律相比而言，生态平衡规律更具普适性，它也是教育生态学理论中最主要的规律之一。可以毫不夸张地说，离开了"生态平衡"，生态学研究就失去了意义。因此，"平衡"论贯穿本研究的始终，它也是教育生态学研究最主要的特色。生态平衡可以视为一种理念，也可以是一条规律。其定义在前文的第一章理论部分已经进行了详细的阐述，概括起来，生态平衡（ecological equilibrium）是指在一定时间内生态系统中的生物和环境之间、生物各个种群之间，通过能量流动、物质循环和信息传递，使它们相互之间达到高度适应、协调和统一的状态。这也是黔东南民族学校苗汉双语教育所要追求的理想状态。田野调查结果表明，当前黔东南民族地区民族学校苗汉双语教育处于失衡的状态。由此，双语理论研究者和实践者要深入把握生态平衡规律，如掌握动态平衡、整体平衡、相对平衡及开放平衡等特征，从而采取有利的优化措施来改变现状。

研究和探索少数民族双语教育生态发展的基本规律，旨在构建生态化双语教育理论体系，以上规律将贯穿于本研究始终，为推动生态化双语教育实践提供一个可行性的模式，它们最终促成可持续发展生态范式的呼之欲出。

二、可持续发展生态范式

（一）可持续发展观

1. 可持续发展观的概念

可持续发展[①]（sustainable development conception）观起初是由环境生态学家从协调人、社会与自然发展关系的角度提出的。1980 年世界自然保护联盟（IUCN）在全球自然资源保护大会中指出，保护地球要在生态系统负荷范围内发展，提高人类生活质量，并设定了九项发展指标。[②]

它是指既能满足现代人的经济发展需求，又能不以损害后代人的利益为代价的发展战略，实现人与人、人与社会、人与自然的和谐发展。它和我国古代哲学家所提倡的和谐主义思想不谋而合，"和谐"两字都是指音乐的合拍

①　IUCN-the World Conversation Union, the United Nations Environment Programme, World Wide Fund for Nature. Caring for the Earth ［M］. ［s. l.］: ［s. n.］, 1991: 10.

②　范国睿. 教育生态学 ［M］. 北京: 人民教育出版社, 2000: 268.

与禾苗的成长，"和"即是"谐"，"谐"即是"和"，引申为表示各种事物有条不紊、井然有序和相互协调，即《中庸》里所说的"致中和，天地位焉，万物育焉"和《周礼》说的"以和邦国，以统百官，以谐万民"。和谐主义是可持续发展观的基础，核心是发展，要求在严格控制人口、提高人口素质和保护环境、资源永续利用的前提下进行经济和社会的发展。发展也是可持续发展的前提；人是可持续发展的中心体；可持续长久的发展才是真正的发展。可持续发展观也是在马克思主义历史观和发展观中提炼出来的，马克思主义认为，"只要人存在，自然历史和人类历史就不可分割"①。

2. 可持续发展观的原则

学术界比较认可的可持续发展原则有公平性原则、可持续性原则、和谐性原则、需求性原则、高效性原则及阶跃性原则。其中最核心的是前面三条原则。公平性强调各发展主体都有平等的生存与发展的权利，强调各发展主体间的相互尊重。苗汉双语教育发展也是一样，两种语言的地位是平等的。可持续发展原则认为发展是一系列发展阶段组成的"发展链"，各发展阶段是环环相扣的，强调发展的计划性和预测性，且人们要根据可持续性的条件在生态范围内调整自己的生活方式。苗汉双语教育发展也是一个持续发展的过程，且在不同阶段表现出不同的特点，但都要以前面的阶段为基础。和谐性原则也称为共同性或共生性原则，认为发展过程中各个因素具有整体性和协调性。就民族双语教育发展而言，教师和学生、课堂、学校、社会、家庭各个要素之间存在相互依存、相互协调、相互促进以及共生、共荣、和谐平衡、协调发展的特点；在发展过程中，我们要有整体观，既要看到整体，又要着眼于局部。

3. 可持续发展的生态学理论及范式

所谓可持续发展的生态学理论是指根据生态系统的可持续性要求，人类的经济社会发展要遵循生态学三个定律：一是高效原理，即能源的高效利用和废弃物的循环再生产；二是和谐原理，即系统中各个组成部分之间的和睦共生，协同进化；三是自我调节原理，即协同的演化着眼于其内部各组织的自我调节功能的完善和持续性，而非外部的控制或结构的单纯增长。

民族双语教育系统实现可持续发展，可采取以下范式：①把握好双语教育系统是实现可持续发展的前提条件，即基点。②掌握好双语教育系统实现

① 马克思，恩格斯．马克思恩格斯选集（第1卷）［M］．北京：人民出版社，1995：66-67.

可持续发展的原则。③在树立可持续发展的生态意识，并把握双语教育系统发展生态规律的基础上，将生态学主要原理迁移和应用于双语教育实践中。

（二）双语教育可持续性发展的基点

前文对黔东南地区苗汉双语教育的生态结构、功能现状进行了系统的剖析。关键在于如何实现黔东南地区苗汉双语教育的生态化可持续性发展，如何实现黔东南地区苗汉双语教育环境的和谐与优化？从理论上，可以选择以下两种方式：第一，系统本身具有自我组织和修复能力，可以达到自然状态平衡；第二，主动进行生态调节，即借助外力的作用，实现黔东南地区民族学校苗汉双语教育的生态平衡。

显而易见，第一种方式主要适用于自然生态系统，且环境本身的破坏不大。而对黔东南苗汉双语教育生态而言，无论是耗时还是其他方面的成本都显得过大，黔东南苗汉双语教育，作为一种特殊的生态系统，比自然生态系统要复杂得多。在受到强烈外力的冲击下，它很难依靠自我调节来恢复到一种相对稳定的状态，即使是在经历一个较为漫长的演变过程后，都还难以实现理想的初始状态。这是由生态阈值所决定的，生态阈值是指生态系统自我调节所能达到的最大限度值，一旦外力超过了系统设定的最大值，即生态阈值，其自我调节能力会减弱甚至不起作用，导致生态失去平衡。由此可见，对于黔东南苗汉双语教育生态系统这一类型的社会生态系统，要积极主动并适时地采取一定的干预和调节措施。其本质是以可持续发展的，可在国家和地方有关部门，以及学校合力之下，在远离系统平衡态的区域建立有序结构，即耗散结构，或通过一定的方法和策略，帮助系统在临近平衡区域构建新的平衡，完成系统的阶段性演化。

借助外力的作用，实现黔东南地区民族学校苗汉双语教育的生态平衡及可持续性发展的前提是树立双语教育生态意识。关键在于准确把握生态主体—双语教育—环境三者之间的关系，从而从总体上把握黔东南地区民族学校苗汉双语教育生态系统自身生存与发展的规律性。

首先，我们再简单回顾一下教育生态学的相关概念和内涵。正如前文所述，教育生态学是研究和探讨生态环境与教育生态主体之间的关系，而教育活动是人类社会所特有的、以人的实践为对象的社会活动，这就让教育生态与其他生物生态有所不同，又因为教育活动的特殊性，它区别于其他社会生态系统。前文虽然讨论了黔东南地区民族学校苗汉双语教育的生态性和内涵，但树立双语教育生态意识，要求我们从更深的层面来把握生态主体—双语教育—环境三者之间的关系。构成生态主体的教师和学生本质上是人，而双语教育是一种活动，环境构成则是多方面的，既有宏观层面的社会和自然环境，也包括微观层面的课堂教学环境。黔东南地区民族学校苗汉双语教育生态系统是由生态主体、生态环境和生态活动所构成的。在该系统中，构成生态主体的人既有自然性，又具有社会性，而它又是教育的产物，其中黔东南民族学校所实施的苗汉双语教育就是一种典型的教育活动。既然环境和双语教育活动同样存在自然属性和社会属性，那么，生态主体、双语教育和生态环境（不同层面）三者之间是相互联系、相互作用、相互影响的错综复杂的关系。它们共同构成一个复杂的教育生态系统，影响是多向和多元化的，作为生态主体的师生以及作为社会子系统的双语教育生态系统，正是在这样一种相互联系的动态变化过程中，寻求着各自的和共同的发展。

此外，教育生态学研究主要强调生态环境对生态主体的影响，对黔东南地区民族学校苗汉双语教育生态而言，它主要侧重探讨各种层面的环境要素对作为生态主体的教师和学生双语教育的影响。但人具有一定的主观能动性，教育生态学也同时指出生态主体能够适应环境并主动改造环境。这就要求我们摒弃环境决定论的错误观点，18世纪法国旧唯物主义者爱尔维修等人就夸大了环境对人成长的作用。

当然，把握生态主体—双语教育—环境三者之间的关系只是树立双语教育生态意识的第一步，更主要的是要强化这种教育生态意识。将黔东南地区民族学校苗汉双语教育生态系统视为自然生态系统，来研究生态主体在各个环境因子影响下的生存机制，是教育生态学的显著特征之一。

双语教育的生态意识，是指在对黔东南地区民族学校苗汉双语教育生态系统现状进行正确评估的基础上，有危机意识和自觉发展的需求。相对稳定性、平衡性与和谐性是黔东南地区民族学校苗汉双语教育生态系统可持续发展的主要特征，它需要相对较好的生态发展环境。然而，前面的研究结果表明黔东南地区民族学校苗汉双语教育生态发展现状不容乐观，面临生态不平衡等危机。如前文所述，市场经济和全球一体化的冲击所带来的语言生态环境的变迁导致黔东南地区民族学校苗汉双语教育生态环境不断恶化，也面临诸多困难。在这种情况下，强化双语教育的生态意识，显得格外重要。具体来说，我们要把握以下生态范畴，即适应与发展、平衡与失衡、共生和竞争等。

1. 适应与发展

这是生态学中相关联的一组概念，也是生态发展过程中紧密相关的两个方面。适应是指生物有机体对其周围环境的适应度，它包括有机体通过改变环境，使环境有利于自身生存的层面，还指有机体通过自身结构、生活习性、防卫机制等各个方面的改变，来达到适合环境条件的层面；而发展是相对生物有机体自身而言的，在环境的影响下，或相互促进作用下，其形态和功能逐渐变化的过程。和适应相比，发展更有意义和价值，它是有机体系统成长和功能完善的过程。

黔东南地区民族学校苗汉双语教育生态系统的适应和发展都是多层面的。从适应的类型来看，它包括积极和消极适应这两种，而积极的适应才是有利于生态主体发展的，消极的适应只能是庸俗的"适应主义"，它和可持续性生态发展观是相背离的。从生态主体所适应的环境模式来看，既包括其对教育生态系统外部自然环境和宏观社会环境的适应，也包括对微观层面的课堂生态环境的适应。瑞士心理学家皮亚杰（Piaget，1896—1980）的儿童学习适应论也同样适用于黔东南地区民族学校苗汉双语教育。他指出儿童适应环境的过程包括同化（assimilation）与顺应（accommodation）两种不同的方式：同化是指儿童在其与环境发生相互作用的过程中，将客观环境纳入已有认知结构或行为模式中的过程；顺应则是指当儿童原有的认知结构或行为模式已不能使新的经验同化时，便调整原有的认知结构或行为模式，以适应环境变化的过程。① 当然，他们对环境的适应不仅仅表现在认知结构和行为模式方面，还包括其他各个层面。青少年成长和发展的过程，就是不断适应社会和学校环境的过程。同样的道理，黔东南地区民族学校苗汉双语教育在发展过程中也要不断适应周围的环境，而这种发展是可持续性发展，它不但要为民族地区社会的可持续发展做贡献，更重要的是要实现黔东南地区民族学校苗汉双语教育生态系统自身的可持续性发展，尤其是生态主体的教师和学生的发展。

2. 平衡与失衡

平衡（balance）首先是在物理学中被提出的，在力学系统里，平衡是指惯性参照系内，物体受到几个力的作用，仍保持静止状态，或匀速直线运动状态，或绕轴匀速转动的状态，叫作物体处于平衡状态，简称物体的"平衡"。因稳度的不同，物体的平衡分为稳定平衡、随遇平衡、不稳定平衡三种

---

① 皮亚杰. 发生认识论原理［M］. 北京：商务印书馆，1981：177.

情况。平衡永远遵循一个四字原则：动、等、定、变。动：平衡不是一潭死水，是动态的。拿一个蓄水池举例，它是有进水和出水的。等：平衡中得到的与失去的总保持相等。就好像进水总等于出水，才能保持水面高度不变。定：保持平衡的特点就是，平衡总保持稳定。变：当平衡的一边改变时，另一边也会随之改变以达到新的平衡。这些概念和原则也适用于生态学，生态学的平衡是指生态系统的结构与功能、物质和能量的输入和输出都处于一种相对稳定的状态。而在外力的促使下，当它超出生态系统自身调节范围时，就会导致其内部结构和功能的失调，使原有的平衡状态被打破，我们称为失衡（imbalance）。平衡和失衡是生态系统发展过程中两个前后相继、彼此相连的阶段。平衡具有动态性、相对稳定性的特征，平衡和失衡是生态系统诸多关系中两种较为突出的表现形式。教育生态学研究表明，教育生态主体与其环境之间以及不同教育生态主体之间，在生态系统发展过程中，会不断地从平衡到失衡，再重新回到平衡，这样周而复始，循环不断，从而推动生态系统及其事物不断向前发展。这种状态也可以从输入和输出、物质和能量的交换方面体现出来。如果输出大于输入，或物质和能量交换不足，就会影响整个生态系统的平衡。正如前文所述，黔东南地区民族学校苗汉双语教育生态系统的失衡，就主要表现为教学目标不明确、教学模式和方法落后、教材建设滞后以及缺乏政策支持和资金保障等方面。

当然，有时教育生态系统的失衡是必然的，它也不完全是消极的，有时失衡带来的反思就是机遇，在全球化语境、信息时代及市场经济化时代，要用发展的、动态平衡的眼光来审视黔东南地区民族学校苗汉双语教育问题。

3. 共生与竞争

适应与发展、平衡与失衡所牵涉的是教育生态系统和环境的关系，而共生（symbiosis）与竞争（competition）却探讨的是不同教育生态主体的相互关系。共生反映了生物群体之间一种相互合作的、相互依存的关系，它们拥有共同的生存空间，共生又叫互利共生，是两种生物彼此互利地生存在一起，缺此失彼都不能生存的一类种间关系，是生物之间相互关系的高度发展。共生的生物在生理上相互分工，互换生命活动的产物，在组织上形成了新的结构。地衣是众所周知的共生实例，它是藻类和菌类的共生体。除了地衣以外，在生物界的很多门类可以举出许多共生的例子来。昆虫纲等翅目的昆虫和其肠道中的鞭毛虫或细菌之间的关系就是共生关系。系统的资源承载力、环境容纳总量在一定时空范围内是恒定的，但其分布是不均匀的。差异导致生态元之间的竞争，竞争促进资源的高效利用。持续竞争的结果形成生态位的分异，分异导致共生，共生促进系统的稳定发展。生态系统这种相生相克的作用是提高资源利用效率、增强系统自生活力、实现持续发展的必要条件，缺乏其中任何一种机制的系统都是没有生命力的系统。

黔东南地区民族学校苗汉双语教育生态系统的生态主体——学生和学生、教师与教师之间存在共生与竞争的关系。如同学之间在双语学习上相互帮助、相互促进，但在考试时就会转化为竞争的关系。而教师之间也存在类似的共生和竞争关系。在民族学校苗汉双语教育实施过程中，我们要倡导适度和公平的竞争，并由此促进民族学校双语教育发展的有序性和健康性。

适应与发展、平衡与失衡、共生与竞争，分别从不同角度体现了教育生态系统和各个环境因素之间以及各个生态主体之间多元化的复杂关系，把握这些关系有利于提升我们的生态意识。

（三）双语教育可持续性发展原则

原则是指观察问题、处理问题的准则。对问题的看法和处理，往往会受到立场、观点、方法的影响。原则是从自然界和人类历史中抽象出来的，只有正确反映事物的客观规律的原则才是正确的。要实现黔东南地区民族学校苗汉双语教育生态系统的可持续性发展，要在理念和实践上遵循以下六大原则：持续性原则、公平性原则、和谐性原则、整体性原则、以人为本原则及高效性原则。

1. 持续性原则

首先要遵循发展的持续性（sustainability）原则。在生态学上，可持续性是指生态系统受到某种干扰时能保持其生产率的能力，资源与环境是人类生存与发展的基础和条件，离开了资源与环境就无从谈起人类的生存与发展。资源的永续利用和生态系统的可持续性的保持是人类持续发展的首要条件。黔东南苗汉双语教育的发展同样离不开相应的资源和环境。民族地区有关部门在进行双语教育发展规划时，也要合理地配置好人力和财力等资源，以满足双语教育可持续发展的需求。从整体层面来看，黔东南苗汉双语教育可以划分为不同的阶段，且各个阶段的发展不是孤立存在的，而是相互依存、相互影响的，它们共同构成一条"发展链"。我们不但要根据不同的发展阶段制定不同的双语目标，还要注意不同阶段的关联。例如，民委和教育部门在制定和实施学校双语教育政策时要注意衔接性和稳定性。

2. 公平性原则

在教育生态学理论中，发展的公平性是能体现可持续发展精神的核心原则之一。[①] 它强调各发展主体都有平等的生存与发展的权利，强调各发展主体间的相互尊重，少数民族双语教育本身就是教育公平理念的产物，黔东南苗汉双语教育在发展实践过程中要贯彻公平性原则。首先，从宏观层面来看，民族学校要像对待语文、数学等必修科目一样，制定相关制度和政策，从地位、办学定位、教学形式和经费拨付等方面来保障民族双语教育健康有序的发展。其次，在微观的双语课堂层面，领导要给予双语教师公平的待遇，而教师要公平地对待每一个双语学习者。可以说，公平性原则将贯穿黔东南苗汉双语教育生态发展的始终。

3. 和谐性原则

和谐性原则，也有学者称为生态和谐原则，是指我们要以生态学理论为指导思想，生态学研究方法为手段，生态和谐为目标，来剖析黔东南地区民族学校苗汉双语教育生态系统失衡的问题。

首先，我们观察和看待事物要从生态的维度出发。例如，传统教育学仅仅把课堂视为实施教学活动的场所，课堂教学即教师通过课堂中的各种媒介向学生传授知识的过程。如何提高学生的考试成绩是课堂教学所关注的中心问题。但是在生态学上，我们可以将课堂视为一个微观的教育生态系统，从本质上看，课堂教学就是该生态系统内各个生态因子之间或生态主体和生态环境相互作用下能量流动和信息传递的过程。表面上，它关注的中心问题是学生学习效果的提升，而从生态视角进行解读，涉及课堂生态系统结构和功能优化问题。实现黔东南地区民族学校苗汉双语教育生态系统的可持续性发展，要充分把握其生态性，从生态视角认证黔东南地区民族学校苗汉双语教育，并针对系统出现的生态失调等问题，追本溯源，对症下药。同时，要以生态学理论为指导思想。生态学所包含的丰富的理论对黔东南地区民族学校苗汉双语教育的实施具有非常重要的指导意义，但在实践中我们要注意不能生搬硬套，要进行灵活运用。如限制因子理论、生态位理论、生态链法则、最适密度原则和花盆效应等（参见第一章），这些都是经过实践检验，且有利于促进教育生态发展的理论。

其次，要以生态学研究方法为主要手段。生态学是生物科学的一个分支

---

① 范国睿. 教育生态学 [M]. 北京：人民教育出版社，2000：277.

学科，它侧重研究生物与其生存环境的关系。通过一个多世纪的发展，该学科已经形成了其独特的研究方法，如原地观测法和受控实验法等。随着生态学向人文学科的不断渗透，社会生态学、教育生态学等交叉学科不断涌现，在研究方法上也呈现出跨学科的特点。运用生态学的研究方法来探索教育现象和教育问题，是教育生态学研究最主要的特征，但它同时保留了教育科学研究方法的精髓，如课堂观察法、抽样调查法、教育统计法、访谈法、准实验法等经典教育研究方法。需要指出的是，教育生态学研究方法不是单纯地将教育学研究方法和生态学研究方法进行叠加，而是一个复杂的整合或相融合的过程。因此，要将其融会贯通，通过多元化的方法和手段来推动黔东南地区民族学校苗汉双语教育和谐发展。

最后，生态和谐原则要求我们以构建和谐与平衡发展的生态系统为目标，来促进黔东南地区民族学校苗汉双语教育良性化发展。以微观层面的课堂生态为例，它要求课堂教学不仅要关注学生的认知过程，关注知识传授，还要关注学生的情感、态度和价值观，更要关注学生的成长过程和学生的全面发展，为学生的发展提供一个和谐自由的环境，实现教育的生命价值。① 除了对学生全面、个性、自由发展的高度关注外，生态化的课堂还关注教师的专业发展，与学生的全面发展形成良性互动。就黔东南地区民族学校苗汉双语教育的课堂生态而言，它试图对失衡的双语课堂教学进行生态化提升，从而重新实现平衡。从宏观层面来看，黔东南地区民族学校苗汉双语教育生态的发展目标是多方面的，最主要的是建立具有地方民族特色的双语教育系统，包括语言目标、专业目标和社会目标等。其中社会目标是通过双语教育来增强不同语言成员之间的交往和理解，增强不同文化的认同，来促进社会的融合和稳定。

4. 整体性原则

整体性原则来自系统论。系统论是研究系统的一般模式、结构和规律的学问，它研究各种系统的共同特征，用数学方法定量地描述其功能，寻求并确立适用于一切系统的原理、原则和数学模型，是具有逻辑和数学性质的一门科学。系统论、信息论、控制论俗称老三论。系统论认为，开放性、自组织性、复杂性、整体性、关联性、等级结构性、动态平衡性、时序性等，是

① 李森，王牧华，张家军. 课堂生态论——和谐与创造 [M]. 北京：人民教育出版社，2013：62.

所有系统的共同的基本特征。这些，既是系统所具有的基本思想观点，也是系统方法的基本原则。整体统一性原则主要适用于分析复杂层面的事物，黔东南地区民族学校苗汉双语教育系统具有错综复杂性，体现在结构关系、组织与功能等。双语教育教学是一个系统的工程，各个因子的变化都会影响到整个生态系统的发展进程，例如少数民族语言政策的变化和调整会给黔东南地区民族学校苗汉双语教育带来一定程度的影响。因此，系统论、协同论及耗散结构论等系统科学理论都可以引入进来。

整体性原则即积极应用系统科学理论及方法探究双语教育生态，解读其生态失调的原因和机制，并在此基础上进行生态化构建。除了系统论、信息论、控制论等老三论外，系统科学还包括协同论、耗散结构论和突变论等新三论，它们的共同点在于都采用"分析+综合"的研究范式，对其进行动态分析，探寻规律性，既从整体角度看问题，又不忽视局部，妥善处理整体和部分的关系，发挥其最大效能。就黔东南地区民族学校苗汉双语教育生态发展而言，整体性原则主要应用于以下几个方面：如何协调双语教育生态系统中各个因子的关系？如何通过最优控制理论实现双语教育生态最优化？如何发挥合力，使系统失调状态突变，从而建立新的耗散结构等。

5. 以人为本原则

以人为本原则来源于我国古代儒家的人本主义教育思想以及西方的人本主义教育（Humanistic Education）理论。早在2000多年前，孔子说"为仁由己"，仁的境界的实现要靠自己的努力；又说"己欲立立人，己欲达达人"，认为"立人""达人"要以"己立""己达"为前提。儒家的人本意识核心在于尊重人和推崇人，弘扬人的生命存在的意义和主体独立自觉的价值。而这也正是儒家所津津乐道和汲汲追求的东西。虽然儒家没有像西方文艺复兴时代的思想家那样，突出人的个性自由与解放和个体的独立与发展，但也间接指出了人作为个体主体的作用与价值、独立性与主动性。①

人本化教育正式作为一种教育理念被提出是在20世纪70年代的美国教育心理学界，主要代表人物为马斯洛（A. H. Maslow）、罗杰斯（C. Rogers）、弗罗姆（E. Fromm）、奥尔波特（G. W. Allport）等。② 其理论基础是人本主义心理学，它试图通过挖掘人类理智与情感诸方面的整体潜力来确立人的价值。

① 吴式颖. 外国教育史教程［M］. 北京：人民教育出版社，2003：78-80.
② 唐爱民. 当代西方教育思潮［M］. 济南：山东人民出版社，2010：8.

人本主义教育思潮无论有多少理论形态或派别，都呈现出共同的理论特征。这些共同的理论特征使其具有极强的"家族相似性"。就人本主义教育思潮的主流思想而言，其共同特征可以归纳为如下五个方面：第一，都强调以人为本的教育理念，都主张把人作为教育的起点、中点和终点，教育的目的和过程都应以人性的彰显、人的自由发展为宗旨，人的自由、价值、尊严应受到充分尊重。第二，都将人的潜能的充分释放和人的价值的自我实现作为教育的终极目的，将学生的主体地位凸显出来，都注重人性的完满和人格的整全，反对把学生当作任意模塑的工具。第三，都反对单纯的知识教学，强调以情感、意志等非理性因素为基础来开发学生的潜能与精神发展，主张课程的设置与教学的目标应从知识的授受转到人性的优化、人生的设计上来，将道德教育、情感教育、艺术教育、宗教信仰教育作为教育的重要内容；其课程观体现出重人生的意义、轻职业或实利教育的内容，知识的选择倾向于人文学科，课程内容具有崇古色彩，课程组织缺乏严密的逻辑性等特点。第四，在教学方法上，都反对强制性的方法，注重教育过程的人性化，将自我选择、自我判断作为学生自由发展的基石，侧重学生情意的发展、创造力的培养、经验的学习及感受性的训练，主张采用价值澄清法、自我教育法、陶冶教育法、活动教育法、对话法、讨论法等保障学生自由发展的教育方法。第五，在师生关系上，都倡导教学过程中民主、平等、人道的师生关系的重要性，将师生关系视为一种能体现人性色彩、真诚对话、心灵交遇、思想共鸣的"我—你关系"，教师的作用在于帮助学生更好地成为他自己，使其自己决定自我发展的道路。

将以人为本教育原则应用于黔东南地区民族学校苗汉双语教育生态发展，需要把握以下四个方面的内容。

第一，要始终以培养"完整的人"为目标，正如美国教育学家罗杰斯所指出的[①]，教育所培养出来的人应该是个性充分发展的人。这种人具有主动性和责任感，具有灵活地适应变化的能力，是自主发展的、能够实现自我价值的人。要实现这一目标，黔东南地区民族学校苗汉双语教育的课程设计、教材编写、教学模式和方法的选择、双语语言学习环境的构建、师生关系协调、教学评价的实施等方面都要以培养"完整的人"为目标，除了传授双语语言

---

① 曾德琪. 罗杰斯的人本主义教育思想探索［J］. 四川师范大学学报（社会科学版），2003（1）：43-48.

知识及其交际能力外，还要培养其跨文化交际能力、创新能力等。此外，健康的心理和情感以及积极向上的态度也是必不可少的因素。

第二，以人为本教育原则，要求确立学生的主体地位，在遵循双语教学规律的前提下，在双语教学过程中做到一切为了学生，以满足学生的发展需求为首要目标，且发挥他们的主体性作用。这也是继承和吸收了建构主义学习观的内容。教育学经典理论之一的建构主义学习观认为，学习不是从外界吸收知识的过程，而是学习者建构知识的过程，每个学生都在以自己原有的知识经验为基础建构自己的理解。相对于传统的对各种事实性信息及概念、原理的记忆保持和简单应用，它要求学生通过高水平的思维活动来学习，通过解决问题来学习。学习过程中的核心认知活动是高水平思维。问题是不确定的、复杂的、情境化的，解决问题的方式也是多元的。这一学习观认为在教育教学过程中，学生要不断地思考，对各种信息和观念进行加工转换，基于新、旧知识进行综合和概括，解释有关现象，形成新的假设和推论，并对自己的想法进行反思性的推敲和检验。学习者作为学习活动的主人，需要对学习活动进行积极的自我管理和反思。① 在黔东南地区民族学校苗汉双语教育的生态课堂构建的过程中，教师要充分尊重学生的主体性地位，并有意识地增强其主体意识，让他们学会自主学习，而不是被动接受知识的容器。

第三，以人为本教育原则，要求构建和谐发展的师生关系。在前文，罗杰斯强调了民主、平等、人道师生关系的重要性。实际上，和谐的师生关系是黔东南地区民族学校苗汉双语教育生态发展，尤其是生态课堂构建所必需的组成要素。不协调的师生关系是导致双语课堂这一微观生态系统失衡的主要原因之一。良好的师生关系会给作为生态主体的教师和学生都带来好处，它会使教师热情高涨，更加敬业，而学生也会因此对双语学习充满信心和乐趣，积极配合教师完成相关教学任务。怎样构建和谐发展的师生关系，将在后面部分进行详细阐述。

第四，以人为本教育原则，不仅仅要关注学生，也要关注教师的成长。教育生态学认为，教师和学生既是生态系统中的生态主体，又是共生的生物体，师生共生是生态课堂的价值追求。以人为本教育理念的贯彻，首先要关心教师的生活条件及待遇等，其次要着眼于双语教师的专业发展。教师专业

---

① 王锦化，孟庆华，史达清，等. 社会建构主义学习观对我国教师继续教育教学改革的启示[J]. 外国教育研究，2003（1）：18-21.

发展会进一步提升课堂教学质量，而学生在获得收获的同时会进一步增强其学习的信心，更好地和教师合作，他们在双语课堂教学中彼此支持、共同发展，最终形成师生共生的理想状态。

6. 高效性原则

高效性即有效教学，就是在符合时代和个体积极价值建构的前提下其效率在一定时空内不低于平均水准的教学。

有效教学（effective teaching）的理念源于 20 世纪上半叶西方的教学科学化运动，在美国实用主义哲学和行为主义心理学影响的教学效能核定运动后，引起了世界各国教育学者的关注。20 世纪以前在西方教育理论中占主导地位的教学观是"教学是艺术"。但随着 20 世纪以来科学思潮的影响，以及心理学特别是行为科学的发展，人们意识到，教学也是科学，即教学不仅有科学的基础，而且还可以用科学的方法来研究。于是，人们开始关注教学的哲学、心理学、社会学的理论基础，以及如何用观察、实验等科学的方法来研究教学问题。有效教学就是在这一背景下提出来的。

有效教学的核心就是教学的效益，即什么样的教学是有效的？是高效、低效还是无效？所谓"有效"，主要是指通过教师一段时间的教学，学生所获得的具体进步或发展。教学有没有效益，并不是指教师有没有教完内容或教得认不认真，而是指学生有没有学到什么或学生学得好不好。如果学生不想学或者学了没有收获，即使教师教得再辛苦也是无效教学。同样如果学生学得很辛苦，也没有得到应有的发展，也是无效或低效教学。因此，学生有无进步或发展是衡量有效教学的唯一指标。

从专业角度来说，高效性指通过课堂教学，学生获得发展。就其内涵而言，发展指的是知识、技能，过程、方法与情感、态度、价值观三维目标的整合。相对于人的发展这一目标，任一维度的目标都不能脱离整体而单独提供优质服务，缺失任一维度都无法实现真正意义上的发展。其中，知识和技能目标只有在学习者的积极反思、大胆批判和实践运用的过程中，才能实现经验性的意义建构；情感态度和价值观目标只有伴随着学习者对学科知识技能的反思、批判与运用，才能得到提升；过程与方法，只有学习者以积极的情感态度和价值观为动力，以知识和技能目标为适用对象，才能体现它本身存在的价值。总之，人的发展是三维目标的整合，缺乏任一维度，都会使发展受损，但这并不意味着三维对人的发展的贡献是等值的。因而，着眼于人的发展的教学，要根据各学科的特殊性和学生原有基础而有所侧重。就教学而言，一方面要注重挖掘学科教材中蕴含的知识、技能，过程、方法，情感、态度与价值观（静态、凝固、共性），另一方面要注重开发课堂教学中生成的知识、技能，过程、方法，情感、态度与价值观（动态、流动、个性）。

　　笔者认为，高效性原则是黔东南地区民族学校苗汉双语教育生态化发展价值取向之一，构建生态化双语教育体系，其中实效性是其主要考量和评价的指标之一。生态取向下的有效教学认为要将学生的双语学习置身于整个开放、包容和互动的生态系统中，并考虑生态主体、生态环境等各个因子。实现黔东南地区民族学校苗汉双语教育可持续性生态发展，要注重教学的效度和产出效益，协调各个生态因子关系并发挥其各自的作用，以求达到最佳效果。

　　（四）双语教育可持续性发展的生态理径

　　生态理径，是指促使黔东南地区民族学校苗汉双语教育可持续性发展的理论途径，即思路和方法。主要包括：调整系统中各主要生态因子的生态位，发挥双语教育生态系统的整体效应，规避双语教育生态系统环境构建过程中的花盆效应，构建平等互利、相互交融的生态交往关系，重构系统生态化机制与功能，发挥双语教育生态系统的活水效应，利用好限制因子定律及实现正向演替等思路，以优化黔东南地区民族学校苗汉双语教育生态系统的结构与功能，达到生态平衡的目的。

　　1. 调整系统中各主要生态因子的生态位

　　生态位（ecological niche），是指构成生态系统的生物种群及个体所处的时空位置与其发挥的功能，也有学者将其称为生态龛。表示生态系统中每种生物生存所必需的生境最小阈值。生态位的概念在许多方面都有广泛的应用，其中包括教育生态学领域，黔东南地区民族学校苗汉双语教育生态系统中的各个组成要素，如教材、教学模式、教师和学生等都有自己的生态位。合理的生态位是整个生态系统得以正常运转的保证，反之则会导致生态失衡，常见的问题包括生态位重叠、生态位分离、生态位特化等。解决办法在于适时调整系统中各主要生态因子的生态位。

　　随着信息技术的兴起及新时期民族教育的发展，双语教育教师的生态位需要进行调整。在传统双语课堂中，教师仅仅满足于知识传授者的角色，从某种意义来说，教师也是学生知识的主要甚至是唯一来源。但信息技术支撑下网络资源的出现改变了这一局面，借助网络工具，学生也可以成为知识的生产者,虽然民族地区学校网络普及的条件暂时不成熟,但这也是发展的趋势。教育信息技术的出现和教师的传统生态位重叠,在有些情况下甚至出现生态位特化(niche specialization),它是指在食物资源丰富的环境中,消费者选食最习惯摄食的食物的现象。当食物丰富时,取食种类可能缩小,食性趋向特化,生态位变窄。如教师过多地依赖网络资源,虽然减轻了备课的负担,却不利于其专业的发展。

学生的生态位同样需要进行相应的调整。随着信息技术的推广,民族学校双语学习者的角色也在逐渐发生变化。他们不仅仅是知识的被动接受者,在一定程度上,他们也充当了知识的生产者和分解者的角色。在这种情况下,学生要在教师的引导下,进行主动学习,成为知识的构建者,并同教师建立和谐共生的生态型师生关系。此外,针对学生之间在学习方面所存在的激烈竞争,教师要利用生态位分离原理对其加以正确引导,帮助学生找准自己的生态位,以规避恶性竞争。

除了教师和学生的生态位需要进行调整外,新形势下民族教育的发展促使黔东南地区民族学校苗汉双语教育生态系统中的其他生态因子或多或少也出现了一定的生态位变化,如教材、教学方法和模式等要素,这将在后面章节再进行详细阐述。

2. 发挥双语教育生态系统的整体效应

各个单位和因子之间相互联系、相互作用和相互影响,形成一种复杂的结构,在功能上组成一个统一的整体。系统中各组成部分的参数及其变量,彼此间具有相互调节和制约的作用,从而产生整体效应("牵一发,动全身");一种生态行为的产生受到全局性的多因素影响,这都是整体效应的体现。美国在 20 世纪 70 年代提出的生计教育(career education)观,即为从教育的整体效应着眼而提出的教育工程,目的是以全局性措施来改变教育与劳动脱节的积弊。整体效应的另外一个层面类似于协同效应(synergy effects),简单地说,就是"1+1>2"的效应。

黔东南地区民族学校苗汉双语教育生态系统也是一个整体,且分为不同的层次,如宏观层面和微观层面等,那么不同层面的子生态系统也可以视为不同的组成部分,并具有各自的生态特征,虽然它们有不同的生物参数和变量,却能够相互影响和相互制约,形成错综复杂的生态结构。此外,各个因子在相互作用的同时也紧密相连,发挥整体性功能。正是由于各个部分的相互依赖性,才会产生整体效应。自然生态系统的整体效应可以是负面的,也可以是正面的，作为教育生态系统的黔东南地区民族学校苗汉双语教学同样是如此，这就要求我们思考如何利用整体效应的正面影响来发展民族双语教育。例如怎样从双语教育的各个步骤，如政策制定、资金拨付、教材编写等方面入手，来提高民族学校苗汉双语教育的整体实施效果，或怎样通过合理的布局和规划统筹，来实现"1+1>2"的目标。

3. 规避双语教育生态系统环境构建过程中的花盆效应

无论是宏观层面还是微观层面的双语教育生态系统，环境都是影响生态主体发展的重要生态因子。宏观层面包括自然、社会、经济和文化等多种环境因素，微观层面的苗汉双语教学课堂环境也是包罗万象，除了课堂物理环境、学习氛围、校园文化等客观环境外，也包括对生态主体产生直接或间接影响的变量，如教师的双语教学观、学生的态度和行为等。在构建生态化双语教育环境时，要规避不利于其可持续性发展的花盆效应。如教师在教材和教学方法方面存在太大的依赖性，部分民族学校双语教师缺乏创新意识和进取心，按照已有的教学计划照本宣科，如果没有现成教案做参考，他们甚至会不知所措。同样，这种花盆效应也感染了学生，从表面上看，学生在课堂上专心致志地听讲，认真做好笔记并配合教师的教学。但从本质来看，学生缺乏自主学习和主动学习的能力。无论是教师还是学生，传统双语教育环境所滋生的花盆效应较为明显，要打破这一效应，首先要认识这一效应产生的根源，我们认为其最主要的原因是民族地区民族教育体制和民族学校的封闭性或半封闭性。基于此，我们要培育新的开放性的生态环境，并提高师生对环境因子的适应阈值，如给教师和学生更多的自主权，以提高其环境适应能力和应变能力。

4. 构建平等互利、相互交融的生态交往关系

黔东南地区民族学校苗汉双语教育系统的生态不平衡，主要体现为系统内各个因子关系的不和谐。既有生态主体之间关系的失调，也包括生态主体和各个层面环境组成部分的失调。解决的关键办法在于构建平等互利、相互交融的生态交往关系。

以微观层面的课堂生态子系统为例，教师、学生及课堂外部和内部生态环境之间始终处于持续交往的状态。从教育生态学的视角来看，双语课堂学习的本质是学习者个人知识与经验同各种因子互动与交往的过程，这个交往不是简单的交往，而是各类关系的交织体。仅从生态主体的交往出发，它就包括教师个体与学生个体、教师个体与学生群体、教师群体与学生群体、学

生群体与学生群体之间错综复杂的交互关系。该系统内所有的生态要素，教师个体、教师群体、学生个体、学生群体、教学设施、教学方法和模式、教材等各组成部分的交互最终形成了一个复杂的网络结构，该结构流动性越大，表现得越活跃，则表明该系统越趋于稳定和平衡。但现实中却存在交往不协调、交互效果差的弊端，例如学生对双语教学不断增长的需求和教师落后的教学观念及教学手段之间存在的矛盾和差距导致师生之间交往效果不佳。要解决以上问题，就要了解课堂教学交互的属性。该属性分析的出发原点是学生，具体细分为交互对象、交互方式、交互动机、交互意愿、交互力量、交互效果、交互距离等。① 从交互对象划分，教学交互包括外部和内部两种。内部交互是指学习者在学习过程中的自我交往，包括学习反思和知识的吸收及其内化等，它也是决定学习者学习效果的最关键因素。外部交互则涵盖较广，师生之间、学生与外部环境或教学资源之间的交互均属于此类。从交互方式进行划分，它又有直接和间接的区别，直接交互是指学生直接参与的活动，例如师生之间、生生之间的互动；而间接交互是指学生没有直接置身于此的活动，如教师所参与的教材编写和教研活动等。按照交互动机划分，它包括对立性和合作性交互，其中合作性交互才属于良性发展的交往行为。根据意愿的不同，它分为主动和被动两种类型。根据力量的强弱，交往次数较多的是强交互，反之为弱交互。从距离来看，包括远距离和近距离教学交互这两大类，这个距离更加偏重于交往的心理空间距离。交互效果，顾名思义，包含正面交互和负面交互这两大类，前者是有利于黔东南地区民族学校苗汉双语教育系统和谐、生态化及可持续性发展的，后者则起阻碍的作用。

　　构建平等互利、相互交融的生态交往关系，在分析属性的基础上，要采用多元化的交互方式，并借助国家政策的支持及民族教育良性发展等良好契机，构建有利的互动平台，提高交互的正面性效果。以微观层面课堂交互为例，可以从优化参与方式、交互动机、交互意愿、交互力量、交互距离等方面来最终改善交互效果。在参与方式上，我们倡导学生以直接参与为主，即积极主动地参与各项课堂活动，除了和教师的直接交流外，与教材等教学资源的间接交互活动在一定情况下也可以转化为直接交互形式，例如可以利用相关辅导资料进行主动学习，提高自主学习的能力。交互动机培养上，要引导学生朝合作性交互方向发展，且乐于和教师交往，频繁而密切，师生之间

---

① 曾祥跃. 网络远程教育生态学［M］. 广州：中山大学出版社，2011：86.

距离不断缩短，最终彼此之间成为真正的良师益友，他们是平等互利、相互交融的生态交往关系。当然，在这个过程中，环境因素在增强或减弱的交互效应中起重要的作用。由此可见，极佳的课堂自然环境、人文环境等都是生态交往的动力促进者。

5. 重构系统生态化机制与功能

如前文所述，黔东南地区民族学校苗汉双语教育系统是结构和功能的统一体。系统功能的正常发挥既需要相对稳定的结构，反过来也可以促进结构的进一步优化。此外，环境也是影响系统功能发挥的要素，环境和结构两者缺一不可，且相互作用、相互影响。环境的异动改变结构，从而导致系统功能的减弱。调研结果表明，由于语言文化等生态环境的变化，黔东南地区民族学校双语生态系统的关系协调及生态育人功能都在逐渐减弱，要恢复系统生态化机制与功能，需要从调整系统结构和改善外部环境着手。

从生态学理论来看，处于不平衡状态下的系统具有自我组织和修复的能力。系统论也认为在没有外力介入的情况下，系统具有自发增加系统获得组织性和结构有序度的能力，但这只是一个理想状态。这个过程的实现不是无条件的，它要求该系统是一个远离平衡的开放系统，为了让系统远离平衡态，只有外部源源不断地输入能量和物质，才能使该系统及其因子处于一个动态的发展过程，在经历一个周而复始的变化过程后，它慢慢趋于平衡态。在全球化和信息化背景下，黔东南地区民族学校双语生态系统也成为一个远离平衡的系统，如果上级部门和学校对双语教育能够进行持续的投入，那么全球化和信息化这个大环境因子会牵引系统内其他因子在相对空间内往分叉点运动，合成一股凝聚力，最终促成系统的相对平衡状态。以信息化为例，假设民族学校个别教师信息技术驾驭能力不高，起初不习惯且不适应信息化双语教学方法，但随着多媒体教室的普及和学生对现代教学手段的需求，必然迫使其不得不进行主动学习，来提高自己的信息技术水平。这就是一个典型的自组织和自我调节过程，也是系统演化的重要机制。然而，仅仅依靠自组织和自我调节来重构系统生态化机制与功能的时间成本耗费太高，要一劳永逸地解决黔东南地区民族学校双语生态系统失衡问题，还要采取一些主动调节的措施。

以微观层面的课堂生态系统恢复为例，构建基于课堂的生态机制是恢复其生态功能的主要路径。该机制旨在保持或重构理想状态下的系统结构及功能，其中生态主体充当调控者的角色，他们根据系统中某个或某些影响因子的特点和作用方式，主动调控这些影响因子。调控过程遵循"认知—调控—获取反馈—再调控"的模式。[①]

第一步认知是指先掌握各个影响因子的特点及其作用方式，再在此基础上，对症下药，根据不同的因子采取相关调控措施，在调控过程中，注意观察并获取系统对于调控的反馈信息，从而便于进行进一步的调整，最终实现生态化课堂结构和功能。其中调控举措包括预防和修正两种。预防就是未雨绸缪，在观察和预测的基础上，在系统趋向失衡状态下提前采取规避的行为；而修正更多的是一种补救行为，是在系统已经失衡状态下进行的。调控的效果依赖于调控主体的能力，这个能力的构成是多元化的，涵盖对因子的观察与分析能力、制订方案与计划的能力、把握时机及获取反馈信息的能力等。这些能力的提升需要理论学习的加强和实践经验的积累。

重构系统生态化机制与功能的本质是优化各个影响因子的组成结构，协调各个因子的内在关系。具体包括生态化的教学目标构建、生态化双语教材编写、生态教学方法和模式实施、生态化课堂环境氛围构建、生态化师生关系创建、生态社会文化环境优化等。当结构最优化后，系统就能更好地发挥结构优化、关系协调、演化促进和生态育人等各项功能。

6. 发挥双语教育生态系统的活水效应

活水是指有水源而长流不断的水，也指新鲜而没有被污染的天然水，是益于健康的、自动清洁的水，与我们身体细胞内或者周围的水分子团相配。在古文中指静流之水或有源头常流动的水。南宋诗人及教育家朱熹的《观书有感》中的名句曾提到"问渠那得清如许，为有源头活水来"。该句的意思是：这水为何如此清澈呢？那是因为源头总有活水补充，一直不停地流下来。这两句诗表现了作者永不停息的学习精神，现在这两句诗比喻多读一些好书，会让自己思维永远活跃、才思不绝、情操高雅。它其实也蕴含了丰富的教育哲学思想，和教育生态系统的活水效应不谋而合，活水效应是指为了保持生态平衡，外界必须源源不断地输入物质和能量的生态现象，它也泛指生态因子的优化以及生态系统中能量和物质的自然流通。发挥双语教育生态系统的活水效应，要从以下三个方面入手：

第一，发挥活水效应，要对系统内的各个生态因子进行优化，包括生态主体的教师和学生，也包括各个层面的环境因子，如宏观层面的政策因素，

---

① 刘长江. 信息化语境下大学英语课堂生态研究 [M]. 北京：世界图书出版社，2014：130.

中观层面的家庭和社区环境，以及微观层面的课堂生态环境。教师要不断学习，更新教学理念，善于使用新的教学方法和模式。而学生也要培养自己的双语学习兴趣，提高自主学习能力，而双语生态学习环境的构建则需要国家及地方民委、教育部门和学校的共同努力，同时师生也要共同营造良好的双语学习氛围。优化后的生态结构才能促使系统保持相对稳定和平衡。

第二，发挥活水效应，要有持续不断的能量和物质输入作为保障。黔东南地区民族学校双语教育是一个开放的生态系统，它持续不断地和外界环境进行着能量与物质交换的活动。输入主要是指外部能量和物质的输入，例如国家及民族地区有关部门对民族双语教育的资金和硬件投入，即使是一台电脑、一笔为数不多的经费也能为系统注入新鲜的"活水"，保持生态系统正常运转。

第三，发挥活水效应，要实现生态系统中能量和物质的自然流通。生态链定律表明，生态系统中的能量、物质和信息在流通过程中不是一成不变的，它会表现出富集或降衰两种情形。所谓富集是指聚集放大效应，而降衰指逐级递减的现象，以双语课堂的知识传递这一特殊的信息流通为例，教师所汲取的知识传授给学生时难免会出现降衰的现象。尤其是在流通不畅时，降衰现象更为突出。吴鼎福、诸文蔚认为①，以半封闭或封闭状态存在的教育生态系统信息、能量和物质的流通途径呈单一性状态，在不通畅的情况下，整个系统会由于缺乏生机或活力导致系统营养供应不良和发展迟缓。由此可见，扩大黔东南民族学校双语教师和学生的信息源很重要，除了必要的教材外，网络资源和教辅书籍都应当成为他们信息的来源，并且要通过改善环境来减少信息流通中的降衰，创造条件让信息进行富集。

7. 利用好限制因子定律

我们先简单回顾一下限制因子定律的内容，它认为：生态因子处于低于生物正常生长所需的最小量和高于生物正常生长所需的最大量时，都对生物生长有限制影响。生态学上类似的还有耐受性定律，认为任何一个生态因子在数量上或质量上的不足或过多，即当其接近或达到某种生物的耐受限度时会使该种生物衰退或不能生存。以上定律也适用于黔东南地区民族学校双语教育生态系统，系统内各个因子是相互影响和相互制约的，它们最终都会影响生态主体的成长，当影响的程度到达生态主体的耐受限度时，就会转变为

---

① 吴鼎福，诸文蔚. 教育生态学［M］. 南京：江苏教育出版社，1990：206.

限制因子，导致整个系统出现生态不平衡与失调。由此可见，控制系统中的限制因子是保持双语生态系统和谐的重要因素。

控制的第一步是要正确判断众多生态因子中哪些是限制因子或正在转变为限制因子。在黔东南地区民族学校双语教育生态系统中，任何生态因子都有成为限制因子的可能性，其最主要的特征就是它已经成为妨碍生态主体正常生长的因素。以学校双语教育管理和评价制度为例，受应试教育的影响，个别民族学校在双语课程管理和评价制度上存在诸多的缺陷。如少数民族学校的校领导缺乏双语教学管理经验，没有突出管理的特殊性；或根本就不重视双语课程的教学管理，认为管理好语文和数学这些升学科目才是正道，使双语教育管理过于宽松。再者，黔东南地区部分民族学校在双语评价制度上也不完善，缺乏多元化的评价机制，单纯地通过考试成绩来决定教学效果。此外，双语课程的周课时量过多或过少、班级人数的变化等，都有可能将生态因子变为限制因子，引起系统生态的不平衡。

笔者认为可以通过以下两种途径来控制系统中的限制因子。第一种途径是把握各因子发展的可能性，不同可能性的集合被定义为可能性空间。在控制理论上，控制过程可以分为以下三个步骤。首先，掌握事物的可能性空间；其次，在此基础上设定控制目标；最后，通过对某些条件的调控，让事物朝所设定的目标运行。假如教师要控制课堂上学生不专心的情况，如讲小话等行为，首先要考虑上课不认真的可能性空间。如上课不专心的表现有哪些？常见的方式除了讲小话外，还有上课打瞌睡、发呆等行为。此外，哪些同学曾经有过上课不专心的行为，是否会继续不遵守纪律，这些都需要教师提前采取相应的措施进行控制。例如对少数不遵守纪律的同学进行耐心的教育，设法让课堂变得生动有趣，并以此来吸引学生的注意力等。

第二种途径是根据反馈回来的信息进行及时调整。适时调整也是一种控制行为。在黔东南地区民族学校双语教育过程中，调整的主体以教师为主，他同时也是生态主体的主导者，有些学者称为施控主体，而对应的需要控制的因子叫受控主体。在控制过程中，施控主体对受控主体运行可能性空间进行分析，并设定某些条件来控制受控主体，且从受控主体得到反馈信息。反馈结果和受控效果恰好相反，正面反馈则表明调控的力度还不够，而负面反馈则表明调控起到了一定的效果，系统正在朝既定目标运行。双语教学过程中，管理者及教师要善于发现限制因子，并主动采取相应的调控措施，并及时获取反馈信息，评估调控效果。

8. 实现系统正向演替

在第一章的生态学理论部分笔者介绍过生态系统演替理论及规律。就生态系统本身来说，各种类别的生态系统都处于生生不息的发展、变化、演进之中，演替是一种动态化的过程。演替是由内因与外因两个方面共同决定的，外因对于生态演替的影响仅仅作用于表面，内因才是生态系统演替的根本成因。按照演替的方向划分，生态系统演替分为正向演替与逆向演替两种。而正向演替这一过程相对稳定，以自然生态为例，它从最开始的裸地通过一系列的中间阶段，衍生到具备生物群落并且能够与环境相适应的平衡稳定状态，即演替到最后一个阶段。发展至这一阶段的生态系统被称为顶级稳定状态的生态系统，而这一过程衍生出的生物群落也叫作顶级群落。

要实现黔东南地区民族学校苗汉双语教育可持续性发展，必须实现正向演替。怎样才能遵循正向演替原则？我们首先来回顾一下原生演替和次生演替的概念。在从未有过生物生长或虽有过生物生长但已被彻底消灭了的原生裸地上发生的生物演替，称为原生演替（primary succession），又称为初生演替。原来的植物群落由于火灾、洪水、崖崩、火山爆发、风灾、人类活动等原因大部消失后所发生的演替，或由残存的根系、种子等重新生长而发生的演替为次生演替（secondary succession）。简单地说，原生演替就是从没有生命体的一片空地上植被类群的演替，而次生演替是在具有一定植物体的空地上进行的植被演替。黔东南地区民族学校苗汉双语教育历史较长，早在新中国成立初期就已实施。由此可见，它属于次生演替，或者称为后成演替系列（subsere）。和原生演替相比较，次生演替的基质和环境条件比较好，因此，次生演替趋向正向演替的速度和进程更快。黔东南地区民族学校苗汉双语教育生态系统遵循正向演替的原则，首先要克服导致其逆向演替的人为干扰等破坏环境的不利因素。如个别领导过分强调升学比例，对双语教学虚与委蛇、敷衍了事。此外，正向演替对能量输入和营养物质循环也有一定的要求，即要加大黔东南地区民族学校苗汉双语教育的人力、物力和财力的投入，这些都要引起相关部门足够的重视。

第五章　黔东南苗汉双语教育生态系统可持续发展战略

黔东南地区苗汉双语教育生态系统优化的本质是调整生态结构和提升生态功能，其实质是改善生态环境，提升生态主体。前文所述，生态环境是指和人类有着紧密关系，对人们生活与生产造成影响的所有自然力量或功能的总和。对于教育生态环境来说，就是指"对教育形成、发展发挥着重要约束与掌控功能的多个维度与多元的环境体系。教育的生态环境一般都是自然因素和社会文化因素交叉重叠在一起，物质和精神这两个因素相互融合在一起形成一个复合镶嵌式环境体系"①。可以说，各个民族与地区的生态环境会对教育发展方式起到一定的阻碍与约束作用。在漫长的发展过程中，因生态环境影响，贵州各个地区都发展成了一个具有特殊地域的双语教学模式。前文使用教育人类学中一些理论知识，探究了自然与文化等不同层面生态环境对黔东南地区苗汉双语教育带来的一些影响。不同的自然、社会和文化生态环境让民族地区双语教育存在地区、城乡以及民族之间发展不均衡的现象。在实践中要采取措施，来优化黔东南地区苗汉双语教学环境，以促进其良性发展。此外，由于生态结构是由生态主体和生态环境共同构成的，调整生态结构和提升生态功能要发挥生态主体的作用，尤其是教师的主导作用。认为生态主体的提升主要依赖于教师专业的生态化发展与生态化和谐师生关系的构建。生态环境优化分为三个层面：宏观上，要确立生态化的苗汉双语教育目标，优化双语教育政策，优化双语教育的社会语言环境与促进语言的和谐及协同共生机制等；中观层面主要是构建绿色生态校园环境、构建生态化苗汉双语教材体系、实现生态化双语课程评价；微观层面包括双语教学方法和模

---

① 李聪明. 教育生态学导论：教育问题的生态学思考［M］. 台北：台湾学生书局，1989：89.

式的改革、构建生态教室环境、构建课堂生态环境、构建动态生成的生态双语教学过程等。

一、生态主体的可持续发展战略

（一）发挥生态主体的主导作用——双语教师专业的生态化发展

1. 少数民族双语教师生态化发展的基本能力要求

少数民族双语教师发展的出路是专业化。教师专业化发展是指教师作为专业人员，在专业思想、专业知识、专业能力等方面不断发展和完善的过程，即是专业新手到专家型教师的过程。也就是说，教师们要把简简单单的职业变成用一生去努力拼搏的事业，最终成为一种专业。此种解释涵盖了教师的一生历程，把他作为社会人来看待。同时，也包括了教师对自身职业的诠释，要坚持不懈地完善教学能力和专业知识。专业化发展即教师角色转变和素质提升。教师既是双语教学的实施者，又是构建生态化双语教育的生态主体。实行双语教育，提升教学质量，老师发挥着极其重要的功能。双语教育对老师要求比较高。目前从事双语教育的老师，尽管大多数人拥有丰富的民族文化知识，但其汉语掌握水平有限；且缺乏双语理论和跨文化交际知识。此外，还有一些教师并没有得到正规师范训练与民族文化的全面培训。

要达到教育的最终目的，就应该通过教学来实现，而教学也是学校教育当中最主要的形式。教师作为知识的传播者，仅仅掌握相关的专业知识和技能是远远不够的，有了专业知识技能以及教学能力，才能保证教学的目的能够达成。

教育中的教学活动是一种综合性的活动，它将科学与艺术相互结合，在此过程中就要求教学活动执行者——教师，具备相应的实践能力，即教学能力。这也更加凸显了教师教学能力的重要性，只有教师提高自身教学能力，才能推动双语教育事业的发展。具体包括以下五种能力。

（1）妥善处理母语与汉语之间的关系并进行讲授的能力

从上文可知，双语教学并不是以汉语为主的教学模式，有些双语教学主要是用母语进行授课的，只有部分学科是用汉语进行教学，双语教师只有分清了主次，才能进行有效的教学。

（2）充分学习和掌握双语及学科知识的能力

苗汉双语教师要进行教学，就不仅仅要学习自身所教授的学科的专业知识技能，而且要学习相关的语言知识以及双语教学理论等方面的内容。苗汉双语教师只有充分地掌握了相关知识要点，才能够提高教学质量。

（3）整合苗汉双语教学课堂内容的能力

目前我国少数民族地区双语教学教材不太成熟，从实践过程可知，如今双语教学中的双语教材是不太适合黔东南地区进行苗汉双语教学的，所以这就需要苗汉双语教师具备较高的双语教学内容整合能力，对教材进行归纳和总结，选取其中最适合的内容对黔东南苗族学生进行教授。

（4）优秀的双语表达能力

作为一名合格的苗汉双语教师，应该具备流利顺畅的双语表达能力，即在掌握自己的苗族母语以及汉语基本知识的情况之下，还能够利用自己优秀的汉语表达能力对教材知识进行讲述，引导学生，提高学生的汉语应用水平。

（5）营造良好双语教学学习环境的能力

在黔东南苗族地区最主要使用的语言自然还是苗语，汉语对苗族人民来说是第二语言，因此，如果苗汉双语教师能在教学过程当中营造充足的学习氛围，并引领学生进行双语学习的话，就能够促进苗汉双语教学的顺利开展，就能够调动学生的学习积极性，从而实现教学目标。

2. 少数民族双语教师生态化发展的角色转换

（1）从双语语言知识的传授者到课程引导者

教师最主要的角色是授业解惑者，即承担着向学生传递知识、技能，启发他们智慧，帮助他们解除困惑的职责。由此可见，黔东南苗汉双语教师主要是双语语言知识的传授者，但在新的时代背景下，要进一步改善双语课程生态环境，教师角色定位要求更高，不能只满足于传授者的角色，而是课程的引导者，如引导学生制订学习计划，教会双语学习策略等。具体如下：

①各类教学资源整合者

各类生态因子在双语课堂上以网状交互的形态呈现，而学习者的学习资源正来源于此。新课改背景下的双语课堂教学资源丰富多彩，它既包括静态形式的双语文本教材，又涵盖动态的网络学习资源、多媒体课件等，还有教师的教学水平和学生现有知识等。由于教师是双语课堂的组织者，在其中处于主导地位，教学资源整合者的角色理所应当由教师来充当。① 无序的资源只有科学整合才能更好地发挥作用，此外，教学资源也不是多多益善，只有具

---

① 张军凤. 教师的专业身份认同［J］. 教育发展研究，2007（7）.

备一定价值的资源才是学生所需的。

②知识的建构者

建构主义理论认为，知识不是由教师传授获得的，而是学习者在一定的社会文化情境中，借助他人（教师或学习同伴）的帮助，整合各种学习资源，以课堂交往的形式，通过意义构建获得的。由此可见，教师是学习者知识构建的主要促进者。教师要精心设计教学活动，提供给学生亲身体验的机会，让他们自己发现学习的乐趣和价值，创设良好的学习环境，从而促成双语知识和技能的获得。

③学习策略引导者

"授人以鱼，不如授人以渔。"双语教师要教会学生有用的双语学习策略。学习策略（learning strategies）的定义很广泛，有人认为是学习活动或步骤，也有学者将其等同为学习计划。简言之，学习策略就是学习者为了提高学习的效果和效率，有目的、有意识地制订的有关学习过程的复杂方案。按照分类，常用的双语学习策略有元认知策略、认知策略、情感策略等。研究表明，主动采用学习策略有益于语言学习，双语教师要对学生的学习策略多进行正向引导，提高其学习意识，从而提高教学效果。

（2）从课堂知识传递者到课堂主导者

①双语课堂教学的设计者

教学设计是影响课堂教学实施效果的关键因素之一，它是根据课程标准的要求和教学对象的特点，将教学诸要素进行有序安排，确定合适的教学方案的设想和计划。一般包括教学目标、教学重难点、教学方法、教学步骤与时间分配等环节。这项工作首先需要教师熟悉双语课程的理念、教学目标和内容。此外，选择何种教学手段和资源，采用哪种教学方法也是教学设计者要充分考虑的要素，优秀的教学设计者是优秀教师必须具备的要素，想要保证教学设计科学合理，教师就要不断学习和进取。

②课堂活动的组织者

教育生态学视角下的课堂突出教师与学习者，学习者之间，学习者和学习资源、学习环境之间的交互作用，也可以说是能量的流通和循环，而这个过程是由课堂活动来完成的。组织合理的课堂活动能给课堂生态带来生机和活力，在提升课堂氛围的同时提高学生学习的积极性，让学生学会体验学习。在这里教师的组织行为至关重要。教师可以采用多样化的课堂活动形式，如问答法、小组讨论或表演法等，让学生积极融入课堂。

③课堂关系协调者

双语课堂中存在各类错综复杂的关系，如生态主体之间的师生关系、生生关系；主体与环境的关系，如学生和学习资源、学生与课堂环境的关系等。这些关系并不总是和谐共生的，有冲突在所难免。教育生态学的竞争论认为，在相对稳定的生态环境下，由于资源的限制，具有相同资源利用方式的物种之间的竞争难以避免，如有时学生之间会为争夺优势的学习资源产生冲突等。这些关系的协调工作都由教师来完成，尤其要避免关系处理不当时学生所产生的负面情绪。

④学生学习监督和评估者

教师除了在课堂上观察和监督学生的学习行为外，还要对课外作业的完成等情况进行督促。儿童学习自觉性还不高，课堂上难免分心，而有些学生课堂参与度明显不够，这些都需要在教师的监督下进行。此外，尽管生态化双语课堂提倡多元化评价方式，但教师仍是学生学习成效的主要评估者。除了学业成绩的评估，还要把平时表现等纳入进来，尤其是关注他们的成长和进步。

（3）从双语教学人才到教研人才的角色转变

教学人才是民族地区中小学所急需的，学生应试能力强，学校升学比例高，则表明教师的教学水平高。因此，双语教师只要照本宣科完成教学任务即可，教研的任务交给科研院所或教育专家即可。但生态环境是变化的，在教育发展大背景下，民族地区双语课程教师同样不能满足于教书匠的作用，而要充当课程和教学的研究者。例如从课程被动实施者到主动研发者。传统观念认为，双语课程的研发应该由教育行政管理部门组织专家来完成，而教师只需要被动执行就可以。但和谐生态化的双语教学对教师的要求提高了，他们要具备初步的课程研发能力，比如参与编写相关的苗汉双语校本课程。笔者对黔东南地区民族学校的田野调查结果表明，目前所使用的《汉苗语文》大多由相应的汉语《语文》课本编译而成，虽然它暂时解决了教材缺乏的燃眉之急，但忽视了民族差异性。此外，没有一线教师参与编写的教材容易脱离教学实际，会影响教学的实施。除了进行课程和教材的研发外，还要不断钻研教学方法和模式，并掌握一些基本的研究方法。

（4）从纯粹的语言教师到双语双文化人

新时期的苗汉双语教师除了充当语言教师这一角色外，还是两种文化的主动传播者，是跨文化交际的实践者，即双语双文化人。这里的双语指苗语和汉语，双文化指苗汉两种民族文化。双语双文化人，顾名思义，他要对两种语言和文化都非常熟悉，除了能灵活应用双语进行口头和书面交际外，还要对两种文化了如指掌。优秀的双语教师不但自己是双语双文化人，而且要以培养双语双文化人为目标。

（5）从教育者到终身受教育者

全球一体化发展给教育带来了机遇和挑战，新媒体等信息化工具的应用更新了传统教学模式和方法。这也是黔东南地区民族学校苗汉双语教育外部环境变迁的因素之一，除了对双语教师的信息能力提出了新的要求外，教师还必须树立终身学习观。21 世纪，知识和信息发展日新月异，任何学习都只能是阶段性的，不可能达到一劳永逸的效果。教师要做到以下两点，一是要有多元文化观，对各种文化现象具有一定的适应能力，即能满足跨文化交际的要求。二是要重视条件性知识和实践性知识等动态知识的补充。目前双语教师关注更多的还是静态的本体性知识，如课程专业知识，而对教学法和文化迁移等动态内容熟悉度不够。

生态学视角下教师角色是多元化的，除了充当以上角色或角色的转换外，还包括其他角色，譬如学生自主学习的促进者、思想道德榜样等。但我们要注意的是教师的各类角色存在一定的重叠性，但又有主次之分，在某一时间段以某一角色为主，而且要根据实际情况变化不断进行角色的调整。对于现实中教师角色的差距，要采取必要的措施来进行重构，以优化双语教育生态主体——教师。教师专业发展生态化培养是实现以上角色转换的最佳途径。为此，我们要先了解生态化培养模式的内涵，然后阐述其可行性，最后采取策略。

3. 少数民族双语教师生态化培养模式的内涵和可行性

（1）生态化培养模式的内涵

该培养模式的理论基础仍然是前文所述的教育生态学。运用教育生态学来研究双语教育，从整体的、开放的、规律性的视角去分析，有利于双语教育生态系统的优化。① 而教师发展和培养是该系统中重要的子系统，它同样具备整体性、相关性和动态性的特点。由此，生态化教师专业发展模式是教育生态学理论催生的产物，其主要观点或内涵如下：第一，民族地区双语教师

---

① 郭辉. 基于生态学视域的少数民族双语教育研究的研究［J］. 青海师范大学学报（哲学社会科学版），2014（2）：114-118.

专业发展培养不是孤立存在的系统，它是与多方面因素相互联系的，如教师发展所处的外部生态环境等。第二，就教师专业发展的个体而言，虽然其自身在专业发展过程中起主导性作用，但也需要进行教师之间的合作与协同发展。第三，除了对教学过程和实践积极反思外，还要加入教学共同体。第四，要构建民族地区双语教师专业发展生态文化，形成良性循环。第五，民族地区双语教师专业评价具有生态性。

（2）生态化培养模式的可行性

首先，美国等西方发达国家在这方面的实践经验为我们提供了借鉴作用。美国的教师专业发展学校（PDS）所采用的就是类似于生态化的培养模式。[1]它以"合作、创新、一体化"为主要理念，注重培养的系统性和连续性，即动态发展的理念。例如教师教育的职前培养与在职培训紧密结合，由此为教师教育持续性发展开辟了新途径，凸显教师专业发展一体化、终身化的特色，和传统大学本位教师教育模式相比，具有创新性和高效性。国外类似的培训中心还有美国专业实践学校（PPS）、医学院的临床学院（CS）、美国专业发展中心（PDC）等，都致力于专业的教师培训，且体现了生态主义的理念，在促进教师专业水准提高的同时也创设了良好的教师发展生态环境。[2]

其次，如火如荼的新课程教学改革和国家针对民族教育发展所制定的一系列扶持性的优惠政策为教师生态化培养模式的实施提供了现实的保障。目前，民族地区教育新政策也涉及了教师发展新举措。如提出民族地区和学校是教师专业发展的主要平台，要加强教师职业生涯的规划与指导，采取各种形式保障教师的专业发展和教学发展。此外，教师自身要与时俱进，更新理念，主动适应教育的发展潮流，跟上新技术发展。譬如不断提高使用信息技术的意识、知识和能力，并充分利用信息技术，积极创建多元的教学与学习环境。这些都与生态化教师培养理念不谋而合，与时俱进地体现了动态生成的生态教育观。动态生成不仅仅是构建生态化课堂所必需的，也是教师专业生态化培养模式的重要特征之一。值得关注的是，动态生成是真实条件下的生成，而不是形式上的生成。该过程能激发教师提升自我的主观能动性和创新思维，从而适应民族地区双语教育生态系统在新时期的发展。再者，国家对民族教育，尤其是双语课程的重视也为民族地区双语教师生态化培养模式

① 许建美．浅议美国的专业发展学校［J］．外国教育研究，2002（3）：56-59.

② ALTRICHTER H. The Role of the "Professional Community" in Teacher Research ［J］．Educational Action Research，2005（1）：11-25.

的构建和实施提供了契机。

4. 双语教育生态主体角色重构策略（教师专业发展生态化培养）

由于教师是双语教育生态主体，对其进行角色重构是新形势下推动双语课程发展的必然选择。本质上是采取生态化措施促使教师实现多元发展，可以从生态化理念更新、教师培养体制创新、双语师资培训创新等方面来实施。

（1）进行生态化理念更新，为角色重构做铺垫

①教师要树立专业生态发展的自我意识

与传统教师专业发展理念相比，教师专业生态思想更先进。它将生态学的可持续发展观引入教育学领域，认为理想状态下的教师专业发展是和谐、稳定和积极的，而不同于当前民族地区学校普遍存在的功利主义教师专业发展观，认为教师专业发展是被动的过程，提高教学水平的唯一目的是晋升职称和提高薪酬水平。另外，专业自我意识包括两个方面的内容，第一是对教师职业及其发展内涵的认识，即作为一名双语教师需要具备何种素质和能力，怎样才能提升自身的职业技能。第二是对自我的评价和定位，即身份认同的问题，广义上还包括中长期的职业规划与发展。民族地区教师要树立专业生态发展的自我意识，就要对自己进行准确定位，在客观地评价自己的同时，也将其他教师发展现状、学生评价以及学校专业发展生态环境相联系，这样才充分体现了生态化下的自我发展意识。

②树立生态主义教学观

A. 制定生态化的教学目标

苗汉双语教学是为了培养合格的苗族双语人才，主要任务就是塑造生态的、和谐的人才。所以，黔东南苗汉双语教师应该制定促进学生生态型发展的教学目标，注重在教学过程中学生发展的全面、和谐与可持续性。苗汉双语教师在教学实践中注重培养"生态人"，能够达到与自然环境、社会和自身和谐相处。

B. 选择生态化的教学内容

实施苗汉双语教学的目的就在于培养具有双语知识能力的人才，因此教师们就需要从整体上把握教学内容，明确教学中的重点难点，根据不同学生的实际水平进行具有针对性的教学，增加灵活性，以此实现学科教学的目标。

C. 使用生态化的教学方法

根据目前的实际情况，我国双语教师采用的课堂教学方式是比较传统且普遍的，以教师的讲授为主，很少有师生之间的互动交流，这样的教学方法

难以激发学生的学习兴趣。如果苗汉双语教师运用新颖的教学方法，采取创新型的策略，就能够使苗族学生对双语教学产生兴趣并积极参与课堂教学。

③树立终身教育观

知识经济时代已经来临，任何人都不可以在封闭状态下求发展。[①] "问君那得清如许，为有源头活水来"，民族学校的双语教师首先要有终身学习的理念，除了不断扩展专业知识外，先进的信息技术、教学方法和理念都是要汲取的东西。

④双语教师要有创新意识和反思能力

创新才会有发展，教学创新是推动双语教育稳步发展的源泉。因此，民族地区双语教师不能安于现状，要树立创新意识，主动钻研教学中出现的新问题，并进行反思，把反思和创新相结合，就能找到解决问题的办法。

（2）进行教师培养体制创新

要提高双语教师的综合素质，促成其角色重构，需要进行教师培养体制创新。目前大部分少数民族双语教师毕业于 20 世纪 80—90 年代的高等或中等师范学校，他们接受的是传统师范教育模式。该模式是借鉴苏联高等教育模式构建的，即侧重"专业型"人才培养，且重理论而轻实践，导致毕业生知识面狭窄，与新时期双语教育发展趋势不相适应。要培养双语师资，师范院校就要全面创新人才培养模式，"宽口径，重实践"是主要办学方向。苗汉双语师资主要毕业于苗语语言文学专业，据此可以开设目的性强的苗汉双语师资方向，在课程设置上既要体现特色，又要注意全面性。传统的专业课程如《现代汉语》《综合苗语》是必不可少的，除此以外，还要开设《跨文化交流》《双语理论与实践》等实用性强的素质课程。再者，教学实践是决定今后教师素质能否提升的重要因素，它使师范生终身受益。因此要改革教学实习模式，一是要把这项工作落到实处，而不是流于形式。二是要建立相关的评估和考核机制，以促进实践教学的发展。

此外，要建立一整套完善的双语教师资格认证的制度。当前黔东南地区的双语教师的来源主要有两个方面，一是学校原本的汉语教师或者相关学科教师转变来的，二是从人才市场招聘得来的。两种类别的苗汉双语教师虽然具备了优秀的语言素质但教学能力都不高，没有办法出色地完成双语教学的任务。所以，有关的教育行政部门应该制定双语教师政策，建立苗汉双语教

---

① 任其平．论教师专业发展的生态化培养模式［J］．教育研究，2010（8）：62-66．

师就职时的资格认证机制，这样一来，在进行考核的过程当中，苗汉双语教师的能力就能够得到相应的提高，还可以避免因为过于片面追求汉语的及格率而忽视了教师的教学能力。

（3）双语师资培训创新

①与时俱进，更新培训内容

传统双语教师培训内容比较狭窄，仅局限于苗语语言文化及教材教法方面的内容。新时代背景下双语教师培训的内容应该是丰富多彩、多元化的。至少要涵盖传统的双语语言知识，还要涉及多元文化视角下的跨文化交际技能和双语课程研发相关的知识、信息技术等。这些内容都要求规范化和具体化。

②创新双语师资培训方式

从田野调查的结果来看，教师普遍反映现存的双语教师培训方式比较单一，主要以讲座式为主，不可否认，该方式具有节约时间、信息量大的优势，但同时显得枯燥乏味，参与培训的学员缺乏亲身体验。由此，我们要引入并借鉴西方国家的教师培训法，并在此基础上结合民族地区教师发展实际进行创新，研讨式和参与式培训法都是不错的选择。尤其是参与式培训法，近年来受到教育界的青睐，它让教师参与某个培训项目中，与别的参与者用心灵进行沟通，包括自己的体验和收获。它最大的优势在于考虑教师的实际需求，真正地融入培训全过程。从现有案例来看，它有利于发挥教师的积极主动性，是一种有效的教师培训方式。

（4）构建良好教师发展生态文化，打造教学共同体

它既需要优化微观层面生态环境如课堂和学校教师发展环境，也要关注宏观方面的生态影响因子，如民族地区双语教师专业发展培训制度的建设，其核心是营造良好的教师文化氛围。它特指在教学过程中所积累的教师价值观及相关行为举止。具体包含其职业观、道德观和教育理念及实践活动。它既是社会文化的一种类型，又是学校文化的重要组成部分，它受社会文化和校园文化的约束，同时反作用于社会和学校，尤其是对教师自身的发展至关重要。优良的教师文化能促进教师专业发展，它以教师专业发展共同体的形成标志，体现先进的教育教学理念、前沿的教学形式和方法、积极的成长模式等内容。①

---

① 熊梅，马玉宾. 校本课程整合与合作的教师文化生成［J］. 教育研究，2005（10）：49-54.

首先，先进的教育教学理念是民族学校教师专业发展的基础，它的形成是宏观环境和微观环境与生态主体的教师共同作用的结果。因此，国家和民族学校要向教师传达和灌输最新的教育理念，促使教师更新教学观念。此外，管理者要营造民主、和谐的教师发展氛围，从而激发教师专业发展的积极主动性，并尊重教师发展规律，进行人性化管理。其次，要鼓励教师合作发展，实践证明合作是最好的发展形式，其最高境界是形成"教学共同体"（teaching community）①，即教师们通过合作的方式，在教育教学实施过程中动态生成的具有共同积极目标与行为的团队或群体，它是教师文化发展到高级阶段的产物，也为教师专业发展搭建了良好的平台。这个合作平台由管理者、专家、教师和知识信息组成。其中教师处于核心地位，他们在相互合作的同时也与平台中的其他要素进行互动。管理者是协调要素，专家是助学者，而知识和信息是教师专业发展必备的营养要素。在这个平台中，教师之间优势互补、资源共享，有利于发挥合力优势，最大限度挖掘教师的潜能，解决教学中的实际问题，近年来教学共同体在美国等西方国家备受青睐，且取得了良好的实施效果。从可操作的角度来看，民族地区双语教师专业发展共同体可表述为：第一，教师文化与思想道德建设；第二，教师教学技能的共同发展，包括教学能力、信息素养等；第三，教研水平提升及相关专业知识更新，包括教学交流等形式。而合作观贯穿始终，实际上，这个过程是在相互尊重与信任的基础上，水到渠成地形成和谐生态的教师文化圈。②

（5）发挥各生态系统协同进化机制，促进民族地区教师专业发展

其理论依据是教育生态学的协同进化观（coevolution），它是指两个相互作用的物种在进化过程中发展的相互适应的共同进化。③ 一个物种由于另一物种影响而发生遗传进化的进化类型。协同进化是生物与环境的交互关系，是一种协同关系。民族学校双语教师专业发展所处生态系统的协同进化机制体现在"协变性"和"共生性"。有关民族学校双语教师专业发展的各个系统及其内部生态因子之间相互作用、相互影响，一方的变化导致另一方发生协

---

① SCHEPENS A, et al. Studying Learning Processes of Student Teachers with Stimulated Recall Interviews through Changes inInteractive Cognitions [J]. Teaching and Teacher Education, 2007 (23): 55-59.

② 关文信. 西方教育生态学理论对课堂教学监控的启示 [J]. 外国教育研究, 2003 (11): 1-4.

③ 李俊清. 九十年代生态学的重要观点 [J]. 生态学杂志, 1995 (1): 72-75.

同变化，就是"协变性"。例如，民族学校双语学习者的学习态度和课堂表现也是影响教师专业发展积极性的直接因素之一，如果学生勤学好问，必然会促使教师主动提高自身的专业素养和教学水平，以满足他们的需求。反之，如果学习者对双语课程的学习毫无兴趣，长期面对"一潭死水"般的课堂，教师也会产生职业倦怠心理。① "共生性"则要求构建国家—民族地区—民族学校联动的双语教师专业发展共同体，国家和民族地区要从政策和资金等方面来推动其发展，如建立民族学校双语教师培养专项基金和管理制度，加强地区与地区、学校与学校之间的教师合作，并实施教师业绩动态评价和人才库建设。此外，为实现教师角色转换和发展，各级政府应该制定相应的法律法规，给苗汉双语教师专业化发展提供良好的环境，稳定苗汉双语教师的队伍规模，并且减少教师们在教学中的压力。如前文所述，政府可以加大培训，通过建立学习团体，使苗汉双语教师专业知识、技能及能力得到发展，以此来提高苗汉双语教师的教学能力。

总之，根据外部环境进行角色转换及实施生态化培养模式，是促进民族学校双语教师专业发展的必由之路，具体实施策略还须在实践中不断探索。

（二）创建和谐共生的生态型师生关系

在教育生态学中，教师和学生都是生态主体，但他们所发挥的功能有所区别，虽然教师是生态课堂的主导者，但学生的地位也不容忽视。学生被认为是双语生态教育系统中最关键和最活跃的生态因子。然而，民族学校教师没有看到学生在该系统中所起的重要作用，依然实施"教师中心论"。教育生态学视角下的教学活动具有双边性或多边性，传统的课堂教学是教师的教和学生的学，生态化的课堂则是各个生态因子互动和组合的过程。其中教师和学生关系是和谐共生的，教师是学习的组织者、引导者和促进者，而学生是平等的参与者、探究者，他们是互为主体、和谐共生的关系，一起促进双语课堂生态平衡。

1. 和谐共生师生关系的必然性

和谐共生是良好生态环境或生态系统的典型特征。② 无论是东方还是西方，和谐的概念或理念由来已久，它是生态哲学和生态教育学中所追求的理

① 郑英. 课堂：请走出"伪生成"的沼泽 [J]. 中国教育学刊，2008（3）：60-64.
② 张倩如. 江苏古代教育生态 [M]. 南京：凤凰出版社，2005：85.

想境界，也是中华传统文化世界观的重要组成部分，它最早由我国古代哲学家庄子提出，《礼记·中庸》也提出"致中和，天地位焉，万物育焉"，即达到"中和"的境界，天地便各在其位了，万物便生长繁育了。我国现代哲学家也对此持肯定的态度，著名哲学家张岱年认为和谐主义观是中国哲学的核心价值观。① 西方的古希腊哲学中也存在类似的理念，毕达哥拉斯、赫拉克利特、亚里士多德等都先后提出了和谐主义的观点，毕达哥拉斯以灵魂和谐说为代表，只是朴素主义的和谐观，而赫拉克利特则进一步扩展了和谐的内涵，他认为和谐不是各个分散部分的外在联合，不是同类事物的堆积，而是性质不同的事物之间的相互作用，是它们基于本质的内在统一，是自然万物的对立面的统一。亚里士多德吸收了两者的观点，认为和谐的本质是对立面的统一，指出生命体即灵魂和肉体的和谐统一体，由此西方和谐主义观完全成熟。

哲学是世界观和方法论，和谐主义哲学观对解决当前生态危机具有重要的指导作用。生态不平衡的本质是自然界与人类的不和谐导致的。在生态学上，与"和谐"相类似的概念是"共生"，它是指两种或多种生物之间相互依赖、共同生存的关系。过程哲学中的整体论体现的就是"共生"思想，它摒弃了二元对立思维，认为人与自我、人与人、人与社会之间的关系是互动和整体的关系，共生不主张恶性竞争，而是用合作的方式来求生存和发展，实现共赢。

创建"和谐共生"的师生关系既是社会发展的必然，又符合教育生态发展规律。双语教师在课堂中充当多元化的角色，亦师亦友、良师益友这些词语都是用于描述健康的师生关系的。事实上也是如此，笔者田野调查访谈结果表明，少数民族学生对双语课程的满意度在一定程度上取决于教师的态度和行为。此外，课堂也是一种微观的社会生态环境，师生关系是学生在这个特殊社会环境下所接触的主要社会关系，学生对社会的了解，也和师生关系密切相关。由此可见，和谐共生的师生关系是生态化双语课堂构建的主要因素之一，对促进双语教学也有积极的意义。但在实际教学过程中，教师往往忽视了这一点，或认识出现偏差，走向两个极端。有些教师认为自己具有绝对的权威性，在课堂上不允许学生质疑，或过于严厉，重批评惩罚而轻表扬鼓励，重学业成绩而轻思想教育；还有的教师则对学生过于放松，或对学生不闻不问，或纵容学生的错误，要消除师生关系中这些不和谐的因素，要从

---

① 刘军平. 张岱年哲学思想研究［D］. 武汉：武汉大学，2005：32.

认知和实践两个层面来采取相应措施。

2. 和谐共生师生关系的内涵和特征

"和谐共生"师生关系有其本身的属性，体现在以下方面。

（1）学生是成长的个体，处于主体性地位

承认学生的主体性是构建"和谐共生"师生关系的前提，国外著名教育学家卢梭和杜威主张学生的发展是一种自然的过程，教师不能主宰这种自然发展的过程，而只能作为"自然仆人"。同时他们还认为，学生的发展是一种主动成长的过程，教师的作用只在于引导学生的学习兴趣，满足学生的个人需要，而不是直接干预学生的学习。他们还认为学生只能从个体经验中获得发展，由直接经验获取所需知识。因此，教育过程不应由教师直接进行，而应放手让学生自己经验或体验。其实早在 20 世纪 80 年代，我国的著名教育家叶圣陶也提出了类似的观点。他主张"教师之为教，不在全盘授予，而在相机诱导"。这也表明了教师要尊重学生的主体地位。但需要强调的是，学生是双语教学的主体并不等于"学生中心论"，即过分突出学生的主观能动作用，在实际中还需要教师的引导。

（2）教师的主导性

同样要澄清的是，教师主导性虽然强调教师的重要地位，但不能和"教师中心论"混为一谈，"教师中心论"的代表人物是德国教育家赫尔巴特。"教师中心论"强调教师在学生中的权威作用，一切教育活动的基础都应以教师为中心。在教育过程中，不能把学生的自由当作手段，而应当作过程的目的和结果。"教师中心论"强调教育活动要以教师为中心，抹杀了学生的主观能动性和主体地位；而"学生中心论"强调教育活动要以学生为中心，抹杀了教师在教育过程中的主导作用，因而都是错误的。教师的主导作用和学生的主体地位是辩证统一的。强调教师的主导作用不能建立在否定学生的主观能动性的基础之上，同理，强调学生的主体作用也不能排斥教师的主导作用。教师的主导作用的重要内容就在于充分强调学生的主观能动性，实现个体社会化的培养目标。而学生在学习中发挥主观能动性，正是教师自发诱导、鼓励帮助的结果，亦即教师发挥主导作用的结果。

（3）相互依存与视界融合性

在生态化苗汉双语课堂中，作为生态主体的教师和学生不是孤立存在的关系，他们是相互依存的。自然生态系统中动植物是相互依存、互利共生的，它是两种生物彼此互利地生存在一起，缺此失彼都不能生存的一类种间关系，是生物之间相互关系的高度发展。共生的生物在生理上相互分工，互换生命活动，并在组织上形成了新的结构。地衣是众所周知的共生实例，它是藻类和菌类的共生体。师生关系与此相类似，只有学生取得进步和获得成功，教师才能实现自己的人生价值，也就是说教师的职业发展和规划要以学生为基础。同样，学生的发展离不开教师的正确引导，可以说，师生关系的实质是双方在共同探求真理道路上结成的伙伴关系。视界融合，是从生态哲学的角度来阐释的，视界融合指对同一个对象，人们理解的视界不是封闭的，而是开放的、不断生成的。理解者对对象理解的视界同历史上已有的视界相接触，形成了两个视界的交融为一，达到"视界融合"。在教育学上指师生之间的默契感和相互信任的关系，中国古代教育观的"亲其师，信其道"就是这种境界，亲近自己的老师，才能相信他讲的道理；只有学生对老师有好感才能乐于接受老师的教诲，才能构建"学而不厌、诲而不倦"的良好氛围。"亲其师"是学生和教师视界融合后的一种状态。师生视界融合需经历一个过程，它由一点融合，到两点融合，到多点融合，以至基本融合，这就是"序"。

3. 双语教学中和谐共生师生关系的构建路径

（1）在体现学生主体性的同时构建主体间性

主体性思想起源于文艺复兴时期对神学权威的质疑和挑战，它代表人们意识的觉醒，打破了封建束缚，使人的尊严和价值被认可，才能得以发挥，促进人的全面发展。但过分强调主体性也会带来一些不利因素，例如人类自认为是万物之主，为了追求经济利益，对大自然生态环境进行破坏，失去人的多样性等。由此可见，主体性不是无限的，而是有限的。基于此，哲学家胡塞尔提出了主体间性的概念，他认为先验的自我变成了主体间的自我，世界于是变成了主体间的生活世界。伽达默尔则以此提出"视界融合"为中心的阐释主义哲学；哈贝马斯的交往行为理论也涉及了主体间性，由此主体间性逐渐代替了主体性。所谓主体间性，是主体通过发挥自己的主体性和其他主体所体现出的一种属性，它是两个或多个个人主体的内在相关性。因此，在苗汉双语课堂，教师既要发挥自己的主导性，又要重视学生的主体性。例如在教关于苗族文化介绍的课文时，可以要学生自己先做好预习，注意发挥他们的主观能动性，部分内容可以通过自主学习的方式完成。

（2）角色转换，移情体验

移情是指当一个人感受到对方的某种情绪时，他自己也能体验到相应的情绪。在黔东南双语教学过程中，要构建和谐共生的生态型师生关系，教师和学生要学会换位思考。教师首先要尊重学生，心理学研究表明，当一个人在生存需要、安全需要以及归属和爱的需要得到一定程度的满足后，就会重视名誉、地位和成就，即所谓的尊重感。教师尊重学生是创建和谐共生师生关系最基本的要求，也是移情体验的基础，教师要尊重学生的人格和选择，而学生也要尊重教师的劳动和付出。相互尊重以后，他们再进入深入的移情体验。除了尊重外，教师要熟悉学生、理解学生、信任学生，即真正走入他们的内心世界。学生则要感受到教师的爱，同时要用更好的行为来回报教师的爱，要乐于和教师交流，从而达到水乳交融的效果。

（3）构建轻松、愉悦和民主平等的师生关系

轻松、愉悦和平等的教学氛围是让双语学习者树立自信和开展学习的前提。教育生态学理论认为师生在教学过程中作为生态主体地位是平等的，他们都有着不可替代的作用和价值，[①] 因此，师生之间平等和谐的关系是生态双语教学的基本特征。教师要创建和谐的教学氛围以保证教学行为的有效实施，这也是发挥学生创造力的前提。在传统的苗汉双语课堂上，师生之间缺乏平等对话的机会，如果要建立平等的师生关系，教师就要改变观念，要用正确的视角来看待教师的权威性，权威并不代表学生对教师的绝对服从，教师要把学生作为平等的主体，注意发挥学生的主观能动性。教师要不断充电，树立终身学习的观念，随时更新自己的知识体系。此外，教师要用自己的人格魅力感染学生，如果对学生付出更多的责任心和耐心，自然而然会确立教师的权威地位。再者，和谐的教学氛围还需要教师给予学生足够的尊重，要每一个学生都感受到教师的关怀和爱护，只有这样，他们才愿意敞开胸怀、打开心扉，愿意与教师交流，从而活跃双语教学课堂，促进学习。

在生态化双语教学课堂中，和谐的教学氛围的创建需要师生之间双边互动，在这种氛围影响下，教师和学生是相辅相成的关系，通过共同努力来实现双赢，一方面，学生的双语水平不断取得进步；另一方面，教师的教学能力也与日俱增。

（4）以对话的形式扩大师生交往

对话是和谐师生关系的主要交往形式，他和教师主导性是不矛盾的。对话的产生依赖于生命之间的差异性，如果不承认、不尊重这种差异性，就没有对话的前提。然而，对话教学并不是一味地接受这种差异性。双语课堂的

---

① 邓小泉，杜成宪. 教育生态学研究二十年［J］. 教育理论与实践，2009（5）：12-16.

师生在进行对话时，分别发挥他们的主体性，最终成为主体间性，构建相辅相成的共生关系，从而实现双边的意义构建，即和谐共生的师生关系变成交流对话的创造物。此外，在对话的同时，教师要放低姿态，主动扩大师生之间的交往面，尊重和关爱学生。例如，针对苗族学前儿童学习汉语普通话的困难，教师课后可以主动询问学生的困难之处，从而对症下药，提高教学效果。与此同时，教师要显得更有亲和力，才能拉近师生之间的距离。

（5）教师要对学生采取合理的评价方式

双语教学中，怎样对学生的言行进行评价也会影响师生关系的优劣性。评价是一门艺术，对于学生的正面行为和进步，教师要毫不吝惜使用赞美的语言，而对学业成绩表现差的学生，也不能使用过多的负面性语言，要经常使用鼓励性语言，有时教师一个偶然的鼓励会给学生带来勇气和信心。此外，教师的评价一定要客观和公正，避免主观性，所谓主观性评价，即以教师的主观认识和已有的经验来评价学生，由于评价存在偏差，这样会对学生的心理产生负面影响，继而不利于构建和谐共生的师生关系。①

二、优化宏观层面双语教育生态环境

（一）确立生态化苗汉双语教育目标

1. 目标定位原则

双语目标是多样化的，譬如语言目标、文化目标、学生发展目标、教育规划目标等。W. F. 麦凯、M. 西格恩在所著的《双语教育概况》中提出了双语教育的目标体系，分为语言目标、专业目标及社会（文化）目标。② 黔东南地区苗汉双语教学生态化教学目标可以在此基础上进行构建。就黔东南民族地区苗汉双语教学目标来说，其定位时必须以文化传承和实现素质教育为出发点与落脚点，实现精准高效。整合各个地方、学校以及科目的具体现状，明确长远与近期目标，有规划、有条理地实施。黔东南地区苗汉双语最主要的目标是在苗族语言文化传承的同时培育出一大批具有高素质的民汉双语型人才。其教学目标不能过于单一、重复，而应该是多元化的，一般涵盖语言、

---

① 杨霞. 中学化学生态化民汉双语教学的调查与分析［D］. 乌鲁木齐：新疆师范大学，2008：27.

② W. F. 麦凯，M. 西格恩. 双语教育概况［M］. 北京：光明日报出版社，1989：158-163.

知识、课程、思维、文化以及社会等方面。①

2. 双语教育的主要目标

（1）黔东南地区苗汉双语教育的语言目标

在语言方面，W. F. 麦凯、M. 西格恩认为，双语教育要实现以下目标，学习者在应用系统所包括的两种或多种语言技能上提高到一定的熟练程度。而我国少数民族双语教育体系的复杂性，决定了语言目标的多样性。我国少数民族双语教育体系的语言目标分为以下几类。② 第一类要求学生掌握主要教学语言（本族语和汉语）的一切方面，对两种语言达到同样程度和平衡的掌握；第二类要求掌握一种主要的教学语言即可，这种教学语言或者是汉语，或者是本族语，对非主要教学语言只需要达到依各种情况而定的一定熟练程度，即两种教学语言的掌握不平衡；第三类是由于少数民族没有文字，或者虽然有文字但使用有限，因此只需要达到掌握口语的程度，而对汉语和汉字则要求必须全面掌握。汉语在我国处于强势地位这一客观事实决定了我国民族地区双语教育语言目标体现为以下两个方面，第一是汉语和少数民族语并行，第二是以汉语为主、少数民族语为辅。由于苗语比较特殊，之前并没有正规的文字，加上黔东南地区苗语生态环境的限制，大多数民族学校都是选择以汉语为主、少数民族语为辅的双语教学目标。但即使是在黔东南地区，不同学校由于所处的微观生态环境的不同，教学目标也有差异性。就笔者所调研的台江县番省小学而言，由于苗语在家庭中使用较多，所以开设双语的主要目的还是在于辅助汉语教学。而凯里市郊区的挂丁小学开设苗汉双语课更多是出于语言保护和传承的角度。笔者认为，黔东南苗汉双语教学应设定如下语言目标：第一，在维持学生苗语（母语）并让其不断提升的前提下，培育与提升少数民族学生灵活掌握汉语的能力，简单来说就是实现"民汉兼通"的目标。第二，要构建双语甚至是三语教育的课程体系，在学前阶段形成母语或母语和汉语的基础上，从小学低年级开始进行双语教育，掌握母语和汉语，并用母语和汉语学习其他课程，如在语文、数学等教学科目上使用汉语对孩子进行授课，让这些孩子可以十分流利地运用汉语对各个学科知识

---

① 阿达来提. 和谐社会视角下民汉双语教材的现状调查及思考［J］. 延边教育学院学报，2011，25（1）：26-28.

② CHRISTINA B P. International Handbook of Bilingualism and Bilingual Education ［M］. Westport, Connecticut：Greenhouse Press，Inc.，1988：551.

雷经国，苗学杰. 双语教育目的定位与实施路径［J］. 中国民族教育，2010（10）：27-29.

进行沟通与交流，并慢慢让汉语变成这些少数民族课堂上十分常见的教学语言。目前贵州省苗汉双语教学仅限于小学阶段，这也是限制苗汉双语教育发展的原因，要创造条件在中学阶段继续实施双语和三语教学，全部课程可以汉语授课，但至少在初中阶段要保留苗语课程，这样的话，学生在小学阶段基本达到熟练掌握母语和汉语的目标，而初中或高中毕业时外语也达到教学大纲的要求，最终使其成为具备基本三语交际能力的人。

黔东南地区苗汉双语教学的语言目标中要突出汉语能力。它和汉语知识并不是完全等同的，而是体现在特殊的汉语交流等实际活动中。对于苗族小学学生而言，应该是从了解所有科目的术语与特殊语言构造以及展现方式入手，可以理解课程内容，看懂汉语课本中所包含的知识，从而可以运用汉语就这个科目中有关问题使用口语与书面形式进行沟通。

此外，黔东南地区苗汉双语教学语言目标的设定需要我们了解少数民族学生母语与汉语之间的联系。语言联系是指各个语言间构成特征以及语言运用上相互约束与促进的联系。因为各个语言进行互相碰撞，导致语言关系不光展现在结构特征的改变，语言的词语等关键性要素也会发生改变，并且展现在语言使用功能、语言在社会所处地位的改变上。苗汉双语教学一定要解决好民族语言与汉语之间的目标关系。我们国家，汉语是被各民族用来进行互相交流的共同语种，要想在双语教学中获得很好的成绩，就一定要先学好汉语，这是因为汉语是用来保障整个双语教学最为关键的因素。同时，少数民族语言也不容忽视。近些年，我国通过了某些有关强化少数民族汉语学习的法案与条例，尤其是对少数民族中的某些特定人群，如学生与公务员所应具有的汉语水平给出了一系列强制性的规定，部分少数民族担心过多学习汉语，会忽视母语的学习，会让母语水平不断被削弱。就像一些研究者认为在实行英汉双语教学时会削弱学生的汉语能力一样，这种顾虑是一种善意的提醒，所以我们一定要正确处理这两种语言的关系，在开展双语教学时一定要坚持"民汉俱通"这个学习目标，不要造成一个语种兴起，另一个语种荒废的结果。

（2）黔东南地区苗汉双语教育的专业或课程目标

双语教育系统是一个特殊的教育系统，除了和单语教育系统类似的目标外，如各门课程都有各自的专业目标，要求学生在知识和技能、过程和方法、情感态度和价值观三个维度上达到课程标准所规定的专业目标，获得学习经验和方法。① 少数民族双语教育课程体系中还包含少数民族文化和地方性课程，所以其专业目标具有特殊性。黔东南地区苗汉双语课程教学目标以双语教育目的和人才培养目标为依据，是双语教育目的和人才培养目标在双语教学中的具体体现。其目标是多层次性的，宏观上包括某一门双语课程的总体目标，微观上包括单元目标甚至是某一节课的具体目标。笔者调研结果表明，目前黔东南地区苗汉双语教育的课程目标和实际的教学需求并不相符，这就要求我们进行广泛调研，结合实际不断修订双语教育的课程目标，从而促进教学。

（3）黔东南地区苗汉双语教育知识目标

知识目标是课程目标的具体体现形式。少数民族双语教学中知识目标就是规定少数民族学生在双语条件下掌握学科知识。尤其要以汉语课本为主要工具，因为汉语版本的课本在编撰思维、内部构造以及内容选取等方面相对成熟，这样就可以有效预防因为各种语种翻译而出现的错误。实行双语教学，在让孩子们能够直接阅读汉语课本的同时也可以开拓新视野去了解、掌握课本知识，进一步学习技能。

双语教学并不只是语言上的，也不可以单纯把双语与汉语等教学内容结合在一起。其最终目标就是运用两种语言当作信息载体，在科目知识上对学生进行传递与讲解，让学生不光可以获得更多的知识，还能提升汉语的使用能力。其最终目标就是达到最初制定的知识目标，并不是简单的语言目标。简单来说，学科知识是实行双语教学最为有力的介质，对其进行有效掌握是最关键的目的，其中知识目标一定要比语言目标更大一些。但同时要注意，双语教育中设定的知识与语言这两个目标是统一的，在具体操作过程中，不能将其分开或放在对立位置。

在少数民族双语教育具体实践中，如何让学生对知识进行有效掌握、怎样进行双语筛选、怎样将双语教学合理分配在各个学科中等，都是令教师感到棘手的问题。笔者觉得，黔东南民族学校双语教育知识目标的制定要符合学生的实际情况，此外，在进行筛选与掌握学科知识时也一定要依据学生现有水平，老师在课堂上一定要使用适宜的语言进行教学（应该批准在进行考试时可以适当运用母语），将各科知识都能够讲解得十分透彻。

---

① 娜么塔，胡书津. 语言生态与双语教育［J］. 西南民族大学学报（人文社会科学版），2005（1）：381-384.

（4）黔东南地区苗汉双语教育的思维目标

黔东南地区苗汉双语教育提出的思维目标就是在使用两个语种进行授课的前提下，去不断发掘学生在双语上所具有的思维能力，实现双语思维同时发展的目标。

思维是一种大脑活动，是对物体以及规律的总结与感知。各个民族的整体思维模式和当地自然环境以及生活模式紧密联系在一起，并通过民族语言形式展现出来。虽然苗语和汉语都属于汉藏语系，但在词义类型方面存在较大差异。由此，苗族与汉族孩子在思维模式上也存在差异，这个在双语学习过程中表现得十分明显。

有关双语教学和思维发展两者间的联系，始终存在两种完全不同的看法：托西马在研究中发现，双语者在语言分析与科目成绩上会比单语者差一点。[①]董霄云则提出，双语教学可以帮助孩子形成发散性思维。[②] 发散性思维就是思维能够向着各个方向散发，展现了一种开放性，拥有很强的创造力与想象力。更多相关研究表明，实行双语教学可以促进学生养成双语思维能力，将科目学习置于双语环境下，使用双语思维方式，能促使学习更高效。

少数民族学生在思维发展上能够分成三个部分：第一个是母语思维。主要表现为：学习环节中定义、逻辑以及评判大多是在母语思维的基础上实现的，如果遇到汉语内容时就会借用翻译方式去获得。在这个环节中双语教学思维的主要目的就是要不断促进与发展母语思维实力，在持续现有母语水平的基础上，给培育汉语思维能力打下扎实基础。第二个就是母语思维占据主要地位，而汉语则处于弱势。一般体现在：在学习中一些感受、记忆等能够使用汉语进行思维，而在一些抽象思维中还是要凭借母语来实现。在这个环节中双语教学思维的目的就是在维持现有母语水平下，不断促进汉语思维提升。第三个是双语思维同时发展。主要体现在：汉语与母语在思维上都处于同一个层次，可以依据具体现状灵活转换两种语言，能达到这个程度的人不多，且它对周围环境也有一定要求，要有一个极好的双语氛围，从而巩固与发展双语思维能力，这也是双语教育所要实现的理想目标。

---

① TSUSHIMA W T, HOGAN T P. Verbal Abilityand School Achievement of Bilingual and Monolingualchildren of Different Ages ［J］. Journal of Educational Research，1975（8）：349-353.

② 董霄云. 文化视野下的双语教育——实践、争鸣与探索 ［M］. 上海：上海教育出版社，2008：84.

（5）黔东南地区苗汉双语教育的文化目标

语言不光是一个民族文化的传递介质，还是民族对文化的筛选与累积，[①]就这个层面来说，语言教学需要文化的参与。就国外双语教育的实践而言，它通常承载着十分浓厚的民族文化目标，并随时应对第二语言的洗礼。黔东南地区苗族文化是我国民族文化中重要的组成部分，和国外文化流入与掺杂有着根本上的不同。2005 年全国民族工作会议上提到："文化对于民族来说十分关键，而少数民族文化又是我们国家文化一个构成主体。国家要对此给予保护，帮助他们不断传扬与发展，强化各个民族之间文化沟通与融合。"[②] 贵州一直是众多民族文化相互影响、互相交集的地方。基于此，我们确立的文化目标是让学生在掌握本民族文化的同时，不断提升汉文化水平，了解当前科技文化，拥有在多元文化中自由交流、在多元文化环境中生活的能力。更确切而言，黔东南地区苗汉双语教育所提倡的文化目标除了传承与宣扬民族文化外，还旨在传播和宣扬国内主流文化——汉文化，并以此来掌握学科知识、提高素质。此外，还包括扩大视野，满足跨文化交际的需求。

需要强调的是，在全球一体化与文化多元化的背景下，在加速促进中华民族一体化时，维护各个民族继承与宣扬本族文化的权利，可以让这些少数民族文化蓬勃发展，这样不仅能提升民族自豪感，还可以不断加强各民族人民的认同感。[③]

（6）黔东南地区苗汉双语教育的社会目标

贵州是一个拥有众多民族、语言及文化的省份。在此开展双语教学不仅是我国民族教育工作的重要组成部分，也是我国民族工作中的关键任务。在最近几次民族教育工作会议中，中央明确了当前我国少数民族双语教学目标与任务，并给出了一系列保障办法与政策。由此，黔东南地区苗汉双语教育的社会目标就是增强民族团结，共同创建和谐社会。

黔东南地区苗汉双语教育要以民族教育工作精神为指导，把握目前国家对民族教育扶持的机会，增加财力与人力保障，以满足当地对"民汉兼通"教育人才的需求，培育出一大批高素质、高水平的综合性人才，在促进少数

---

① WAGNER S E. Linguistic Correlates of Irish-American and Italian-American Ethnicity in High School and Beyond [J]. Lang. Commun，2014（35）：75-87.

② 胡月军，吴大华. 四次中央民族工作会议述评 [J]. 贵州民族研究，2015，36（3）：1-4.

③ 赵建梅. 培养双语双文化人：新疆少数民族双语教育的人类学研究 [D]. 上海：华东师范大学，2011：21.

民族地区经济建设的同时维持民族地区社会治安稳定，促进各个民族之间的相互交流。

总之，黔东南民族学校应该肩负起社会责任，在双语教育中不断增强民族团结与"四个认同"，保障社会平稳、和谐。① 这是保持生态化双语教育发展所必需的目标之一。

（二）优化社会语言环境，促进语言的和谐及协同共生机制

语言本身就是社会的产物，作为该语言使用者的民族，在多元文化和信息技术发展的全球化背景下不能为了保存自身传统而因循守旧，而是要走出去和外界交流，文化上也要兼收并蓄。既要保持本民族的语言和文化又要对外开放，实施双语是一条极佳的途径，徐世璇教授的《濒危语言研究》② 明确指出，在接受更便于对外交流的通用语的同时，仍然可以保留本族语，这就是使用双语。双语发展有两种可能性，或强势语言最终代替本族语，而本族语走向衰落和消亡；或两种语言长期并存，和谐发展。这取决于国家或地方层面实施的双语教育效果。

由于社会语言环境的差异和改变，苗语的地位岌岌可危，但我们可以通过以下措施来调节其社会语言与文化环境，促进语言的和谐及协同共生。

1. 将双语融入文化传承与发展

将双语融入文化传承与发展的本质是指借助当前民族文化传承的大潮，根据民族地区实际来探索灵活多样的多渠道的机制。例如，除了学校外，还要在民族地区的社区及其他社会机构定期推行多元文化整合教育，它是指在传承主流民族文化的同时，还包含少数民族文化的推介，其中包括语言。多元文化整合教育的目的是继承各民族的优秀文化遗产；加强各民族间的文化交流；促进民族大家庭在经济上共同发展。③ 形式可以多样化，除了传统的讲座形式外，还可以和一些社区文艺活动相结合，如苗语表演的戏剧和歌曲等，这样在增强其趣味性的同时也提升了传承的效果。

2. 发挥新媒体等媒介对语言的传播作用

前文所述，和汉语相比较而言，苗语的交际性或工具性有限，当然苗语自身的局限性是一方面，但主要还是传播的力度不够，语言是通过传播来发

---

① 姜宏德. 双语教育新论 [M]. 北京：新华出版社，2006：41.
② 徐世璇. 濒危语言研究 [M]. 北京：中央民族大学出版社，2001：5.
③ 哈经雄，滕星. 民族教育学通论 [M]. 北京：教育科学出版社，2001：580.

展的。在全球化信息社会，除了传统的电视、广播和报纸外，我们可以利用微媒体技术，如网络和微信等手段，大力宣传民族语言的重要意义，引起全社会的关注。此外，继续打造具有地方民族特色的媒体窗口，如苗汉双语电视台和电视节目；积极探索基于新媒体技术的双语载体，如电子双语画报、苗汉双语网站和微信朋友圈等。

3. 设立苗语传统文化和本族语保护区

在该区域内，本族语既是保护区内主流文化的最佳载体，又是主流文化的重要内容，从而可以长期维持良好的苗语生态环境。① 在这个区域内，和谐语言文化生态环境的构建让苗语得以活态传承的同时，其交际功能也得以发挥，且主流文化汉语的地位不动摇。

4. 营造良好的社会氛围和驱动机制

除了已经试行的优惠政策外，如在职称评定和公务员招录方面优先会苗语者，可以尝试和经济产业挂钩。如采取措施让民族语言和文化相结合的元素成为黔东南民族文化旅游产业中新的增长点。在经济利益和自身发展的驱动下，学习本族语的人数将会逐渐增加。长此以往，黔东南苗汉双语社会语言环境将得以优化。

（三）优化少数民族双语教育政策

1. 构建有中国特色的双语教育政策和法规

在多民族、多语言、多文字国家，国家在制定语言政策时往往面临着选择国家通用语言的问题。② 语言问题关系到民族的团结、国家的安定，而建设性的语言政策能促进国家的稳定和谐、扩大语言在社会交际中的作用。因此，自新中国成立以来，我国就先后出台了一系列的政策和法规来保障少数民族双语教育的权益和地位。③《宪法》明确规定了各民族具有使用和发展本民族语言和文字的权利。《民族区域自治法》《教育法》等也进行了类似的规定，它们一起构成了我国双语教育法律法规政策体系。④ 尽管我国的相关法律条文

---

① 石学东. 苗汉双语教学研究与实践［M］. 北京：语文出版社，2011：334.
② 万明钢，刘海健. 论我国少数民族双语教育——从政策法规体系建构到教育教学模式变革［J］. 教育研究，2012，33（8）：81-87.
③ 雷经国，苗学杰. 双语教育目的定位与实施路径［J］. 中国民族教育，2010（10）：27-29.
④ 陈立鹏. 对我国少数民族教育立法几个重要问题的探讨［J］. 民族研究，2006（1）：11-20，106-107.

比较完善，但在实际的民族双语教学过程中，在对政策的解读和理解上，不可避免地存在一定的偏差，归根结底在于我国双语教育生态语言环境的复杂性。因此，构建有中国特色的双语教育政策和法规，要从我国国情出发，与时俱进①，根据各民族发展需要不断完善和调整少数民族双语教育政策，更重要的是要加大普法教育宣传力度，向民族学校解读具体的双语法规条例，并指导其依据相关法律和政策推进双语教学改革。此外，我们在制定双语教育政策和法规时，可以借鉴西方国家的相关法规，但要认识到国情不同，譬如美国和加拿大少数民族语言政策针对的是移民②，而我国少数民族大多是世居民族，不能直接照搬国外的双语教育政策和法规。双语教学的关键在于建立招生、考试、录取、成果认定和转化为一体的双语政策体系，为其发展创造良好的外部环境。

2. 因地制宜，构建适合黔东南民族学校双语发展的教育政策和法规

在黔东南民族学校双语教育实践中，除了执行国家统一的少数民族双语教育政策和法规外，地方政府和教育管理部门还要根据本地区实际来制定地方性双语教育政策。黔东南地区民族教育的特殊性决定了其教育政策的特殊性；要实现教育政策的有效落实并促进当地发展，要按照黔东南苗族侗族自治州政策环境的特殊性，实行因地制宜的双语教育政策。笔者在田野调查访谈中，部分教师提出了地方双语优惠政策对发展双语教育的重要意义。如提出在当地基层公务员招考中把苗语纳入考核范围，或同等情况下懂苗语的人优先录用等建议。

3. 增强政策制定主体问题意识

贵州省"民族民间文化进校园"政策制定所表现出来的积极性、主动性和创造性值得肯定，是民族地区释放创造活力的体现，这种地方主动进行教育政策创新的行为示范价值不逊色于政策执行所取得的经验价值，对地方发展具有启示作用。双语教育政策的制定和优化要继续发挥决策者的主体意识，我们要关注社会和学校对双语发展的需要，通过政策引导、鼓励、规范基层自发改革试验，总结基层政策实践经验；增强政策问题意识、提升政策创新意识，因地制宜、因事制策，避免由国家统一规定而有可能出现的"一般化"

---

① 何波. 少数民族双语教育政策的基本内涵［J］. 青海师范大学学报（哲学社会科学版），2010（6）：1-6.

② SANDRA D V. Language Rights and the Law in the United States：Finding Our Voices［M］. Philadelphia：Multilingual Matters Ltd，2003：112-117.

和"一刀切"现象的产生。

4. 双语教育政策要有倾斜性，对症下药

田野考察结果表明，当前黔东南民族学校双语教育存在诸多困难，其中排在首位的就是缺乏政策支持，实际上是重视程度不够，双语教学活动有些流于形式；其次是资金不足；师资力量不足排第三，此外还有教材不实用、缺乏教学资料等。其实此类问题都可以通过政策的优化来解决。具体实施如下：

第一，在制定地方教育制度和政策时，将双语教学实施情况纳入学校考核项目。由于升学的压力，双语教学长期被边缘化，地位尴尬。尽管2002年贵州省教育厅下发的《关于在全省各级各类学校开展民族民间文化教育的实施意见》中，把双语教育以民族文化的形式纳入了校本课程的范畴①，但始终没有真正得到重视。只要将其用制度的形式列入学校主要学习科目，甚至在升学考试中得以体现，相信学校对此投入会更多。

第二，针对田野考察中普遍反映的双语教育资金缺乏、教师待遇低的问题，要制定相应的优惠政策。国家和地方政府负责筹集资金，并保证及时拨付到位、不拖欠。虽然已经出台了相关政策，但在专款专用、财务监督等方面的制度还不完善，因此要不断完善法规和制度，以保障双语教育资金充足。

第三，尽快完善双语教师培养和选拔培训制度。首先，双语教师培养和选拔培训要制度化，在广泛调研和论证的基础上，出台相关政策保证师资队伍建设。其次，各级政府有关部门要提供资源，并设立专门机构，大力培养少数民族语言学人才，如高考时进行特招或定向培养等。在特殊政策培养教育下，相信苗汉双语师资问题肯定能迎刃而解。

第四，对少数民族双语教材建设进行政策扶持。在继续做好少数民族语言图书工作的同时，应重点加强双语教育图书编写和出版工作。国家有关部门要拨付充足的专项资金，鼓励实力雄厚的民族出版单位设立专门的编辑组，配备既懂出版又懂少数民族语言的编辑人员，保证双语教材和读物的质量。政策合理将会产生多方面的收益，它不仅有利于促进少数民族双语教育发展，还可以使出版单位既树立品牌又提高经济效益，此外还能对政府决策部门了解少数民族语言现状和发展趋势，从而进一步制定少数民族双语教育方案和

---

① 孟立军，吴斐. 生态学视阈下学校民族文化传承的生境及优化——基于贵州省"民族文化进校园"的调查［J］. 贵州民族研究，2014，35（2）：157-160.

政策起重要的参考作用。①

　　总之，黔东南民族学校双语教育发展离不开国家有关部门和地方政府法律法规、政策制度的支持，我们在实践中要根据实际情况制定新的优惠政策，并确保相关政策落到实处，以保障民族双语教育的顺利实施。②

三、优化中观层面双语教育生态环境

（一）实现生态化双语课程评价

　　生态化双语课程评价是和教育生态学视域下的双语教育相适应的，它的理论基础同样是生态学原理。教育生态学把双语学习看作一个生命体，或一个微观的生态系统，系统内各个因子相互影响、相互制约。③ 双语学习者在汲取知识的同时也在追寻个人价值，以实现课程、人和社会环境的平衡。生态课程教学观倡导的就是民主、平等、多样化、和谐共生。受此观念影响，生态化双语课程评价体系以交互性、多元化和过程性等为特征。

　　1. 生态化双语课程评价的特征特色

　　（1）生态化双语课程评价体系的交互性特征

　　生态化双语课程评价体系的交互性特征和胡塞尔及巴赫金的生态哲学是一致的，胡塞尔提出了交互主体的观点，认为作为交互双方的教师和学生在教学交往过程中处于平等的地位，巴赫金侧重强调对话的重要性，实际上都体现了人本主义课堂教学观。传统的双语课堂上缺乏评价者教师和被评价者学生的对话，而交互性有利于促成民主平等的氛围构建，教师虽然在课堂中仍处于主导地位，但不是唯一的评价者，在交互过程中和一定条件下他们的角色也可以进行互换，学生也能充当评价者。④

　　（2）生态化双语课程评价体系的多元化特征

　　首先，建构主义教学理论认为知识是通过学习者的构建活动获得的，在这个过程中学习者不是信息的被动接受者，而是知识获取过程中的主动参与者。再者，这个构建过程具有多元化的特征，体现在情景、协作和意义构建

---

① 张忠兰，朱智毅. 加强贵州省少数民族双语教材建设的思考［J］. 贵州民族研究，2012（4）：172-176.

② 何波. 权利视野中的双语教育［J］. 当代教育与文化，2009（6）：11-16.

③ 范国睿. 教育生态学［M］. 北京：人民教育出版社，2000：28.

④ 苏德. 课程与教学论［M］. 呼和浩特：内蒙古大学出版社，2008：66.

等环节。由此，学习过程的多元化本质决定了学习评价的多元化特征。此外，生态学的生物多样性原理也决定了双语课程评价体系的多元化。生物多样性（biodiversity 或 biological diversity），又称物种岐异度，是生物界一个较为崭新的概念。简单来说，是指所有不同种类的生命，生活在同一个地球上，其相互交替、影响令地球生态得到平衡。① 由于双语教育本身也是一个生态系统，也存在多样性特征，因此其评价体系必然也会呈现出多元化的特征。

（3）生态化双语课程评价体系的过程性特征

每个生命体都有一个成长的过程，生态系统本身的发展也具有阶段性。基于此，生态化评价崇尚自然成长的过程性，注重评价的动态性，即进行过程性的评价，而不只关注终结性评价。此外，生态课堂是由教师、学生、教材、教学模式和形态等诸多因子组成的生物统一体，与之对应的生态评价系统同样要有开放、联系、平衡和发展的特征。发展性，不是以被评价者一时的发展情况作为评价标准，而是长期反复，对其进行多次观察和数据收集后做出的阶段性评价。在对被评价者评估的过程中，除了对其本身的评价外，还注意周围生态环境的变化，并适时抑制评价过程中所产生的不良因素，以促进个体发展。

2. 生态化双语课程评价的必要性及可行性

生态化双语课程评价既是双语教育和谐动态发展的必要选择，又与其具有一定的契合性。

（1）生态双语教学课堂需要整体性的评价

在生态双语课堂中，人是一个完整的概念，教师和学生作为生态主体是完整的，而他们和其他课堂生态环境一起组成了完整的生态课堂教学系统。此外，在生态课堂上，双语知识和技能，教学理论与实践、情感和价值观也不是割裂开来的，所有的内容都具有整体性和动态性，因此，评价理念也应该是整体性的，评价要从整体方面来考虑和实施。

（2）生态化双语教学评价体现了"以人为本"

首先，生态化双语教学评价将人的情感等要素融入评价过程中，突出人的主体地位，学生是处于迅速发展时期的人，又是具有主体性的人，而这个特性恰恰是生态化双语教学要突出的。传统的评价机制过分强调量化评价，虽然量化评价有标准性、客观性和程序性的优势，但只注重教学考核结果而

---

① 孙儒泳，李博，诸葛阳. 普通生态学［M］. 北京：高等教育出版社，1993：77.

忽视了人的因素。生态化双语教学评价更显人性化，在定量评价的同时进行质性评价，即在评价过程中注意和学生进行互动交流，促使他们不断取得进步。例如教师在课堂内外和学生一起分享学习成功的喜悦、陶冶情操等。在"人性化"的生态课堂中，学生作为生命个体受到尊重，且通过教学评价得以完善。

（3）双语教学课堂符合生态评价质性对自然情境的要求

质性评价是生态化教学评价的主要方法。和定量评价不同的是，它强调在自然情境下掌握被评价对象的真实情况，在评价前并不设定任何假设，也不采用实验手段控制变量等。在最原始状态下的评价恰恰是最真实的。双语教学课堂作为由各个生态因子所组成的微观生态系统，具有趋向平衡和和谐的特质，能给被评价者提供自然宽和、贴近生活和学习本质的原生态情境，有利于质性评价的实施。

（4）生态化双语教学评价促使各因子和谐共生

在双语课堂这一微观生态系统中，生态主体的教师、学生和其他因子是相互作用、相互影响的，其中教学评价是促使其和谐共生的主要因素之一。评价者和被评价者的角色是动态变化的，教师既可以是评价者，也可以是被评价者，而学生既可以是被评价者，也能充当评价者。以质性评价方法为主的生态评价要求评价者能够学会换位思考，即设身处地，融入被评价者的文化和生活氛围。总之，教师和学生是最活跃的因子，两者之间频繁的信息传递和情感交流也体现了评估活动的状态，要以此为主体，最终通过评价促使各因子和谐共生，提高教学效果。

3. 苗汉双语课程生态评价要求

（1）体现国家民族教育方针，以促进双语课程学习者全面发展和提高为目的

评价不是教学的目的，而是促进学生发展的手段之一。从宏观上，苗汉双语课程评价过程中要体现我国民族教育方针，以促进双语课程学习者全面发展和提高为目的。具体而言，要关注学生掌握双语知识、技能的过程与方法，关注与之相伴的情感态度和价值观的形成，发挥评价的反拨作用。

（2）评价不能只重结果，更要关注过程

双语课程评价要注意发展性评价的作用，教师要用发展的观点看待学生。该评价的核心在于重视过程，评价是主客体之间的互动活动，体现在教师的教和学生的学当中，因此彼此的交流和沟通很重要，这样的方式才有利于推

动主体的发展。此外，发展性评价鼓励多次反复评价，并以评价对象的转变为着力点。需要指出的是，过程性评价和终结性评价并不是对立的，而是相辅相成的关系。

（3）既关注综合评价，又不忽视个体差异性，评价对象和内容要多元化

传统的评价对象和内容比较单一，不利于发挥评价对教学全面提高的促进作用。评价对象和内容应该是多方面的，既可以把教学实施过程中的主体——教师、学生和管理者作为评价对象，而客体因素，例如教材、教学环境等，也可以被纳入进来。而内容同样可以实现多元化，除了双语课程的学业成绩外，积极的学习态度、创新精神、分析与解决问题能力的养成以及正确的人生观和价值观，都是评价的内容。实践证明，评价对象和内容的多元化有利于更好地发挥教育评价的功能，最终促进双语教学的发展。

（4）评价方法的多样化

评价方法的多样化不仅是理论发展的必然，也是教学评价实践领域的实际需要。评价方法主要分为量化评价和质性评价两大类。量化评价具有科学和客观的特征，但也不是万能的，双语教育是一种复杂的教育现象，过度量化会使评价走向表面化，容易失去教育本质的东西，而质性评价有利于深入事物内部，抓住其本质和趋势发展走向，因此，在苗汉双语课程生态评价中，最理想的办法是将两者相结合。

4. 生态化双语课程评价实施策略

第一，以科学的评价理论为支撑，突破传统评价观念的壁垒。双语课程的评价方法能够直接体现双语课程教学结果，在开展评价体系的构建上要做到以先进的评价理念为前提，融入创新思想，在双语课程评价中推进智能化评价理念、多元化评价理念。评价的切入点可定位到学生的学习状态、语用能力、交往能力等方面，之所以将上述元素作为评价标准的构成要素，目的是想要针对性地建立高标准以及科学化的评价体系，细化每一项评价指标。只有各项指标都得到全面优化，才能够以教学目标为改革根本，在根本上实现教学评价方式的转变，消除传统评价方式的弊端。这一实施过程中，教师可采取多种激励机制与手段，为学生开展自我评价、自我发展提供可能。由此可见，双语课程评价效果，要从学生方面入手，以科学的评价理念为依托。

第二，注重整体性评价。在少数民族双语教学中，要形成整体评价观，例如在少数民族双语教学能力评价方式中，要形成整体性的教师评价，这种教学评价方式，不同于其他教师评价模式，在整个评价方案的设计中，它主

要强调双语教师在课堂教学方面的综合诉求，且在整个评价过程中，体现出一种公平、公正与细化管理的原则，通过细化每一个教学评价指标，综合后发挥整体评价效应。在整个过程中，要全面发挥教师及教学管理者的作用，并强调教学理念创新在教学中的运用。

第三，构建合理评价机制，完善监督制度。评价标准受制于绩效项目与评估项目。对学校而言，双语课程评估标准体系是由不同学生的成绩组成的，并不是一个统一的标准，需要结合各类专业的评价标准。因此，学校想要验证双语课程评价状况，其中的首要任务是建立一个评价机制，优化评价机制当中的不同职能。从目前少数民族地区对双语教学的具体实践来看，绩效评价的过程为的是针对每一个考核要点设计，构建一个满足层次划分的体系结构。虽然现阶段运用的评价机制在管理能力、服务质量以及个人层面具有诸多相同点，但不可否认差异点依旧存在，这就要求构建合理的评价机制。此外，要完善评估的监督机制，每一个少数民族双语教学中的组织管理部门，评估职责各不相同。建立并强化监督机制，需要从不同层面入手：其一，基于网络平台公开办事程序，公布学校管理政策以及举报监督办法，让家长群体了解并配合监督过程；其二，监督机制以及监督过程要保证公开、公正、公平，以政务公开与廉政建设为基础原则。

第四，建立元评估机制。"元评估"对应的英文词为 meta-evaluation，基本含义指的是对评估本身的评估。按照一定的理论和价值标准对教育评价技术的质量及结论进行评价与研究称为元评价。长期以来，双语评价只重评价而轻反馈和整改，这样就失去了评价的意义，没有从实质上解决问题。为了确保双语教育质量评价机制的有效实施，少数民族双语教育要建立解决问题的元评估机制，这项工作的研究尚不成熟，也是我们的薄弱环节，需要进行完善。

5. 生态化双语课程评价的方法与实践

和传统评价方式相比，多元化、交互性和过程性是生态化双语课程教学评价最主要的特征，体现在评价方法上为多元化、质性化和过程性。而多元化评价又是重中之重。

《基础教育课程改革指导大纲》中明确提倡多元评价，它也是生态化课程评价发展的趋势。此外，我国少数民族双语教育评价系统具有复杂性，加上双语教学本身的特殊性，制定统一的少数民族双语教育评价体系不现实。在黔东南地区，民族双语课程本身就是因校、因地、因生制宜的，依据评价行为的特点，从双语课程实行效果来看，可分为学生成长评价、教师成长评价、学校发展评价、课程进展评价；从评价主导的差异能够区别为学校层次的评价、教育体系层次的评价。综合起来，具体可体现为以下几个方面：评价主体多元化、评价价值取向多元化、评价内容多元化、评价模式多元化、评价形式和方法多元化。

（1）双语课程评价主体多元化

双语课程评价主体多元化，本质在于解决由谁来评的问题，有些研究者称为多层次评价主导。比较认同的是，学校、教师和学生、双语课程专家等都可以充当评价主体。多层次评价主体是一个评价综合体，可以体现为个人形式，比如：校领导、老师、学生父母、学生本人、社区人员等。也可以是团队形式，如校双语教学研究委员会。课程专家泰勒提过"在可以和适合的状况下，学生必须亲自参加课程策划和课程评价"①，由此可见，学生作为双语课程教学评价者的作用不可忽视，在生态化评价过程中，要调动每个学生的能动性、自主性、主观性，让评价的程序变成学生自我认知、鉴别、改善、健全以及自我教育的程序。

教育行政机构、校长、教师、课程专家、学生以及家长和社区人士等多元化双语课程评价主体，由于在生态化双语课程教学中的地位和角色不同，因此要在各评价主体之间进行协调，他们参加评价的时机、所担当的角色以及评价的方式是相异的。其中，双语教育管理机构和专家实施外部评价职责，即对双语课程进行监督、管理和验收评估。而教师处于评价的主导地位，除了对学生多进行鼓励性评价外，还要养成自我评价的习惯。此外，学生家长也要积极参与双语课程评价，包括他们对该课程的态度和认识等，并适时对课程的实施效果给出评价。贵州铜仁市已经有部分民族学校意识到了这一点，笔者在松桃县的调研结果表明，松桃民族中学在民族文化校本课程开发过程中就实施了家长参与评价机制，特别是那些具有相关技能的家长，他们被邀请参加了课程开发、实施和评价的全过程。社区和家长发挥的是必不可少的辅助评价作用。

（2）双语课程评价价值取向多元化

每一种课程评价都体现着特定的价值观，即课程评价的取向问题。双语

---

① MARSH C. Reconceptualizing School - Based Curriculum Development ［M］. London：The Falmer Press，1990：97.

课程评价的价值取向是促进学生发展，这是学术界一致认同的。但发展的内涵及理解具有多样性。有人认为促进学生个性化发展最关键，有人认为学生的全面发展比个性化发展更重要，还有人从教师专业发展和学校特色建设方面来评价双语课程的价值。课程评价价值主体的不同，也决定了双语课程评价价值取向的多元化。

在生态化双语课程评价中，促进学生发展、教师专业发展、学校特色形成，这三方面价值取向所处的地位是不一样的。其中促进学生发展处于核心地位，学校教育的本质在于培养人，通过提升人的素质来促进社会发展。教师专业发展、学校特色形成都必须围绕育人这个目标服务。微观方面，双语教学能够促进学生双语能力与认知能力的发展；宏观方面，实施双语教学是实现"民汉兼通"社会教育目标的需要，也是培养高水平少数民族人才的需要。教师专业发展、学校特色形成同样是双语生态化评价价值取向的内容，当然，这两个价值取向的实现是建立在学生发展的基础之上的。

（3）双语课程评价内容多元化

双语课程评价内容关注的是评什么的问题。首先，从双语课程的含义和类型入手。所谓"双语课程"就是在特定的双语教学中实施的课程，它是两种语言的课程体系，强调了在正式课程、活动课程、学校传统等隐性课程实施过程中语言的选择。从类型划分，主要有双语学科课程、双语活动课程、双语隐性课程和双语地方课程与校本课程。不同类型的双语课程评价内容也存在相异性。笔者在黔东南民族地区的田野考察结果显示，目前该地区民族学校的双语课程主要是双语学科课程及校本课程两大类，如台江县番省小学在数学学科中采用了苗汉双语教学，而凯里市的挂丁小学则把它作为一门校本课程。仅作为校本课程类型的双语课程评价而言，在评价内容方面就存在多样性。根据课程发展，双语校本课程评价的内容包括过程、结果评价；根据评价的具体对象，分为对学生的评价、教师的评价；对自编教材的校本课程来说，还存在对教材质量的评价。其中每一个评价对象又是一个子系统，包含丰富多彩的评价内容。以双语教师的课堂教学为例，它就包含以下内容。（见表6-1）

表6-1 生态双语课堂教学评价内容标准①

评价内容	权重	评价要求	印象得分
教学目标	10%	双语教学目标明确，要求具体适度；符合课程标准要求，符合双语教育目标要求，符合学生实际	
教学内容	20%	选材得当，内容丰富，有针对性地进行双文化教育	
教学过程和方法	20%	因材施教，方法切合实际且多样化；培养学生的自主学习意识和创新能力。且教学重难点突出，条理清晰	
教师素质	20%	教育理念新，掌握信息技术；双语表达准确流畅，专业知识扎实，能驾驭课堂，教风严谨，有亲和力	
情感态度和价值观	10%	培养学生积极向上的人生观、世界观和价值观；教学民主，相互尊重，创设和谐、宽松的教学氛围	
教学效果	20%	按时完成教学任务，双基落实，教学目标达成度高；学生注意力集中，思维活跃，活动面广，正确率高	

注：总体印象评价得分：优（10~9分）、良好（8~6分）、中（5~3分）、差（2~1分）；特长加分（0.5~1分）

需要指出的是，尽管评价内容丰富多彩且呈现多元化，但它们都有一个共同点，就是评价必须科学、合理、全面、有效、可信。这就要求实行评价模式、形式和方法的生态化。

（4）双语课程评价模式多元化

"课程评价模式是指一套具体实施评价的方式，是人们进行具体课程评价时可以效仿的范例。"② 随着课程教育研究的发展，目前出现了多样化的课程评价模式，主要有目标评价模式、目的游离评价模式、外观评价模式、差距评价模式、自然式探究评价模式、应答模式等。③ 近年兴起的某些评价新模式可供双语课程参考和借鉴，如斯塔弗比尔姆的 CIPP 模式，它是由背景评价、输入评价、过程评价、成果评价组成的一种宏观的综合评价模式，以改进方案为主要目的，认为成果评价是质量控制的手段之一，而不只是最终的鉴定，④ 将其用于双语教学评价具有可行性。

① 方晓华. 少数民族双语教育的理论与实践［M］. 北京：学苑出版社，2010：40.
② 张华. 课程与教学论［M］. 上海：上海教育出版社，2000：107-110.
③ 小威廉姆·E. 多尔. 后现代课程观［M］. 王红宇，译. 北京：教育科学出版社，2000.
④ ORNSTEIN A C. Components of Curriculum Development, Illinois［J］. School Research and Development，1990（26）：88.

（5）双语课程评价形式和方法多元化

双语课程评价形式和方法多元化既是生态化双语课程教学发展的必然趋势，又是教学评价实践领域的实际需要。按照评价过程来划分，可以分为终结性评价和形成性评价。按照评价实施方法，又可以分为量化评价和质性评价。正如前文所述，量化评价强调评价"标准""程序""客观"，质性评价强调评价背景的自然和本真，以及个性化评价。生态化双语课程教学评价更倾向于质性评价，两类方法各有所长，在实践中要取长补短、互相作用。典型的质性评价方法有成长档案袋评价法、观察法、苏格拉底式研讨法等。

①成长档案袋评价法

成长档案袋是指收集、记录学生自己、教师或同伴做出评价的有关材料，包括学生的作业、反思等，以此来评价学生学习和进步的状况。它真实地记录了学生在一段时间内的学习成长，是评价学生进步过程、努力程度、反思能力的最佳手段。其优势在于鼓励学生主动参与评价全过程，看到自己的进步，并总结经验。此外，它也便于教师及时掌握学生学习动态，由于教学和评估相结合，由此提升了评价效果。例如：××学校双语课程学生综合评价档案表（见表6-2），可供参考。

表 6-2　双语课堂学习档案袋评价

姓名：　　　　　　　　日期：

学习内容		个人评价	小组评价	教师评价
参与情况	听讲认真，思考积极			
	回答积极踊跃，次数较多			
	与同学认真讨论，效果显著			
	上课反应快			
小组合作	服从组内分工			
	团结协作，帮助他人			
	提出自己的设想并与组内成员讨论，得出较合理的方案			

续表

学习内容		个人评价	小组评价	教师评价
个人反思	通过本节课的学习，对某个问题的理解更深刻			
	通过本节课的学习，掌握了与其他同学合作的技巧			
	通过本节课的学习，学会了某些有效的学习策略			
学习成果	课堂回答问题积极、准确			
	词语、句子和课文理解掌握到位，解决课后作业准确、迅速			
自我评价	等级评语：			
教师评价	等级评语：			

注：个人评价、小组评价、教师评价均按优、良、及格、不及格四个等级进行。

②观察法

课堂观察法是指教师通过面对面的课堂交流和指导，来获取学生自然状态下学习情况的方法。学生的课堂表现是最真实，也是最直接的。当然，作为质性评价方法的课堂观察法和日常观察有所区别，确切地说，它是一种教研方法，具有目的性、系统性、情景性等特征。按照不同的标准，课堂观察法分为自然观察法和实验观察法、间接与直接法、结构与非结构式等。虽然侧重点不同，但实施步骤相似。双语教师课堂观察评价法遵循以下步骤进行：第一，确定评价的内容和目的，做好观察前的准备工作。第二，实施观察工作，收集信息，并进行记录。第三，观察后的整理阶段，对收集到的信息进行分析和思考。

③问卷调查

顾名思义，它是指通过填写问卷的形式来收集有效信息，该方法具有发散性和开放性的特点，对于课堂上学生不便于提出的评价和建议，可以采用匿名问卷调查法。当然问卷的设计要合理，具有一定的针对性、信度和效度。

④访谈法

访谈法是研究者和被访谈者以当面交谈的形式来获得信息的方法。它同时也是一种实用的质性化课程评价方法，教师可以通过访谈得来的反馈信息评价促进教学发展。

⑤多样化语言评价

双语教师对学生的课堂表现评价要注意语言的多样性和丰富性。教师的每一句话对学生的发展都很重要，对取得进步的学生要多给予鼓励和帮助，适时恰当地进行赞美。对于学习退步的学生也不能过多的责备，即使批评学生也要注意语言的分寸。

总之，少数民族地区在实行双语课程评价时，采用多层次的评价系统有利于加强评价的可信度和时效度，可以积极地体现评价的反馈功效、导向功效以及激励功效，以推进双语教学纵向深度发展。

(二) 构建生态化双语教材体系

1. 生态化苗汉双语教材编写的指导思想

首先，教材是为教育目标服务的，是课程标准的具体体现；教材又是学科教学和学生学习的具体内容，与培养学生的综合素质和能力相关。[①] 其次，教材是教师课堂教学的基础，也是学生获取知识的重要来源，一套好的教材对学生的学习起着至关重要的作用。[②] 但是目前的问题是缺乏适合黔东南地域特色和民族特色的教材。这种情况不仅表现在双语文教材上，也表现在其他学科的双语教材上。

鉴于教材在少数民族双语教学中所起的重要作用，教育管理部门应组织精干、高效的教材编写队伍，在全面调研的基础上，加强对教材的研讨工作，针对不同地区、不同教学模式编写不同的教材，以适应不同地区、不同民族、不同学科、不同汉语水平、不同教学模式群体的需要。所谓生态化苗汉双语教材，就是指教材能适应当前双语教学生态发展的需要。因此，在实践中，教材编写要与时俱进，要根据发展的形势不断对教材进行科学修订，以适应黔东南民族教育事业的发展。

要以掌握双语为基础，以文化传承为目的，以发展语言及思维作为重点，编写一系列具有黔东南地方民族特色的教材。"以掌握双语为基础"，要求苗族学生在学前班阶段，就利用他们现有的苗语基础进行苗文的学习，再由苗文学习汉语拼音，即以苗文为手段去学习汉语文，且逐渐实现"民汉兼通"的目标。

---

① 郑婕. 论少数民族汉语教学学科建设和汉语教材的编写［J］. 西北民族学院学报（哲学社会科学版），2003（1）：108-113.

② 石学东. 苗汉双语教学研究与实践［M］. 北京：语文出版社，2011：124.

"以文化传承为目的"，就是指双语教学的终极目标是传承民族文化，而不只局限于语言的学习。

"以发展语言及思维作为重点"，是指在苗汉双语文学习的影响下，来培养他们使用两种语言思维的能力，为其今后其他学科或专业学习奠定良好的思维基础。

2. 生态化苗汉双语教材编写的原则

与以上指导思想相协调，生态化苗汉双语教材编写要把握以下四个原则。

（1）教育性原则

首先，教材思想主旨要积极向上，具有一定的思想教育价值，且突出民族团结和民族发展的主题，增强学生的民族自豪感。如在教材的内容选择上，重点选择民族文化精髓，以促进他们对本民族文化的认同。其次，教材在教学方式和方法，学生的学习方法的指导等方面具有先进性。具体理念如下：一是教材的编写力图通过情感态度、语言技能、语言知识和学习策略来培养学生的综合语言运用能力，并培养学生苗文学习的兴趣。二是在教学活动的设计中，引导学生结合自身的思想情感、同辈的共同体验来讨论思想教育的内容，而不是简单的教条式的灌输，在发展语言技能的同时贯彻思想教育内容。①

（2）基础性和发展性相结合原则

生态化苗汉双语教材编写要以可持续性发展为理念，注意教材基础性和发展性的结合。基础性是指教材编写要以训练基础为理念，为后续双语学习打下扎实的基础。具体而言，以苗语启蒙为基础，强调苗汉过渡性，最终掌握汉语口语和书面语。此外，生态化教材的内容和形式要突出学生的可持续性发展，除了语言技能的发展，还包括其他相关能力。在系统地学习苗文教材后，学生可以获得苗语文自主学习的策略和能力。教材的课文内容在为学生提供使用语言技能机会的同时，也鼓励他们参与和表达态度及情感。提高学生在实践中认识问题、分析问题和解决问题的能力。鼓励学生在学习过程中相互交流，合作学习，培养他们的创新能力和独立思考能力。

（3）科学性原则

科学性是指教材的编写要符合语言学习规律，充分体现学生不同年龄和

---

① 阿达来提. 和谐社会视角下民汉双语教材的现状调查及思考［J］. 延边教育学院学报，2011，25（1）：26-28.

不同阶段的学习特点。其中最基本的要求是内容规范、编排合理。例如教学内容真实，且难度适中，循序渐进；而教学要求符合教学实际；在教材的编排上，要做到知识的内在逻辑与教学法要求的统一等。

（4）寓教于乐原则

黔东南苗族学生学习苗语苗文，除了让他们觉得在生活和今后学习中有用，使他们乐意学习外，还要培养学生的学习兴趣，从而促使他们主动去学习。由此，在教材内容的选择上，尽量选取通俗易懂、趣味性强的故事和儿歌等内容；在编排上注意图文并茂、读写结合，以生动活泼的方式呈现各项语言实践活动和练习，让孩子们在加强语言习得的同时，潜移默化地增强他们学习苗族语言和苗族文化的兴趣。

3. 黔东南生态化苗汉双语教材应具有的特点

（1）民族性特点

"语言是文化的载体"，学语言也是学文化，苗族在数千年的发展过程中和汉族一样创造了灿烂多彩的文化。教材编写过程中要将这些民族文化精髓融于课文之中，凸显民族性特点。因此，每篇文章都要精挑细选，要贴近民族地区经济文化发展的历史与现实，从而提高学生的民族认同感，激发他们学习的积极性和主动性。[①]

（2）创新性和本土性相结合

创新首先要从实际出发，结合优势进行创新。苗文是以 26 个拉丁字母为基础的表音文字。苗族儿童学习苗文建立在母语口语的基础上，比起汉语学习更具优势，教材的设计和编排要把这些优势考虑在内，便于教师教和学生主动学。2009 年由湖南人民出版社出版，湘西州教科院组织专家编写的《湘西苗文课本（1~4 册）》值得借鉴。它做到了四个适应[②]，具有鲜明的地方特色，且实施效果较好。

第一，语音教材适应直呼音节教学。所谓"直呼"，就是一见苗文就能随口呼出，无须先读声母，再读韵母，然后声、韵相拼识读。

第二，前期阅读材料适应读写并重，改变了重读轻写的弊端。

第三，双文教材适应求同辨异。它利用苗文和汉语拼音这两种拼音文字的趋同性，在中期安排了过渡教材，并通过辨析两种拼音符号和语法的区别，

①　杨云慧. 云南加强中小学民文教材建设［J］. 中小学电教，2011（Z2）：125.

②　石学东. 苗汉双语教学研究与实践［M］. 北京：语文出版社，2011：121.

促进汉语的学习，为学习汉文教材打基础。

第四，高年级的纯苗文阅读教材适应独立阅读。它用单元一贯制的编写方法，分为精读和泛读两类课文，能培养学生独立学习的能力。

笔者在黔东南地区民族学校的田野调查结果表明，除了创新性缺失外，本土化教材的缺乏也是造成苗汉双语教育停滞不前的原因。因此，黔东南生态化苗汉双语教材编写改革应当把创新性和本土性相结合，如教材既要适应将来标准苗语发展的需要，又要考虑地方苗语方言的特征。

（3）与时俱进

全球化和信息化要求双语教育要与时俱进，其中也包括教材形式的创新。在多媒体数字技术迅速发展的时代，如果苗汉双语教材依然停留在纸质媒介上，是不能适应时代发展的，开发网络教材势在必行，信息化将是新时期苗汉双语教材生态化建设的趋势。

（4）循序渐进，由易到难

生态化的双语教材要注意苗族学生学习的心理认知规律，按照循序渐进和由易到难的顺序进行编排，并自成体系且具有完整性。具体而言，可以根据教学目标和要求，按语言知识和技能两大块，合理地分配到各个学期、各个单元和每篇课文，使语言知识系统化、训练科学化、形式规范化。例如学前班和一年级教材以苗文拼音教学为主，再通过渗透汉语拼音过渡到汉语文的学习。而二年级教材则可以采用苗文、汉语拼音双行对应排列的课文为主要形式。

4. 构建黔东南地区生态化苗汉双语教材体系的几点建议

除了以上原则和特点外，要构建因地制宜的黔东南地区生态化苗汉双语教材体系，还要采纳以下建议。

（1）教材编写要重视理论指导，并发挥专家的作用

二语习得是双语教学的理论基础，双语教材也要体现这一特征。① 对黔东南苗族地区接受双语教育的学生而言，苗语是他们的母语，汉语是第二语言，目前语言学界关于英汉教育二语习得理论的研究较多，而少数民族教育中的二语习得理论在我国尚处于起步阶段，但现在比较成熟的观点是在二语习得过程中，教材也是限制语言学习效果的重要因素之一，其中关键的一条是教

① CARLOS J O, VIRGINIA P C. Bilingual and ESL Classrooms: Teaching in Multicultural Contexts [M]. New York: Mc Graw Hill, 1985: 2.

材编译要符合民族学生学习第二语言的规律，怎样抓住这个规律，需要作为教材编写者的语言学家进行深入的理论研究。

（2）双语教材要妥善处理"统一性""区域性"和"民族性"三者的关系

过去我们过分强调学校教育的统一性，这也体现在教材编写和出版方面，一般基础阶段教育使用的教材大多由国家教育部门组织专家统一编写、统一出版。虽然有时统一性和规范性是必要的，但它没有考虑学校教育发展的多样性和民族语言文化的适应性。① 因此双语教材编写和出版要凸显黔东南地区的区域性和民族性。当然，我们也不能走极端，过分地强调个性和地方性也会造成脱节。例如黔东南苗语和湖南湘西的苗语存在一定的差异性，双语教材既要突出黔东南地方特色，又要采用全国标准苗语，这样才能响应国家的民族教育双语政策，促进学生今后的良性发展。

（3）双语教材要具有实用性，不能只停留在课堂上

近年来社会对语文课文选材和编排的实用性呼声越来越高，双语教材和苗语教材的编写也存在同样的问题，那些和民族学生生活脱钩的内容，除了带给他们语言学习的困惑外，也造成了在实际生活中无用武之地的尴尬。此外，语言能力是学习其他科目的基础，缺乏实用性内容的语言课本也会影响其他科目的学习，所以教材编写者要重视双语教材的实用性问题，对课文的选材和内容进行反复论证和斟酌，侧重培养学生实际双语交际能力。

（4）教材要处理好多元文化背景下主流文化和少数民族文化的关系

党和国家始终主张各民族文化共同发展、共同繁荣，该理念也要体现在双语教材的编写上，既要突出民族共性文化，又要展现个性化民族文化元素，在传承优秀个性民族文化的基础上实现各民族文化的和谐与共生。

总之，"民汉兼通"是生态化苗汉双语教材体系构建的目标，黔东南民族地区现存的教材以过渡性的辅助教学为主，即侧重学前儿童从苗语口语向汉语汉文的过渡和熟悉，显然这和"民汉兼通"教学目标的实现存在较大差距，而教材在这方面也起重要的作用，因此，要在以上原则和建议的基础上，进一步优化教材的编写和出版，以改善和提高整个黔东南苗汉双语教育生态系统。

---

① 石学东．苗汉双语教学研究与实践［M］．北京：语文出版社，2011：121．

（三）构建绿色生态校园环境

美国全国校长联合会执行董事斯考特·D. 汤姆森觉得："当今社会，人类再次关注学校环境意义。这是因为学校环境不光是学生取得优异成绩的重要条件，更是对他们人生观念养成的主要影响因子。"① 德国心理学家 K. 勒温则觉得："人类所有活动都是人和环境相互影响的函数"。政府在"关于深化教育革新有效促进素质教育决策"中也倡导"整个社会都要给孩子健康生长打造一个优质教育氛围"。"所有相关部门要共同合作，一起给素质教育打造一个优质的社会环境。"② 江泽民同志 2000 年在《关于教育问题的谈话》中也很清楚地指出："强化整体管理，多管共存，创建一个有助于青少年身心成长的社会环境。""要确保孩子拥有一个平静、和睦、健康的学习环境。"③从上述可见，环境在人成长过程中是非常重要的。优质学校环境是有效实行素质教育不可或缺的物质保障，它同样对苗汉双语教育的实施至关重要。要落实民族教育方针，开展双语教育，让所有学生都获得全方位的发展，就一定要强化学校内部建设，关注环境，有效发挥育人功能，从而提升学生整体素质。

为了起到学校内部环境潜移默化作用，要进行精密规划，关注学校绿化、美化，体现环境功能，精心设计每一个学校标语，起到感召作用，有效展示环境在双语教育中所体现的作用。

加强校园内部布局设计，实现环境感染作用，学校内部摆设布局是指不包含校舍之外的地区、墙面等地方的装饰、物品堆放、景点布置等。假如学校在这些摆设上比较合理、科学，就可以起到环境感染作用，实现寓教于物、潜移默化的教学效果。比方说：当学生一跨入学校校门，就是一个带有强烈吸引力的大厅，而两边是"少先队员乐园"，在这里到处都贴满了各种类型的学习海报、比赛成绩、奖励等；有校风、班风以及学生日常规范等常规内容；还有一些独具特色的地图以及浮雕，可以让学生仿佛游历在世界各国一样。学生只要经过这个地方都会忍不住看一看荣誉栏中各个同学名字与简介，看

---

① KELLEY, EDGAR A. Improving School Climate：Leadership Techniques for Principals ［M］. Virginia Reeton, 1980：23.

② 伍孝江. 学校环境与教育生态 ［J］. 教育理论与实践, 1994 (1)：51-52.

③ 赵洪恩. 教育是一个系统工程——学习江泽民同志《关于教育问题的谈话》［J］. 辽宁教育研究, 2000 (12)：22-24.

一下地图与浮雕，不自觉地唱起"三字歌"。校园里教学楼当中可设计一个圆形院子，种一棵巨大的榕树，和教学楼相互呼应。学校中还要有绿地、操场以及升旗台，各个楼层墙壁上要装一个透彻、干净的镜子，孩子们每天都要站在镜子前整理自己的装扮，注意自己的形象，将红领巾扶正，系好衣扣，理顺头发；所有走廊中要放置一些伟人画像以及美术作品，等等。学生每天面对这些东西，感受这种文化熏陶，不用老师过来讲解，他们就能够感受到学习的魅力，自然就起到激发学习热情的功能。

除了良好的整体校园学习环境外，要突出双语学习特色，发挥学校隐性课程的作用，可以刻意在校园环境布置中突出民族文化特色，并创建校园双语教育氛围。笔者在田野考察中发现黔东南地区台江县番省小学就充分意识到了这一点，邻近学校大门的围墙上刷满了五颜六色的双语文字和图案，无形中增加了学生学习苗汉双语的兴趣。此外，学校内墙从苗族艺术和体育等方面展示了光辉灿烂的苗族文化，从而激发了苗族学生对自己民族的自尊心和自豪感。

四、优化微观层面双语教育环境

（一）应用生态化的教学方法和模式

1. 生态化教学理念

课堂教学是苗汉双语教育的主要方式与场地，要转变之前以教师讲授知识为主的旧观点，将时间与权力交到孩子们手中，对课堂教学方法和模式不断进行革新，打造一个具有无限活力的双语课堂。要想让课堂具有活力，就一定要注意这三个主体：老师、学生以及教学模式和方法。

在改革教学模式和方法之前，要明确以下理念。

首先，老师不只是传播知识的工具，学生亦不单纯是获取知识的容器，而课本也不是没有生命的，它是由具有生命的人类编辑而成的，其涵盖了编写者对生命的领悟或理性思维。因此老师在对待教材时一定要用心与其进行交流与沟通，激发潜在能量。这种能量要是被激发出来，就一定可以让课堂变得生机勃勃。所以，在双语课堂中一定要实现"一个突出""两个目标""三个优化""四个转变"。要突出孩子在学习中所处的主体位置，完成轻负担与高效这两个目标，优化教学思维、方式以及备课，转变课堂教学理念、表现形式、授课模式以及学生学习方式，打造真正意义上的课堂生态子体系。

其次，实现生态化双语课堂要坚信"把一切贯彻到学生的学"这个教学理念。一是培育生态型老师：强化校本训练，如设定教师团队在未来三年时间里的发展方向与各个学期教学任务；一定要以活动为介质，激发老师的教学热情，提升相关技能，每个星期举办一次团体授课，设定指导方案与假期练习，让每个学生都可以在上课之前进行预习，课下时间进行自我检测；让每个老师都可以参加一次至少是校级以上的双语教研课题分析，每个学期结束之后老师要上交一篇论文，每个学期中都要进行一个教学研讨大会，让所有老师可以互相交流经验，每个学期都要实行一次信息技术培训，可以让老师掌握一些高科技教学设备，提高信息素养；还有各个学校老师要经常交流，提升每个老师的教学水平；实行拜师结对，让那些优秀的老师充分发挥带头作用；要使用整体测验方式，实施以备课组为单位的教学整体考核机制，从而实现其快速发展。

二是培育生态型学生：学校想让学生可以获得一个愉快的人生，并拥有能够把握自己未来的能力，实现人格健全、积极发展、个性和谐。各个班级都要依据学生实际现状、性别等划分为五六个学习小组，开展以小组为单位的评判体制，如果某一个小组在学习、活动等方面有良好表现，那么学校就会对该小组所有成员进行鼓励与奖赏，从而提升他们的团队意识，养成他们的协作、创新能力。

三要树立一个生态型师生关系：学生与老师在一个平等、自由、具有创新性的背景下开展一些交流与活动，是具有无限活力的当代教育的最好展现。学校要规定所有老师，每次上课都要最少与一个小组建立朋友关系，每天都要最少与各个小组中一位学生站在朋友的立场上进行一次交流，并将交流内容记录下来。这样就可以让老师与学生情谊相通、思想保持一致，在这种具有活力的生态背景下去实现教学目的，完善老师与学生人格，实现自主、和睦发展。

最后，要不断促进"学案导学、学案教学"式课堂授课革新，课堂、自习以及周末这三种学案共同存在，落实"四先"：让学生先对课本内容进行阅读、问题也先让他们进行寻找，可以先让学生自己完成所有题目，最后解答让他们先发表意见。在授课过程中要求老师走下讲台，与学生进行交流，老师要指引学生学习，学生要学会自学，老师要尊重与鼓励他们，让他们将真正的自我完全展示在课堂之上，要懂得引导学生展现自我、张扬个性，让学生在老师的指引下完成合作与探索，感受成功的喜悦，让他们变成学习中的主人。

2. 生态化的教学模式和方法

教学模式一直是我国双语教育研究的聚焦点，它可以被视为宏观层面的教学方法，但同时对双语教学方法具有重要的指导意义。

生态化的双语教学模式，本质是采用因地制宜，甚至是因校制宜的双语教学模式。即根据本地区的社会语言环境及本校的实际情况，实事求是地选用教学模式。此外，教学模式也不是一成不变的，它可以根据现实情况的变化和需要进行必要的改革。《国家中长期教育改革和发展规划纲要》（2010—2020）指导意见就提出了双语教学转型的问题，基于此，周庆生教授提出了传统型、现代一型、现代二型及保护型四种新模式，① 从语言生态现状考虑，贵州可以采用周庆生教授所提出的过渡型现代二型模式，但也不能一刀切，黔东南个别学校可以考虑实施保护型教学新模式。研究者这次田野考察所选择的挂丁小学就可以向这种方式转型，由于旅游开发，外来人口大量涌入，在客观环境变化形势下，双语单文模式受到一定挑战。而另外一个田野考察点情况不同，由于台江番省小学相对偏僻，民族语言环境条件要好一些，他们采用的双语双文模式是符合当地实际情况的，但仅在低年级和学前班实施双语教学，没有贯穿整个小学阶段，要保证双语教学的连续性，必须在高年级也继续开设，并突出文化传承的价值，当然这还涉及师资队伍建设、资金拨付等其他配套改革措施，需要多方面的努力才能实现。

相关研究表明，教学方法是影响教学效果的重要因素之一。所以，在双语课堂教学实践中，教师要按照不同的情境采用不同的教学方法，以提升苗汉双语课堂的效果。从教育生态学角度来看，情境具有动态性的特点，它是各个课堂生态因子在某个特定时间通过交互作用形成的时空条件及人文环境，具体而言，包括教学目标，既有某一阶段双语课程目标设定，又有某一堂课的具体目标，还有学生的基础、接受能力、教学设施和学生的精神等，都是教师选择教学方法时需要考虑的因素。

教学方法的内涵很广，它不仅指教学技巧，还包含一定的理论基础或指导思想。我们可以从三个层面来理解教学方法，即理论、方法和技巧。"理论"是涉及双语教与学的指导性知识或内容；而"方法"是基于理论的、向

---

① 周庆生. 论我国少数民族双语教学模式转型［J］. 新疆师范大学学报（哲学社会科学版），2014，35（2）：122-128，2.

学习者传授双语知识和技能的计划；"技巧"则是课堂上实行"方法"的具体操作策略。由此可见，理论衍生方法，方法决定技能，同一方法可以通过多种技能来展示。

从理论层面看，主要在于解决以下两个问题：第一，双语的本质是什么？第二，双语是如何习得的？双语教育的理论来源是第二语言习得，① 因此，教师只有熟悉和掌握二语习得的理论和方法，才能更好地指导教学。其中需要学习的主要内容有语言迁移、错误分析等。第二个问题则显得更加复杂。目前主要存在三种语言教学流派，分别是行为主义心理学、心灵主义心理学和人文主义心理学。② 行为主义心理学认为反复刺激和行为是语言习惯形成的关键。而心灵主义心理学侧重先天因素在语言学习中的作用机制，教学目的在于挖掘出学习者潜在的语言能力。第三种人文主义心理学认为要突出语言学习的人文本质。将以上理论综合应用于实践，可以探索以下双语教学方法，有些是在湖南湘西等民族地区试行或已经实施过一段时间且取得初步成效的，它们对黔东南地区实施苗汉双语教学具有一定的借鉴意义。

（1）情境教学法

在苗文语音教学实践中，可以因境而生，充分利用苗族低年级学生已有的苗族口语基础，围绕教学内容进行谈话，随机创设苗语情境，可以让学生在他们熟悉的语境中先说出苗语句子和词语，③ 紧接着，教师再加以引导，选取课文将要学习的苗文声母、韵母或声调进行学习。它的优势在于提高了学习的趣味性，将一个个枯燥无比的字母置身于活生生的语言环境中，切合学生口语交际的实际，做到字母不离音节、音节不离词、词不离句、句不离学生生活。该教学方法遵循了整体和部分的哲学观，使本身毫无意义的字母读起来朗朗上口，便于苗族儿童记忆。例如：苗文声母"Kh"，是由两个字母组成的复声母，可以采用谈话导入法，教师根据日常生活实际创设和"Kh"声母相关的情境，为语音和后面的词汇及句子教学打下基础。具体教学步骤如下：

①因境而生，预设语境。

教师：孩子们，我们苗家人煮饭的地方在哪里？

---

① 苏德. 多维视野下的双语教学发展观 [D]. 北京：中央民族大学，2005：27.
② 倪传斌. 双语者创造力的影响因素和作用机制研究综述 [J]. 外语教学与研究，2012（3）：411-423，480.
③ 石学东. 苗汉双语教学研究与实践 [M]. 北京：语文出版社，2011：251.

学生的答案主要集中在"khud zaob"（灶台）和"khud jib deul"（火坑）。

教师在黑板上写下："khud zaob"（灶台）和"khud jib deul"（火坑）。

②教师从这两个词语中提取"khud"音节，并带同学一起朗读。

③教师从"khud"中提出本课文将要学的复合声母"kh"。先教师带读，再由学生自由练习，最后，教师书写和拼读。例如 kh——ud——khud。

④将声母放回音节和词语，再进行整体认读和学习。

⑤用练习来巩固，并进行知识的迁移。类似的音节和词语有：khud zaob，Khud wanl，Khud baos，Khud doub 等。

（2）双语比较法

该方法的优势在于针对性，便于让学生掌握两种语言的差异，在台江县番省小学田野考察的过程中，双语教师张云明就给笔者介绍过此类方法。在双语教学实践中，他将苗汉两种语言的音、形、义，词汇和语法进行比对。这样，使两者都在不同的结构上构成了一种和谐。一般形式下，汉语语法为修饰语+主语；而苗语为主语+修饰语。如 Naix Yangf（人在前，坏在后）二者的表达在一定程度上存在着互逆关系，这给学生学习汉语和使用汉语进行口语交际造成了一定的难度。因此，将双语比较法灵活应用于黔东南民族学校的"苗汉双语"教学实践，让学生在学习中比较，在比较中学习，能起到更佳的效果。

（3）游戏教学法

游戏教学法是指通过游戏的形式，寓教于乐，把枯燥乏味的语言知识融入精心设计的游戏中。它比较符合小学生尤其是低年级儿童的心理特征，让他们在学中玩、玩中学。以汉语拼音教学为例，如果一味地读和写，会让他们觉得索然无味，因境而生引入游戏教学法会让学习充满乐趣，增强学习的主动性。游戏教学法的形式是多种多样的，比较适用的有"学做小老师""小医生治病""火车过山洞"等游戏，例如，可以将全班同学分为不同小组，以此为基础来设计"火车过山洞"的小组拼读比赛，一人读一个，读对了钻过山洞，读不出或读错了，评委的手放下，示意暂停通行，等他在同组同学的帮助下会读了才恢复通行。能顺利通过的为优胜组，每个学生可奖励一朵小红花。其他常见的还有"击鼓传花""摘桃子"等，但在课堂中游戏法要注意"因境而生"，并把握以下三点。

首先，游戏设置要有相关性。例如"摘桃子"游戏，目的在于巩固苗文声母、韵母和音节拼读。教师在桃子树图片上贴满相关声母、韵母和音节卡片，让学生上台读卡片上内容，读对的同学将桃子摘下，谁摘下的桃子多则为胜者，对于程度好的学生可以加大难度，如用卡片造句等，它有利于激发学生的兴趣，调动他们的学习积极性。

其次，游戏要具有一定的创新性。趣味性再强的游戏如果不加以改进的话也难以调动学生的积极性，这就要求教师进行精心备课，不断改变游戏形式，以吸引学生的注意力。

最后，游戏教学法应当具备一定的灵活性。即在教学活动实施过程中要把握好游戏活动的实时性和适度性，控制好游戏的时间和课堂氛围，不要喧宾夺主，造成为游戏而游戏的尴尬局面。

总体而言，游戏教学法满足了儿童心理发展的需求，能够抓住学生的学习兴趣，顺应了素质教育的发展要求，是实施苗汉双语教学的理想教学方法之一。

（4）体验教学法

体验教学法是指通过学习者的亲身体验，如所见、所闻、所思来进行知识的学习。它也符合苗汉双语学习规律，是一种生态和谐的教学新方法。笔者认为可以将其应用于双语阅读课中，由于教学时量的限制，一般课文所呈现的都是苗族最经典的民族文学，在掌握独立思考能力后，学生可以回到自己当地所居住的村寨去了解，收集更多的苗族民间文学故事，并在课堂上用双语来进行复述，从而拓宽学习内容和空间，在学习知识的同时培养了实践能力。又如：在学习了《登山》（Jit Bok）这篇课文后，教师可以组织同学们亲自去体验登山，与此同时"玩中学"，就此巩固一些常用的苗汉登山词汇。

（5）苗汉文过渡教学法

由于汉语和苗语都属于汉藏语系，具有相似性，如从字母来看，苗文和汉语拼音都采用26个英语字母组合而成，具有声、韵和调三大语音要素，且拼读和拼写方法类似，这为从苗文过渡到汉语拼音或从汉语拼音过渡到苗文提供了便利，可以采用一些过渡教学法，如苗汉同音法和苗汉迁移法等。苗汉迁移法是利用苗汉拼读和拼写规则的同一性特点，引导学生实现正迁移，达到苗汉读写顺利过渡目标的方法。苗文拼读方法和汉语拼音基本相同，拼写规则一致，这是苗文过渡到汉语拼音的最大优势，教学过程中，教师可以因势利导，发挥语言的正迁移作用，迅速将苗文的拼读能力转变成汉语拼音的拼读能力。尤其适用于学前和小学低年级学生，老师在课堂上无须讲太多的方法和理论，可以通过实际拼读，让学生自己去揣摩和体会，在无形中掌握其要领。

（6）双拼阅读教学方法

这也是湘西地区苗汉双语实验的成果之一。① 双拼阅读法也是类似于苗汉过渡教学法的一种教学方法，它们都属于语言比较教学法。双拼阅读指苗文和汉语拼音对照排列，上一行是汉语拼音，下一行为苗文，让学生读上一行的汉语拼音，学习汉语普通话的语音，看下行的苗文理解汉语的意思。该方法在湘西苗汉双语文教学实验中实行，取得了一定的成效，值得黔东南地区学习和借鉴。学生阅读苗文和汉语拼音的文章，既有利于巩固苗文，积累苗文相关知识，又为苗族学生学习汉语普通话提供了条件和机会。

常用的双拼阅读教学方法有拼读法、跳读法和扫读法。拼读法是以词语为单位上下对照拼读，学生先看上一行的汉语拼音，拼读出普通话的语音，接着拼读下一行的苗文，就知道刚才拼读出来的汉语的意思，最后，反复练读苗文和汉语拼音，巩固汉语拼音和词语的意思。这是学完苗文，并由苗文过渡到汉语拼音之后，进入双拼阅读初期所采用的一种教学方法。当然这种方法要基于教材的编排，这就要求对教材进行同步改进，或教师根据实际需求编写补充教材。第二种双拼阅读法是跳读法，它以句子为单位进行上下跳读，即上一行的汉语拼音是整体按顺序进行拼读，而下一行的苗文则根据需要选择拼读。具体做法如下：先整体拼读上一行的汉语拼音，再根据不理解的词语，迅速寻找到下一行对应的苗文拼读，便知道整个句子的汉语意思。该方法是当学生对苗文和汉语拼音拼读都比较熟练的情况下采取的教学方法，也是词语对照拼读法的进一步发展，并承上启下，为下一步的"扫读法"打基础。第三种扫读法是要求较高的双文阅读方式，除了句子外，还以句群，甚至段落为对照单位，进行上下扫读，它要求一眼要看几个词语或一行，甚至好几行文字，了解所读句子的意思，具体操作时有三种情况：一是先拼读上行整句的汉语拼音，再用眼睛快速看下一行整句的苗文，从而理解汉语的意思。二是光用眼睛快速看上行几句的汉语拼音，不读出声，又马上用眼睛看下行相对应的苗文句子，从而理解汉语的意思。三是光用眼睛快速看整个

① 石学东. 苗汉双语教学研究与实践［M］. 北京：语文出版社，2011：250.

一段的汉语拼音，遇到不懂或不理解的词语，再快速扫读下一行苗文，搜寻与之相对应的苗文词语，从而理解整段汉语的意思。以上方法其实是吸收了最新阅读方法扫读法的成果，对学生而言，除了提高双语阅读能力，对他们今后的阅读自学具有一劳永逸的效果。

（7）交际教学法

交际法或交互教学法是双语等语言课堂上较先进的方法，[①] 它主要用于提高学生的双语口语表达能力。和传统教学法相比，它具有自身优势。第一，它强调以学生为中心，并侧重他们双语交际能力的培养，而不只关注语言知识点的记忆。第二，创设并鼓励学生参与各种各样的课堂活动，注重发挥他们的能动性，而不是被动的学习者。第三，传统教学方法方面，更多的时间用于灌输语言知识或内容，而交际教学法对教学内容有所选择，一般课堂所练习的都是比较实用的东西。实践证明该方法能提升学生的学习动机，让他们学习变得更努力。

由于民族地区教育基础薄弱，交际教学法全面实施还存在一定困难，其中教师综合素质不高是一个瓶颈因素，因此要加大师资的培训。此外，该方法主要用于苗汉双语的口语交际训练中，在教学实践中，还需要注意以下事项。

①要把握好交际情境的实效性

随着新课程和新教改的实施，交际法或交互教学法越来越受到师生的青睐，教师也花费了不少心思来创设交际的情境，从而点燃学生的学习兴趣，这是值得称赞的。但有时教师过于重视形式而忽视了实效性。笔者曾听过一堂双语口语交际课，围绕的主题是"怎样丰富我们的课外活动"，为了提高学生的口语实际应用能力，语言活动设计要求采用讨论的方式，但仅仅为了导入"我在课外参加过哪些活动"这一主题，就耗时20分钟，虽然学生兴趣盎然，但讨论部分时间不足。从表面看，师生互动效果较好，但实际上这堂课重点不突出，也没有完成预设的教学任务，所以是失败的。因此，把握好交际情境的实效性很重要，将学生带入情境的时间和内容要合乎情理，恰到好处。

②交际教学要注意循序渐进

由于人们在日常的交际活动中都是由浅入深、循序渐进的。苗汉双语口

---

① 杨楠. 我国高校双语教学生态平衡发展观及其认知基础 ［J］. 外语电化教学，2010（4）：63-67.

语教学也需要遵循这一原则。以《我最喜欢家乡的……》为例，教师可以分以下步骤来实施。第一步让学生从总体上多对家乡进行介绍，比如地理位置和人口等。第二步抓住最喜欢这个中心词进行拓展训练。第三步是总结陈词。这样才会有条理性和规律性，学生训练的效果也会更好一些。

③要注意成员参与的全面性

双语口语活动必须覆盖全体同学，这就要求教师采取一些必要的措施。大多数苗汉双语学习者来自农村家庭，性格比较内向。一方面，教师要多给予其鼓励和信心；另一方面，还要注意交际形式的多样性，努力让每一个同学都参与进来，大胆地展示自我，从而提高双语学习效果。

（8）翻转教学法

全球信息化浪潮无孔不入，即使是经济相对落后的黔东南民族地区也不能因循守旧，要积极探索信息化时代背景下的教学新方法。当然，由于硬件条件的限制，目前黔东南地区民族学校多媒体的实施不能满足该模式的需要。但可以积极创造条件，先行进行教师教学方法培训，如掌握翻转课堂教学等理念和方法，等将来条件成熟了，再根据课堂生态环境情况实施信息化教学新方法，具有未雨绸缪的意义。

（二）构建生态教室环境

作为苗汉双语课堂的主要教学场所——教室，对生态化苗汉双语教育也有重要的影响。良好的自然物理生态环境是实施生态化双语教学的条件之一，因此要采取必要的优化措施。首先，相对安静的环境是开展苗汉双语教学活动的前提，学校要对周围环境进行整顿，噪声或环境污染都是影响正常教学活动实施的障碍，它会分散学生的注意力。其次，教室设施、布局、光线和粉刷等也是影响苗汉双语教学的潜在因素。研究表明，舒适的教学环境有利于提高教学效果，譬如教室必须宽敞而明亮，教室四周墙壁可以张贴双语内容学习资料或海报，来潜移默化地促成学生学习。

此外，生态化教室环境也包括一些与之相关的社会环境，[①] 例如学生座位的编排、师生的生态位和班级人数规模控制等。首先，要通过师生生态位来提升师生的多边交流效果，作为两大生态主体，只有积极、正向的交流才能

---

① 余嘉云，顾建梅. 生态化教学：教学研究的生态主义取向［J］. 南京航空航天大学学报（社会科学版），2006（2）：83-86.

实现他们之间的良性发展。生态学理论认为，生态位（ecological niche）是指一个种群在生态系统中，在时间空间上所占据的位置及其与相关种群之间的功能关系与作用。生态位这一概念既表示生存空间的特性，也包括生活在其中的生物的特性，① 如能量来源、活动时间、行为以及种间关系等。生态位概念不仅指生存空间，它主要强调生物有机体本身在其群落中的机能作用和地位，特别是与其他物种的营养关系。② 学生的位置编排和桌椅布局就体现了生态位的观点。传统的教室座椅安排是以教师为中心的，并且都是固定的桌椅，它不完全符合语言学习和学生发展规律。我们应当根据双语教学活动的需求来编排座位。在进行"讲授型"授课模式时，教室布局可以采用传统形式，其中教师处于主导地位。而进行"交互式"和"讨论式"教学法时，可以打乱桌椅布局，采用"圆心式"或"马蹄式"座椅编排，可以缩短教师和学生的心理距离，便于师生之间的交流（参照图6-1）。这种布置体现了学生的学习主体角色，让其和教师处于平等的地位。另外，班级人数规模也是和苗汉双语教学相关的课堂社会环境，目前民族学校有些班级规模过大，这是不利于双语教学实施的。研究表明，理想的语言学习班级人数控制在30人左右比较适宜，小班更便于教学管理，如果班级人数过多，则教师无暇顾及每个学生的学习和心理需求，无疑会影响教学效果。在条件允许的情况下，可以实施双语分层教学，即按照苗语和汉语水平分别进行分组和分级教学，这样可做到因材施教、有的放矢，使苗汉双语生态学习环境更具活力。

① ABRAM P. Some Comments on Measuring Nicheoverlap [J]. Ecology, 1980, 61 (1): 44-49.
② 任凯，白燕. 教育生态学 [M]. 沈阳：辽宁教育出版社，1992：20-21.

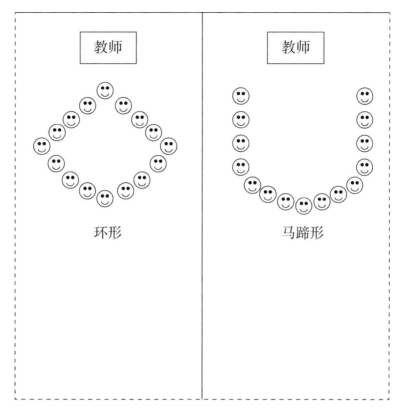

图 6-1　"圆心式"或"马蹄式"座椅编排

（三）构建和谐自然的课堂生态环境

生态化双语课堂教学以和谐自然为特征，双语课堂既具有特殊性和复杂性，又具备情感性和创造性，它旨在突出学生发展的自然过程。因此，双语教师要以"和谐发展"为理念，注重师生之间的课堂情感交流。苏霍姆林斯基提过："如果老师不想方设法在学生身上激发他们高昂情感与智力，那么最后只会引来一场冷漠表情，而不带有情感的教学过程只会造成疲劳。就算是最努力的孩子，他们努力去寻找识记资料，也会慢慢偏离轨道，走出轨道，丢失学习能力。"① 所以，老师要想提升教学成效，就应该营造一个优质、充满活力的课堂氛围，让其变成传播知识、增进情感、激发智力以及提升思想的催化剂。优质的教学情感生态环境是提升学生学习效果的必要条件。

---

① 苏霍姆林斯基．给教师的建议［M］．北京：教育科学出版社，1984：35.

1. 尊重学生，树立自信

美国心理学家布卢姆认为：教育目标分为三个部分，即认知、情感以及技能，其中要属自信心最为关键。伽利略就提到过："人不能只是接受教育，应该是不断让其找到自我。"① 而找到自我最为重要的就是对情感掌控与爱好培养，老师要在感情上让学生设定一个符合自身的目标，让他们获得自信与自尊，从而以良好的心理进行学习。当前教育理念就是不断强化教学中学生的主体性，老师要用一种发展的眼光去对待学生，在教育过程中一定要遵循学生身心发展特征，要一一对待，同时还要看重他们的人格，尊重孩子个体差异、生命价值、生活模式以及文化，把他们当作一个具有尊严、不断成长的个体。

课堂是用来学习知识的场所，但学生并不是只想获得知识，他们还希望在学习过程中感受到老师的爱，在学习时被老师关怀与鼓励。教师对所有学生都要有爱心，要呵护他们每一步成长。在爱的前提下，孩子才可以感受温暖，才可以没有心理隔阂，和老师更加亲密地相处，情感也获得提升；在爱的基础上，教师才可以完全卸下孩子的心理障碍，才可以给他们内在潜力打造一个优质的心理环境。英国学者斯宾塞就曾经提到："野蛮来自野蛮，仁爱来自仁爱。对待孩子不具有同情，他们也就会不具有同情；而是应该使用友情对看待他们，这才是养成他们友情的方式。"② 就老师来说，一定要尊重孩子个性，包容一切缺点，用爱、理解、宽容去对待他们，并且经常给予他们赞赏与鼓励，让他们觉得成功离他们很近，且善于找到闪光之处，使用多种优美的语言去表扬他们、鼓励他们，并且在所有人面前承认他们，这样孩子们就一定可以真实体验到老师对自己的爱。老师在语言和态度上一定要谨慎，不能用太过于刻薄的言语去指责与批评他们，更不可以进行讽刺，防止给他们带来伤害，让那燃起的求知欲望在瞬间熄灭，甚至出现逆反心理。再者，要正确对待孩子犯下的错，善待孩子，尊重、关爱学生，进而激发他们学习的热情。

教学的真正艺术并不是所具有的传授实力，而是激发与鼓励，如果教师自己情绪十分低沉，就不能激励学生。双语语言课可以枯燥也可以生动，这取决于教师，如果老师在课堂上面无表情，毫无生气；如果老师只是照本宣

---

① DEAN B. (Ed.) Indigenous Education and the Prospects for Cultural Survival [J]. Cultural Survival Quarterly, 2004 (27): 4.

② 代怿鑫. 斯宾塞"快乐教育思想"研究 [D]. 成都：四川师范大学，2017：18.

读，教学效果必然难以保证，所以在双语课堂上老师一定要具有热情，在热情讲解中去激励孩子，让他们在情感、认知等很多方面都能够积极响应，这样就能够让他们热爱学习、主动学习。

此外，双语教师要能够预估课堂意外状况，对此要做好思想准备，快速、灵活解决课堂突发事件，这也是课堂生态环境优化过程中难以避免的。在解决这些事件时，老师要依循以下原则：一是要将消极因子变成积极因子，不能让问题越变越大；二是使用"冷处理"方式，一定不能造成师生情感对立，包容孩子所犯错误，给他们带来安全感。此外老师还要给学生提供一种喜悦、充满活力的课堂环境，让教学氛围更加轻松。

2. 启发爱好，体验成功

夸美纽斯说："爱好是创建一个愉快与积极的教学氛围最为关键因素之一[1]"。苗汉双语这门课程具有自身的教学特性，双语老师在进行课程教学设计时一定要使用多种教学方式，激发学生的兴趣。教学方式，因人而异，或使用多媒体工具，或采用制造悬疑、进行比赛等各种不同的活动，建立情境，使用自主探索的办法，不断激发他们双语学习动力与热情，让他们从被迫接受学习变成自主学习，感受学习的乐趣。所有教学步骤，都必须要懂得启发与保护孩子的求知欲望，让他们对知识产生一种好奇、有趣的心理，将知识不断维持在一个新鲜状态，这样他们在学习过程中才会不断地感受到乐趣。当他们出现错误时，一定不能马上给予评判，这样会让他们内心受到挫折，要慢慢讲解，让他们一步一步了解到自己所犯错误的原因。老师要激发学生学习动力，培育兴趣，传授学习方法，削减模式化授课方式，让孩子使用自己的方式去获取知识，积极自主地进行学习。

心理学研究者认为：人类具有一种自我实现、想要成功的想法与需求，成功与失败会给学生带来不同的情绪。因此在进行双语教育中，老师教学模式要符合学生发展特点，并创造条件让每个学生都有获得成功的机会，让他们内心得到满足，从而激发学习热情。同时，教学内容与要求要把握好难易度，当学生通过自身努力，解决所有难题，最后取得成功时，就能获得无限自信与动力，感受到从艰苦到收获成功的愉悦与自豪。此外，双语课程测试不能过难，否则会导致学生丧失学习积极性，要让他们在考试中感觉到自己知识有所提升，这样才可以激发孩子学习热情，从而增强学习动力。

---

① 毛慧莹. 论夸美纽斯的学生管理思想 ［J］. 现代教育科学, 2013（6）：45-47, 37.

3. 主动学习，张扬个性

建构主义理论认为，学生学习是自主建构知识的过程，是一种个性化活动。新课标关注"主动、协作、探索"学习模式。这三者当中，前者是后面两者的基础与条件。主动学习在双语学习中占据着十分重要的位置。此外，最新研究表明，脑细胞在发育过程中不光是因为遗传影响，或者是受到在成长过程中所处的环境影响，还会受自身因素限制。① 所以，在教育学生时，一定要在所有方面都能够展现人之本性，将个性进行张扬，不断帮助其发育成长。德国斯朗格就曾经提出："教育的灵魂是合格心灵的激发，教育并不是让学生掌握或吸收知识，而是要激发人类内心的自我意识，发掘自身实力。"② 要创建一个绿色氛围的教学情感生态环境，就一定要尊重学生主体地位，让其个性获得张扬。双语课堂应该突破内容和方式束缚，带给学生一个能够体现自我的舞台，让他们能够将内心想法、意见，或者是更为荒诞的问题都获得体现，还要允许他们质疑。所有学生都有着自身价值，他们是个性化的主体，发展前景也是各不相同，老师一定要接受这个事实，以长远发展的眼光去对待所有不同之处，不能使用一个准则去要求所有学生。要让他们能够互相学习、互相促进，张扬学生个性，不断打造一个积极向上的教育场景与教育生态环境。

生态化双语课堂重视"教"服务于"学"，老师与学生不断合作，借助于学生主动参与活动、实践以及沟通等去完成教学任务；③ 教师要从学生内心发展为起点，以他们的思维去进行教学规划，预估学生将会发生的思维行为并给出相应的解决办法。让学生进行提前预习，让他们获得相应资料，对教学内容进行选择性学习，设定一个适合自己的学习方式。在这个环节中老师只是一个参加、指引的个体。它不仅可以激发学生主动学习的热情，还可以让老师掌握学生需求与情感动态，了解学生当前知识水平，实现真正意义上的师生信息传播与情感交流。例如，在讲解《苗乡好地方》这部分内容时，学生对此十分了解，因此在讲解时就预先让他们自己去获取有关信息，在课堂上将他们所准备的资料进行一一展示，让他们在实际操作中获得知识，进行资源共享，让他们养成主人翁意识。学生把"自己"放入教学中，成功打

---

① WEIMER M. Learner - Centered Teaching: Five Key Changes to Practice [M]. San Francisco: Jossey-Bass, 2002: 66.

② 张盼学. 新课改下中学思想政治课生态课堂建构策略 [J]. 甘肃教育, 2012 (18): 40.

③ WRIGHT T. Roles of Teachers and Learners [M]. Oxford: Oxford University Press, 1987: 35.

造了一个具有个性的自己，在展示自己时，不断刺激内心，把知识内化，并将所学技能运用到实际生活中。

（四）构建动态生成的生态双语教学过程

动态生成既是生态双语教学过程的主要特征，[①] 又是生态课堂的发展规律，它还是教学过程的理想状态。实现动态生成的手段有创设、探索、合作交往、体验、反思等。

1. 生态双语教学动态生成的必然性

（1）教学过程的本质决定了生态双语教学动态生成的必然性

了解生态双语教学动态生成的必然性，要先探讨教学过程的本质。关于教学的本质问题，教育学界一直争论不休，比较典型的有特殊交往论、多本质论、教师发展论、学习论等。其中研究者较为推崇的是特殊交往论，它是动态生成的理论来源，为解读生态双语教学过程奠定了基础。尤其是随着教育哲学、教育生态学的发展，哈贝马斯的交往理论引入教学论，特殊交往论越来越受到学界的青睐和认可。进一步细化，交往侧重点不同，对特殊交往论的理解也存在一点偏差，有的人将交往视为教学方法和模式，由此来推动教学发展；有的人将交往视为教学内容和目标，主要体现为学习者的合作学习过程；还有的人将教学本身视为交往，而师生就是这种特殊交往的主体。

交往的过程必然是动态生成的，在双语教学实践过程中，最主要的交往形式是师生对话。民主平等的对话交往让教师和学生都把教学过程当作自己的生命活动过程，学生学到知识和真理，而教师则由此实现人生价值。此外，动态生成也让教学这种特殊交往从理论走向实践，潜在性变成现实性。黔东南地区苗汉双语教学过程不再是单边的知识传递过程，而是融开放性、创造性、体验性和挑战性为一体的教学过程。由此可见，动态生成性是生态双语教学的内在属性，教学过程的本质也决定了生态双语教学动态生成的必然性。

（2）动态生成符合生态双语课堂规律

生态双语课堂的发展具有诸多的规律，而动态生成是其最显著的规律。李森认为，课堂绝非静态的系统，而是以特定时空为背景的动态生成的过程，这个过程包括对话、创造、体验和探究等形式。具体实践活动有师生课堂互动，学生之间的合作学习等。其中课堂生态主体的教师和学生与教材等课堂

---

①　靳玉乐，尹弘飚．教学本质特殊交往说论析［J］．教育理论与实践，2001（10）：35-40.

生态环境之间发生信息传递、能量流通、智慧创生等。生态主体在互动中得以发展，而生态环境则在动态生成过程中不断优化，由此可见，动态生成是生态双语课堂的发展规律。正如研究者指出的："课堂是一个特殊的师生生活与成长的互动情景。课堂活动也是教师和学生共同劳动的活生生的动态发展过程……课堂互动是课堂的本质属性。"① 苗汉双语教学课堂，虽然具有特殊性，但它同样遵循动态生成的规律。

2. 动态生成的生态化双语课堂教学实践

动态生成的落脚点在于生成性。但它不是自然而然就能实现的，而是要通过一定的方法和实践过程。过程哲学观代表人物怀特海认为，"世界事物分为事件的世界和永恒客体的世界。事件世界中的一切都处于变化的过程之中，各种事件的综合统一体构成机体，从原子到星云、从社会到人都是处于不同等级的机体。机体有自己的个性、结构、自我创造能力，机体的根本特征是活动，活动表现为过程。过程就是机体各个因子之间有内在联系的、持续的创造活动，它表现一机体可以转化为另一机体，因而整个世界就表现为一种活动的过程"② 。但这个生成的过程和效果是由教师和学生的互动来决定的，而且要采取多元化的策略。如果互动形式过于单一，譬如缺乏层次性和深度、互动内容过少等，则难以收到良好的效果。

基于此，可以采用叶澜的"多向互动、动态生成"式教学观，它是基础教育实验多年积累成果的沉淀，同样适用于双语课堂实践。"多向互动、动态生成"式教学过程由以下四个步骤组成：a. 资源生成阶段，学生通过开放式问题、情境和活动，并结合自身的体验和课前收集到的资料，来进行资源生成。b. "生长元"阶段，教师以第一阶段收集到的资源为基础，构建和教学内容相关的新问题生长元。c. 方案式资源的生成阶段，它是"生长元"多解的结果，通过师生、生生之间的多向互动来实现。d. 教师汇集成的方案性资源，组织学生一起做讨论、比较、评价、互补、修正，形成较不同方案性资源而言更为丰富、综合、完善的新认识，并引出新的开放性问题。③ 该步骤是建立在深厚的理论基础和多次成功实践经验基础之上的，具有较强的实用性。在此影响下，又衍生出了对话式生成、探究式生成、体验式生成等具体策略，

---

① 陈时见．课堂管理：意义与变革［J］．教育科学研究，2003（6）：5-8.
② 怀特海．过程与实在［M］．李步楼，译．北京：商务印书馆，2011：序言.
③ 叶澜．重建课堂教学过程观——"新基础教育"课堂教学改革的理论与实践探究之二［J］．教育研究，2002（10）：24-30，50.

可以将其应用于动态生成的苗汉双语课堂教学实践之中。

（1）在创设中生成

创设是生成的基础，生成的结果和课堂创设密切相关。在双语课堂中，创设包含两方面的含义：首先是课堂预设，即计划性，任何事都要未雨绸缪，动态生成的苗汉双语课堂教学也不例外，它包括教学目标、内容、教学方法和模式的制定等活动。其次是这些活动不同于传统意义上教师对课堂模式化和固定性的预设，而要具有一定的创造性，即教学设计要考虑学生主动参与性、师生的互动性、课堂的生态性等。以创设为基础，双语课堂的动态生成过程就避免了盲目性，具有科学性、计划性和系统性。

需要指出的是，双语课堂创设的主体是学生，而他们又是具有生命体的个体。因此，教师在创设过程中，要"以人为本"，旨在构建一个轻松愉悦、和谐共生的课堂环境，而课堂教学的最终目标在于最大限度地挖掘出学习者的学习潜力和热情，促进其成长。但同时学生也是动态的，创设过程中要注意有一定的延展性，对于突发事件等不确定因素能够制定出相应的应急措施。

（2）在探索中生成

探索性学习也被命名为发现学习，探索性学习（inquiry learning）是一种积极的学习过程，它指学生在学习情境中通过观察、阅读、发现问题，搜集数据，形成解释，获得答案并进行交流、检验的学习过程。[①] 传统观念认为探索生成主要适用于自然科学课程的学习，实际上它具有共性，"多向互动、动态生成"的生态双语课堂也可以在探索中生成。探索精神是帮助学生形成创新型思维的基础，也是动态生成过程进入高级阶段后的表现，此外，它还体现了开放式的课堂观。[②] 在课堂中，学生是学习的主人翁，他们在教师的引领之下自主探索、自主发现、自主创新，全身心地投入学习本身之中。具体实施步骤如下：a. 提出问题；b. 建立假设；c. 设计实验方案；d. 搜集事实与证据；e. 检验假设；f. 交流。

（3）在师生平等的合作交往中生成

"多向互动、动态生成"的生态双语课堂也可以通过改善师生之间的合作交往形式来实现。而其中最主要的形式是互动性对话。笔者深入课堂田野调查结果表明"失真性"互动是制约目前生态双语课堂动态生成的一个重要因

---

① 肖川. 开放的课堂［J］. 中小学管理，2003（8）：1.
② 李森，王牧华，张家军. 课堂生态论［M］. 北京：人民教育出版社，2013：233.

素。要克服这一现象，就要把民主平等、和谐宽松的师生对话落到实处，真正的对话始于平等、基于差异、重于关怀、成于创新。① 如以下案例。

在一堂苗语会话课上，教师先在黑板上画了西红柿、草莓和橘子三张画，然后问同学们，下列画哪张不属于同一类？答案当然是五花八门。

甲同学：当然是西红柿，因为其他两种属于水果。

乙同学：毫无疑问是橘子，因为其他两种是红色的。

丙同学：应该是草莓，因为其他两种形状是圆的。

教师：孩子们，你们的答案都是对的，因为……

在此案例中，教师破除自身的权威性，鼓励学生自主思考，表达自己的观点，发表自己的意见。这种平等民主的对话方式，不但让学生获得了解决问题的多样性答案，而且有利于和谐共生的师生关系的创建，他们都体验了积极的情感，知识在对话中潜移默化地生成，犹如"随风潜入夜，润物细无声"。

（4）在体验中生成

体验学习（Experiential Learning）是指通过实践来认识周围事物，或者说，使学习者完完全全地参与学习的过程，真正成为课堂的主角。学习是指从阅读、听讲、研究、实践中获得知识或技能的过程。这一过程只有通过亲身体验才能最终有效地完成。此外，教育活动的动态性和教育目标的实现也离不开学习者的体验活动。教育关注的是作为个体的学习者学习潜力怎样最大限度被调动起来并得以实现，以及学习者的创造性思维的生成，教学过程本身要求学习者在实践中通过反复练习不断成长，学生的体验性是教育的重要方式，因此，学生的体验要受到重视，并以此来推动教学过程的生成。再者，体验学习模式具有丰富的理论基础，它最早来源于教育家杜威（John Dewey）的"做中学"（learning by doing）理论，后来又将社会心理学家黎温（Kurt Lewin）的"经验学习圈"（experiential learning cycle）、认知心理学家皮亚杰（Jean Piaget）的"认知发展论"（theory of cognitive development）整合起来，最终形成了体验学习框架或模型。它在教学实践中包括以下四个环节的操作：第一步是投入阶段，即创设情境，让学习者尽可能完全投入学习体验活动中；第二步是观察和反思，要求学习者从多维角度观察和思考；第三步是抽象概念和归纳的形成，通过观察与思考，抽象出合乎逻辑的概念和理

---

① 周谦. 学习心理学 ［M］. 北京：科学出版社，1992：89-92.

论；第四步是在新情境中应用概念和理论，用这些概念和理论解决问题，并主动培养创新思维能力。这些步骤可以灵活地应用于黔东南苗汉双语课堂教学过程之中。

体验式生成对于语言类课程的课堂学习尤其重要，因为只有在真实的交流情景之中，语言学习才更有意义及价值。苗汉双语教学中的体验学习是指教师围绕课堂这个平台、以学生为主体，以课堂中各种要素为媒质，创设出值得学生回忆，让学生有所感受，留下难忘印象的语言活动。由此可见，传统语言学习对学习者而言是外在的形式，而体验式学习却是内在的，其将学习视为一种生活体验，让个体在形体、情绪、知识上获得参与感。笔者田野考察过程中发现由于民族地区教育观念滞后，目前体验式教学法还处于起步阶段，因此教师要接受相应的培训。

（5）在反思中生成

反思能力或批判性思维既是生态双语课堂生成所必需的要素，它同时也可以在生态双语教育过程中得到巩固和强化。我国古代著名教育学家孔子在《论语·为政》中曾说道："学而不思则罔，思而不学则殆。"其大意为：只重于学习而不注重思考，就有可能遭到蒙蔽，陷于迷惑；只重思考而不注重学习，就有可能因误入歧途而导致疲乏及危险。这句话精辟地阐述了学与思相结合的关系，且强调了反思学习的重要性。西方哲学家康德的"感性无知性则盲，知性无感性则空"也表达了同样的意思。在苗汉双语教学实践中，教师在提高自身教学反思能力的同时，还要从苗汉双语教育的课堂教学及反思性教学的原则出发，有意识地培养学生的创新思维、批判性思维和反思性能力。反思性教学以探究和解决教学问题为基本点，具有创新性。行动研究贯穿反思性教学，使反思教学具有较强的研究性质。一般其采用"计划—行动—观察—反思"的模式。也许有人会认为，反思教学或反思生成对教育基础薄弱的民族学校而言似乎是不现实的，其实它就蕴含在简单的课堂实践过程中，只是需要教师去主动发现，如苗语关于"牛"的种类的表达非常丰富，与苗族农耕文化息息相关，由此就可以引导学生进行反思，从而有利于生态化双语课堂的动态生成。

结　语

本研究以教育生态学为理论基础，采用民族学的田野考察法，按照理论到实践的方法，发现问题、深描问题、剖析问题并解决问题的研究路径，对新时期黔东南地区民族学校苗汉双语教育生态系统进行了深入探讨，并提出可持续发展生态发展范式的路径及生态环境优化的实践策略，但其中也存在一些研究不足之处，值得反思。

一、本研究的主要发现

1. 黔东南地区民族学校苗汉双语教育呈现生态系统的属性，即生态性

首先，它具有生态系统的结构。其基本结构可以概括为生态主体+生态环境，生态主体即具有主观性的人，也是系统内最具活力的生物体——教师与学生。生态环境按照层次和影响的直接或间接性可分为宏观环境，如社会环境、政治环境、文化环境和经济环境等。而中观环境指社区和学校，微观意义上的环境则指双语课堂环境，它也是影响黔东南地区民族学校苗汉双语教育最直接的环境，并和生态主体一起构成微观层面的双语生态系统。这里面包含诸多的生态因子，如教材、教学设施、教学方法和模式、课堂氛围等。而生态主体和其中各种生态环境因子之间相互作用和影响，推动双语生态系统向前发展。此外，黔东南地区民族学校苗汉双语教育系统具有生态意义上的营养结构。一般而言，教师是生产者，它把知识这种生态性的信息进行必要的加工后，以课堂为媒介传递给学习者。在这个过程中，学生更多地充当了消费者的角色。他们吸收知识后再进行消化和分解，并通过反馈的形式和教师互动，从而能量和信息在生态系统中不断进行流通。

其次，在此过程中，生产者和消费者的角色不是一成不变的，在某种情况下会出现相互转换。例如借助网络等自主学习工具，学生也能成为知识的

生产者，而教师在特定的条件下也可以充当消费者和分解者的角色。此外，和自然生态系统不同的是，教师和学生虽然是生态主体，但他们都是影响双语学习的因素，如教师的教学观、学生兴趣等，因此他们的某些特质也可视为宽泛意义上的生态环境。生态主体和各个层面的生态环境因子之间相互作用，构成错综复杂的生态网络和生态链结构。该生态系统同样具有类似于生物生态系统的生态功能，如结构优化功能、关系协调功能、演化促进功能、生态育人及文化传承功能。黔东南地区民族学校苗汉双语教育生态系统在经历长期的运行后会处于一种相对平衡的状态，但如果系统环境出现异动，则会导致整个系统结构和功能发生变化，造成生态系统的不平衡。

2. 田野调查的个案分析结果表明黔东南民族学校苗汉双语教育问题亟待解决

2013 年 9 月及 2015 年 6—7 月，研究者分别选取两所苗族小学——黔东南苗族侗族自治州台江县番省小学及凯里市三棵树镇的挂丁小学为个案，采用自行设计的双语教学调查问卷进行了较为深入的调查，并对相关人员进行了针对性的访谈。结果表明黔东南民族学校苗汉双语教育存在以下问题：一是尽管民族地区学生对苗汉双语课程的开设持积极的态度，如 83% 的学生认为双语课程在传承民族文化中起很重要的作用，但民族地区学生对苗汉双语课程教学满意度一般，从民族学校学生对苗汉双语教学满意度调查表可以看出，目前双语教学的实施效果还没有达到学生的期望值，无论是教学环境还是学习氛围，都有待加强。尤其是缺乏双语教育的环境，譬如高达 45% 的学生对苗汉双语教学环境不太满意，40% 的学生认为教材一般，而对教师教学方法十分满意和比较满意的学生比例总和仅有 15%。二是虽然教师普遍认为开设苗汉双语课程很有必要（高达 100% 的教师认为双语课程在传承民族文化中起很重要的作用），但同时认为实施过程中存在诸多问题亟待解决。如调查问卷四的结果表明苗汉双语课程教学现状不尽如人意。包括课程设置、评价机制和教材等。例如 50% 的教师认为目前民族文化课程教师培训力度不够，48% 的教师对目前学校为民族文化课程配置的条件不满意，仅有 35% 的教师对现行民族文化课程教材满意。三是目前民族学校教师认为从事双语教育所面临的最大问题是缺乏资金，高达 70% 的教师都选择了该选项。排在第二位的问题是教学水平不过关，它表明民族学校双语教师对自己的水平不够自信。其他还有政策支持不够、教师待遇过低等问题，这些都不利于黔东南民族学校苗汉双语教育的可持续发展。

3. 黔东南地区民族学校苗汉双语教育生态系统发展不平衡

自 20 世纪 80 年代初期以来，黔东南地区民族学校苗汉双语教育实施了 30 多年，也取得了一定的成绩。如组织编写出版了相关教材、培养了一批双语师资并对双语课程教学进行了推广，这些都促使民族地区学校双语教学走向正规化。然而，由于全球化和市场经济的冲击，学校双语教育生态环境逐渐恶化，由于缺乏生存的土壤，个别学校的民族双语教学甚至趋向退化。

从宏观层面来看，双语政策及相关政策实施存在缺失问题，例如，细节性的政策制定不够完善，关于苗语和苗文在民族学校的推行，至今没有强制性的政策出台。苗文创制 30 多年后，直到 20 世纪 80 年代，它才正式走入民族小学课堂。此后，由于具体政策不完善，且缺乏监督和长效机制，虽然预期在苗区进行持续推进，逐步推广，但最终仅仅流于形式，浅尝辄止。除此之外，宏观语言文化环境也不容乐观，由于苗语自身的局限性，如苗语内部语音差异较大，对苗汉双语也带来了一定的负面影响。此外，社会经济环境因素，尤其是全球经济一体化和市场经济的冲击，使黔东南地区民族学校苗汉双语教育处于困境，主要体现在以下三个方面：第一，城市化进程的加速改变了语言布局；第二，新媒体的发展进一步削弱了新生苗文的地位；第三，全民教育的快速发展，社会经济环境的变化使苗汉双语教学面临挑战，因为它改变了苗汉双语教学所赖以生存的语言生态环境。黔东南苗族侗族自治州苗区延续数百年来的双语现象正面临挑战。其中最显著的变化是由苗汉双语转向汉语，且速度在加快。

黔东南苗汉双语教学长期徘徊在实验或试行阶段，这和学校中观生态环境影响因素有关，如学校对此思想上认识度不够、双语师资紧缺、办学环境、办学条件及管理方面存在问题等。以办学环境的物质环境为例。它是民族学校苗汉双语教学能够正常运转的基础，包括教学设施、图书配置和校舍等。由于黔东南地区民族学校地处经济相对落后的贵州，地方财政比较困难，投入办学的经费非常有限，只能维持基本的教学运转，这也是制约双语教育生态发展的重要因素之一。此外，社区也是影响双语教学的中观环境之一，虽然社区环境与宏观层面的自然地理环境、交通、人口以及文化传统有着千丝万缕的联系，但社区又有着自身的特点，社区环境对于黔东南州民族学校苗汉双语教育的实施存在诸多的影响。具体体现在自然环境、语言、文化和经济环境等几个方面。随着社会经济的发展，目前民族学校所在的社区文化环境正在发生变迁，除了民族文化特色在弱化，其价值观也在逐渐变化，其中包括语言价值观，由于"汉化"严重，苗语的使用价值正在逐渐被忽视，它对学校苗汉双语教育造成了一定程度的冲击。

微观环境，即课堂生态环境是影响黔东南州民族学校苗汉双语教育最关键的因素。为了掌握课堂生态环境的现状，研究者专门选取台江县的番省小学和凯里市的挂丁小学进行了田野考察，发现其课堂教学模式和方法、教学内容及课堂教学质量评价、师生关系、教学手段等方面存在失调现象。以教学方法改革为例，虽然全国各地中小学都普遍实施了新课改，但在民族地区却没有得到很好的贯彻和落实，存在"换汤不换药"的现象。苗汉双语教育生态系统失调的实质是生态结构失衡及生态功能的弱化。生态结构失衡除了表现为生态环境不平衡外，还体现在生态因子之间关系的失谐。如生态主体之间的失谐、落后的教学理念与双语教学新目标之间关系的失谐、学生对双语教育的新需求与教师现有教学水平之间的失谐等。各生态因子之间关系的失谐加速了系统内部营养结构的失调。例如由于学校财力的限制，双语教师进行继续教育的机会不多，因此不能从外界获取可持续发展所需的营养，它也制约了学生知识营养水平的发展，加上系统内信息和能量流通的不通畅性，造成了双语教育生态系统输入和输出的不平衡。

此外，生态结构的失谐必然造成生态功能的衰减，如优化发展、关系协调、系统演替、生态育人及文化传承等功能逐渐减弱或降低，影响了生态系统整体功能的运行效果。生态失衡原因可以从三个方面来诠释，分别是生态位紊乱、生态链受损及背离了双语教育生态发展规律。

4. 黔东南双语教育生态发展规律及可持续发展生态范式

黔东南双语教育生态发展规律体现在以下五个方面：双语教育开放性及交互性规律；教师引导性规律；学生主体性规律；双语生态教育的动态生成性规律；双语教育生态平衡规律。在遵循规律的基础上，提出了可持续发展的生态范式。实现黔东南地区民族学校苗汉双语教育的生态化可持续性发展，要从一定的前提出发，并把握好相关原则。实现黔东南地区民族学校苗汉双语教育的生态平衡及可持续性发展的前提是树立双语教育生态意识。它包括两个层面的内容。一是准确把握生态主体—双语教育—环境三者之间的关系，从而从总体上把握黔东南地区民族学校苗汉双语教育生态系统自身生存与发展的规律性。二是要强化这种教育生态意识。将黔东南地区民族学校苗汉双语教育生态系统视为自然生态系统，来研究生态主体在各个环境因子影响下的生存机制，是教育生态学的显著特征之一。具体来说，我们要把握以下生态范畴，即适应与发展、平衡与失衡、共生和竞争等。要实现黔东南地区民族学校苗汉双语教育生态系统的可持续性发展，要在理念和实践上遵循以下原则：持续性原则、公平性原则、和谐性原则、整体性原则、以人为本原则及高效性原则。其理论途径主要包括，控制双语教育生态系统中的限制因子、调整系统中各主要生态因子的生态位、规避双语课堂环境构建过程中的花盆效应、重构对话式的生态课堂交往、恢复双语课堂的生态功能、保持双语生态的活水效应、实现正向演替等思路，以优化黔东南地区民族学校苗汉双语教育生态系统的结构与功能，达到生态平衡的目的。

5. 黔东南苗汉双语教学生态环境的可持续发展优化对策

优化黔东南地区苗汉双语教学环境及其主体，以促进其可持续性发展，包括生态结构和功能的优化，认为生态主体的提升主要依赖于教师专业的生态化发展和生态化和谐师生关系的构建。可以从以下方面着手：宏观上，要确立生态化的苗汉双语教育目标，比如语言目标、文化目标、学生发展目标、教育规划目标等，优化双语教育政策、优化双语教育的社会语言环境，促进语言的和谐及协同共生机制等；中观层面主要是构建绿色生态校园、构建黔东南地区生态化苗汉双语教材体系、进行生态化双语课程评价；微观层面包括双语教学方法和模式的改革、构建生态教室环境和课堂环境、构建动态生成的生态双语教学过程等。值得一提的是，以上措施并不是孤立存在的，各个层面的策略都是相辅相成的，最终在于构建社会—学校—家庭良性生态圈，实现双语生态系统动态平衡。

二、研究启示

1. 规范和认识影响黔东南民族地区学校苗汉双语教育的生态环境

黔东南民族地区民族学校苗汉双语教育的生态演进始终处于各种文化环境和社会环境的包围之中，它与之产生交错关系所产生的效果也会影响到演进的方向与质量。因此，在生态环境的塑造上，必须能够正向的影响黔东南民族地区民族学校苗汉双语教育，尽量减少其负面效应。语言和文化是相辅相成的，苗语的学习离不开特定的文化背景，在文化生态环境上，要保护和传承苗族民间文化，把苗语教育与其他民族文化元素相结合。在社会生态环境上，重点要塑造和培育苗汉双语并存的和谐语言环境，前文所述，社会语言环境是影响苗汉双语教育的一个重要因素，其中，社会分层、经济状况、人员的流动情况、社会的历史变迁对黔东南民族地区民族学校苗汉双语教育有重要的影响，有些社会变迁是无法改变的，但我们可以采用变通和适应的方式来进行协调。例如针对人员流动导致的苗语代际传承困难，可以通过发展民族特色经济减少农村苗族外出务工人数，更好地发挥家庭苗语教育的作用，使其成为学校苗语教育有益的补充。总之，要清楚地意识到影响黔东南民族地区学校苗汉双语教育的生态环境因子，避免其内部生态不会受到外部生态的抵消，促进其生态演进的扩散性上升。

2. 以能量输入作为生态环境优化的支撑

生态系统的发展历史表明，每一历史阶段，它总是以稳定的生态系统作为发展的顶点。在稳定的生态系统中，如果以单位能量流表示，即最大的生物量、高信息量和生物共生的功能。黔东南民族地区学校苗汉双语教育生态系统的开放性决定了其演进的波状运行，其不可能始终处于一种永恒的稳定状态之中，这也是系统之所以一直活力迸发的奥秘所在。而要使这种生命力持续演进，就像生物必须要有食物才能维持生命一样，黔东南民族地区学校苗汉双语教育生态演进也必须要有持续不断地投入作为支撑。这是由于伴随整个生态系统的运行，其所衍生出来的新的教学理念、新的教育方式都具有革命性的意义并被赋予了市场的要素，持续不断地人力、物力、财力的投入既能够对原有一些平台进行修补或翻新，也能够引进新的生态因子。具体而言，国家教育部门和民委要加大对黔东南民族地区学校苗汉双语教育的资金投入和其他物质支持，除此之外，智力支持也很重要，包括新理念的灌输和教学支援。

3. 采取具体措施优化各类生态环境因子，形成双语教育的生态合力

黔东南民族地区学校苗汉双语教育必须有各种生态因子的共同作用合力，汇聚、包容和观照不同层次生态系统中包括人在内的各个生态元素，并进行整体性的统一协调、功能互补和交互循环，以形成共同的着力点。这种合力的实现就是要所有参与双语教育的生态因子都摒弃过去分段式、断裂型、封闭式的固定观念，相互之间要增强沟通与交流，尽量避免推进强硬的行政命令。宏观上，政府部门可以从政策上优化双语环境，例如制定相关的苗汉双语教育优先发展政策；微观上，社区、家庭和学校层面是黔东南民族地区学校苗汉双语教育的主阵地，其生态合力既包括总合力，也包括各种分合力，总合力主要为在此生态系统内各生态因子都有共同的指向性目标，分合力主要是指主体合力、方法合力、载体合力等。首先，要发挥三者之间的联动机制，家庭和社区双语环境是学校双语教育实施的有益补充和促进，例如，社

区或村落可以实行双语并行使用机制，如街道公示语可以苗汉并行，家里长辈和孩子交流时有意识将苗语和汉语方言相结合。学校作为一个特殊的生态系统，由学生、教师、校园、课堂、教材等各个子生态系统构成，它们不是孤立存在的，而是相辅相成的。发展双语教育单纯依赖领导或教师的力量是不够的，它是校园各个子生态系统合力作用的结果，包括制度建设、师生的自觉行为等。只有整合并平衡各个要素，发挥合力效应，才能达到最佳的传承效果。

三、趋势展望

目前教育生态学在国内起步较晚，学科体系还未完全建立，如对教育生态的结构和层次不够深入，对生态学的某些原理把握不够全面和准确，有时难免会出现生搬硬套的现象。但随着现代科学发展和边缘学科成果的不断涌现，教育生态学研究正在不断走向成熟。今后将出现以下趋势：其一，研究的视角将更加微观化，如本研究是将黔东南地区民族学校苗汉双语教育视为一个宏观的生态系统，相信今后类似研究将更加细微化。其二，定量研究方法将会被广泛使用。生态学本身是属于自然科学的范畴，教育生态学虽然更偏向人文社会科学，但如果缺乏科学数据的支撑，满足于主观判断和分析层面，则会停滞不前，但该学科的发展趋势注定它会将定量和定性相结合，且会将与数学建模及统计学密切结合起来。

此外，随着全球化发展的深入，双语教育研究将呈现出新态势，一些悬而未决的争议问题也会得以解决。如少数民族双语教育中，汉语是否就是第二语言？笔者认为，将来的少数民族双语教育将会出现以下发展新趋势。一是和信息技术相结合，随着民族地区经济发展的成熟，基于信息技术支撑的翻转课堂等新方法和模式用于少数民族双语教育教学后，相关理论研究也会增多。二是跨学科研究或界面研究将经久不衰，除了生态学外、少数民族双语教育还将和社会学、法学、经济学等学科相融合，开拓新的研究视野。三是今后研究将更加突出少数民族双语教育的个案研究①，并因地制宜，在教学模式上突出地方特色。

总体而言，我国已经基本建立了符合国情的双语教育体制，探索了一系

---

① 苏德，袁梅．少数民族双语教育：机遇·挑战·策略［J］．中国民族教育，2015（1）：23-25.

列适合民族教育发展的双语教学模式，在未来的双语教育研究和实践中，探索影响少数民族双语教育发展的重要因素，创造双语教育发展的良好环境，还需要做如下努力。

第一，要加强教育制度层面上的理论研究。少数民族的双语教育不仅仅是教学问题，它涉及民族政策、民族语言政策、民族教育政策等方面。要进一步加强教育制度特别是民族教育制度层面上的理论研究，积极汲取国外先进的类似理论和实践经验。

第二，拓宽研究深度和广度，把少数民族双语教育作为系统化的工程来对待，双语教育既包含语言本身的文字、语音、词汇、语法等基础方面，又涉及社会关系、人口分布、民族心理、民族关系、经济状况、国家安定等诸多非语言因素。因此，对少数民族双语教育的研究不能浮于表面，应从多种角度出发，综合各个方面的条件，进行系统化地研究。

第三，加强双语教育的教材建设，随着双语教学的发展，双语教育呈现出更多特点，如多元化、表达方式的统一化、教材的丰富化等，虽然我国双语教材经过引进、翻译、自编等方式，种类较多，但与实际需求相比还有很大空白，特别是引进和翻译的教材与我国民族实际情况相距甚远，很难适应和促进双语教学的发展，加强双语教育的教材建设是双语教育理论研究有待突破的瓶颈。

除此之外，丰富研究方法、拓宽研究思维、培养双语人才、加强实证分析与理论创新的结合等，都是少数民族双语教育研究中值得关注的问题。

我国实施双语教育已积累了不少经验，但与发达国家完整的理论体系和实践路径相比，还有一定差距。少数民族双语教育是促进民族教育发展、提高民族教育质量的有效途径，是实现我国民族教育"三个面向"的必要选择，随着现代科技的发展，语言功能的现状和未来发展也在不断变化，只有立足于我国双语教育的实际，探索出适合各个地区、各个民族发展的双语教育模式，把发达国家先进的双语教育理念和双语教育模式融入我国的民族教育中，与时俱进，更新理论观念，才能更好地推动双语教育的发展、完善少数民族双语教育理论体系。

参考文献

一、著作类

［1］马克思，恩格斯．马克思恩格斯选集（第1卷）［M］．北京：人民出版社，1995．

［2］理查德·D. 范斯科德，理查德·J. 克拉夫特，约翰·D. 哈斯．美国教育基础—社会展望［M］．北京：教育科学出版社，1984．

［3］W. F. 麦凯，M. 西格恩．双语教育概论［M］．刘润青，译．北京：光明日报出版社，1989．

［4］杰克·理查兹，约翰·普拉特，海蒂·韦伯．朗曼语言学词典［M］．刘润青，译．太原：山西教育出版社，1993．

［5］罗伯特·G. 欧文斯．教育组织行为学［M］．窦卫霖，译．上海：华东师范大学出版社，2001．

［6］胡森．教育大百科全书：教学、教师教育卷［M］．张斌贤，译．重庆：西南师范大学出版社，2006．

［7］马克斯·韦伯．经济与社会（上）［M］．林荣远，译．北京：商务印书馆，1997．

［8］小威廉姆E. 多尔．后现代课程观［M］．王红宇，译．北京：教育科学出版社，2000．

［9］滕星．多元文化教育——全球多元文化社会的政策和实践［M］．北京：民族出版社，2010．

［10］滕星．多民族文化背景下的教育研究［M］．北京：民族出版社，2009．

［11］滕星．教育的人类学视野——中国民族教育的田野个案研究［M］．

北京：民族出版社，2009.

　　[12] 滕星.文化变迁与双语教育——凉山彝族社区教育人类学的田野工作与文本撰述 [M].北京：教育科学出版社，2001.

　　[13] 滕星.中国少数民族双语教育概论 [M].沈阳：辽宁民族出版社，1997.

　　[14] 苏德.课程与教学论 [M].呼和浩特：内蒙古大学出版社，2008.

　　[15] 苏德.全球化与本土化：多元文化教育研究 [M].北京：中央民族大学出版社，2013.

　　[16] 苏德.现代教育学 [M].蒙文版.呼和浩特：内蒙古大学出版社，2006.

　　[17] 高永久.民族学概论 [M].天津：南开大学出版社，2009.

　　[18] 王鉴.民族教育学 [M].兰州：甘肃教育出版社，2002.

　　[19] 万明钢.多元文化视野：价值观与民族认同研究 [M].北京：民族出版社，2006.

　　[20] 孟立军.新中国民族教育理论概论 [M].南宁：广西民族出版社，2006.

　　[21] 孙儒泳，李博，诸葛阳.普通生态学 [M].北京：高等教育出版社，1993.

　　[22] 方晓华.少数民族双语教育的理论与实践 [M].北京：学苑出版社，2010.

　　[23] 王德春，孙汝建，姚远.社会心理语言学 [M].上海：上海外语教育出版社，1995.

　　[24] 王远新.中国民族语言学理论与实践 [M].北京：民族出版社，2002.

　　[25] 盖兴之.双语教育原理 [M].昆明：云南教育出版社，1997.

　　[26] 吴鼎福，诸文蔚.教育生态学 [M].南京：江苏教育出版社，2000.

　　[27] 范国睿.共生与和谐：生态学视野下的学校发展 [M].北京：教育科学出版社，2011.

　　[28] 石学东.苗汉双语教学研究与实践 [M].北京：语文出版社，2011.

　　[32] 姜宏德.双语教育新论 [M].北京：新华出版社，2006.

［33］姜宏德．双语教育研究与实验［M］．北京：新华出版社，2006.

［34］徐世璇．濒危语言研究［M］．北京：中央民族大学出版社，2001.

［35］哈经雄，滕星．民族教育学通论［M］．北京：教育科学出版社，2001.

［36］教育百科词典编审委员会．教育百科词典［M］．台北：五南图书出版有限公司，1994.

［37］余强．国外双语教育的理论和实践［M］．西安：陕西人民教育出版社，2006.

［38］中国社会科学院民族研究所．国外语言政策与语言规划进程［M］．北京：语文出版社，2001.

［39］戴庆厦，滕星，关辛秋．中国少数民族双语教育概论［M］．沈阳：辽宁民族出版社，1997.

［40］周玉忠，王辉．语言规划与语言政策：理论与国别研究［M］．北京：中国社会科学出版社，2004.

［41］顾明远，薛理银．比较教育导论［M］．北京：人民教育出版社，1996.

［42］王斌华．双语教育与双语教学［M］．上海：上海教育出版社，2003.

［43］卢晓中．比较教育学［M］．北京：人民教育出版社，2005.

［44］盛炎．语言教学论［M］．重庆：重庆出版社，1990.

［45］严学窘．民族研究文集［M］．北京：民族出版社，1997.

［46］董艳．文化环境与双语教育——景颇族个案研究［M］．北京：民族出版社，2002.

［47］方晓华．少数民族双语教育的理论与实践［M］．北京：学苑出版社，2010.

［48］贺祖斌．高等教育生态论［M］．桂林：广西师范大学出版社，2005.

［49］江光荣．班级社会生态环境研究［M］．武汉：华中师范大学出版社，2002.

［50］李廷贵，张山，周光大主编．苗族历史与文化［M］．北京：中央民族大学出版社，1996.

［51］李显元．浅谈苗语词汇中的文化迹象［M］．贵阳：贵州民族出版

社，1993.

［52］贵州省统计局．贵州统计年鉴 2013［M］．北京：中国统计出版社，2016.

［53］刘勇．历史嬗变与现代碟变——贵州民族教育六十年发展研究［M］．成都：电子科技大学出版社，2011.

［54］李森，王牧华，张家军．课堂生态论——和谐与创造［M］．北京：人民教育出版社，2011.

［55］吴式颖．外国教育史教程［M］．缩编本．北京：人民教育出版社，2003.

［56］唐爱民．当代西方教育思潮［M］．济南：山东人民出版社，2010.

［57］曾祥跃．网络远程教育生态学［M］．广州：中山大学出版社，2011.

［58］刘长江．信息化语境下大学英语课堂生态研究［M］．北京：世界图书出版社，2014.

［59］李聪明．教育生态学导论——教育问题的生态学思考［M］．台湾：台湾学生书局，1989.

［60］董霄云．文化视野下的双语教育——实践、争鸣与探索［M］．上海：上海教育出版社，2008.

［61］徐世璇．濒危语言研究［M］．北京：中央民族大学出版社，2001.

［62］张华．课程与教学论［M］．上海：上海教育出版社，2000.

［63］任凯，白燕．教育生态学［M］．沈阳：辽宁教育出版社，1992.

［64］张倩如．江苏古代教育生态［M］．南京：凤凰出版社，2005.

［65］周谦．学习心理学［M］．北京：科学出版社，1992.

二、学位论文类

［1］苏德．多维视野下的双语教学发展观［D］．北京：中央民族大学，2005.

［2］孙东方．文化变迁与双语教育演变——东北地区达斡尔族个案研究［D］．北京：中央民族大学，2005.

［3］嘎藏土买．教育人类学视野下的甘南藏汉双语教育：对两所藏族中小学的个案研究［D］．北京：中央民族大学，2011.

［4］刘长江．信息化语境下大学英语课堂生态的失衡与重构［D］．上

海：上海外国语大学，2013.

　　[5] 赵建梅. 培养双语双文化人：新疆少数民族双语教育的人类学研究[D]. 上海：华东师范大学，2011.

　　[6] 王善安. 学前儿童维汉双语教学研究[D]. 重庆：西南大学，2013.

　　[7] 达万吉. 民族中小学双语教师质量研究——理论探索与田野呈现[D]. 北京：中央民族大学，2013.

　　[8] 艾力·伊明. 多元文化整合教育视野中的"维汉"双语教育研究——新疆和田中小学双语教育的历史、现状与未来[D]. 北京：中央民族大学，2007.

　　[9] 王莉颖. 双语教育比较研究[D]. 上海：华东师范大学，2004.

　　[10] 岳娟娟. 高校教师专业发展生态模型的研究——以军医大学为例[D]. 重庆：第三军医大学，2013.

　　[11] 任丽. 生态学视角下大学英语教学研究——基于山东省三所高等院校的教学调查[D]. 上海：上海外国语大学，2013.

　　[12] 吴文. 英语教学生态模式研究[D]. 重庆：西南大学，2012.

　　[13] 贺祖斌. 中国高等教育系统的生态学分析[D]. 武汉：华中科技大学，2004.

　　[14] 王洪玉. 甘南藏汉双语教育历史与发展研究[D]. 北京：中央民族大学，2010.

　　[15] 杨霞. 中学化学生态化民汉双语教学的调查与分析[D]. 乌鲁木齐：新疆师范大学，2008.

三、期刊论文、报纸及会议类

　　[1] 胡锦涛. 坚定不移沿着中国特色社会主义道路前进，为全面建成小康社会而奋斗——在中国共产党第十八次全国代表大会上的报告[R]. 北京：人民出版社，2012.

　　[2] 中央民族工作会议暨国务院第六次全国民族团结进步表彰大会在北京举行[N]. 人民日报，2014-09-30（3）.

　　[3] 苏德，袁梅. 少数民族双语教育：机遇·挑战·策略[J]. 中国民族教育，2015（1）.

　　[4] 苏德. 少数民族双语教育研究综述[J]. 内蒙古师范大学学报（教育科学版），2004（11）.

［5］唐明钊．康方言区双语教育生态环境研究［J］．西南民族大学学报（人文社会科学版），2015（6）．

［6］滕星，苏红．多元文化社会与多元一体化教育［J］．民族教育研究，1997（1）．

［7］万明钢，刘海健．论我国少数民族双语教育——从政策法规体系建构到教育教学模式变革［J］．教育研究，2012（8）．

［8］方晓华．新疆双语教育评价问题探索［J］．新疆师范大学学报，2015（2）．

［9］付东明．论语言文化生态环境对双语教育的影响［J］．双语教育研究，2014（2）．

［10］艾力·伊明．和田地区中小学"维汉"双语教育三种主要模式及分析［J］．新疆教育学院学报，2011（1）．

［11］BIANCO J S，刘国强．澳大利亚的语言政策与中文教学生态环境［J］．世界汉语教学，2007（3）．

［12］苏德．以多语教育促进和谐社会与文化建设——兼论少数民族双语教育研究范式［J］．民族教育研究，2013（3）．

［13］全家新，兰英．论"中华民族多元一体"视阈下的藏汉双语教育［J］．民族教育研究，2009（3）．

［14］才让措．论建构主义理念下的藏汉双语课程［J］．青海师范大学学报（哲学社会科学版），2004（6）．

［15］王鉴，李艳红．藏汉双语教学模式研究［J］．西北师范大学学报（社会科学版），1999（3）．

［16］王鉴．关于我国少数民族双语教学问题的若干思考［J］．当代教育与文化，2012（4）．

［17］范国睿．美英教育生态学研究述评［J］．华东师范大学学报（教育科学版），1995（2）．

［18］袁洁婷．教育生态学理论研究综述［J］．教育教学论坛，2013（41）．

［19］刘贵华，朱小蔓．试论生态学对于教育研究的适切性［J］．教育研究，2007（7）．

［20］吴鼎福．教育生态的基本规律初探［J］．南京师大学报（社会科学版），1989（3）．

[21] 王丽琴．生态化教育，必要的乌托邦——21世纪教育哲学前瞻[J]．成才，2000（8）．

[22] 方然．教育生态失衡与调控的微观思考[J]．云南教育学院学报，1998（4）．

[23] 娜么塔，胡书津．语言生态与双语教育[J]．西南民族大学学报（人文社会科学版），2005（1）．

[24] 何波．论青海地方法规架构中的藏汉双语教育[J]．青海社会科学，2010（3）．

[25] 郭辉．基于生态学视域的少数民族双语教育研究的研究[J]．青海师范大学学报（哲学社会科学版），2014（2）．

[26] 龙杰．迈出民族文字发展的低谷——浅议苗文推行现状与发展[J]．民族论坛，1993（3）．

[27] 凯里县民委．凯里县挂丁小学苗文试点工作小结[J]．贵州民族研究，1982（3）．

[28] 曾德琪．罗杰斯的人本主义教育思想探索[J]．四川师范大学学报（社会科学版），2003（1）．

[29] 王锦化，孟庆华，史达清，等．社会建构主义学习观对我国教师继续教育教学改革的启示[J]．外国教育研究，2003（1）．

[30] 阿达来提．和谐社会视角下民汉双语教材的现状调查及思考[J]．延边教育学院学报，2011（1）．

[31] 雷经国，苗学杰．双语教育目的定位与实施路径[J]．中国民族教育，2010（10）．

[32] 孟凡丽，邢芸．基于政策文本的新疆少数民族双语教育目标分析[J]．双语教育研究，2015（1）．

[33] 陈立鹏．对我国少数民族教育立法几个重要问题的探讨[J]．民族研究，2006（1）．

[34] 孟立军，吴斐．生态学视阈下学校民族文化传承的生境及优化——基于贵州省"民族文化进校园"的调查[J]．贵州民族研究，2014（2）．

[35] 张忠兰，朱智毅．加强贵州省少数民族双语教材建设的思考[J]．贵州民族研究，2012（4）．

[36] 何波．权利视野中的双语教育[J]．当代教育与文化，2009（6）．

[37] 周庆生．论我国少数民族双语教学模式转型[J]．新疆师范大学

学报（哲学社会科学版），2014（2）.

［38］倪传斌. 双语者创造力的影响因素和作用机制研究综述［J］. 外语教学与研究，2012（3）.

［39］杨楠. 我国高校双语教学生态平衡发展观及其认知基础［J］. 外语电化教学，2010（4）.

［40］许建美. 浅议美国的专业发展学校［J］. 外国教育研究，2002（3）.

［41］任其平. 论教师专业发展的生态化培养模式［J］. 教育研究，2010（8）.

［42］熊梅，马玉宾. 校本课程整合与合作的教师文化生成［J］. 教育研究，2005（10）.

［43］关文信. 西方教育生态学理论对课堂教学监控的启示［J］. 外国教育研究，2003（11）.

［44］余嘉云，顾建梅. 生态化教学：教学研究的生态主义取向［J］. 南京航空航天大学学报（社会科学版），2006（2）.

［45］邓小泉，杜成宪. 教育生态学研究二十年［J］. 教育理论与实践，2009（13）.

［46］张奎明. 国外建构主义教师教育改革研究［J］. 比较教育研究，2007（2）.

［47］靳玉乐，尹弘飚. 教学本质特殊交往说论析［J］. 教育理论与实践，2001（10）.

［48］陈时见. 课堂管理：意义与变革［J］. 教育科学研究，2003（6）.

［49］叶澜. 重建课堂教学过程观——"新基础教育"课堂教学改革的理论与实践探究之二［J］. 教育研究，2002（10）.

［50］余文森. 论自主、合作、探究学习［J］. 教育研究，2004（11）.

四、外文著作、期刊论文、学位论文及学术网站等

［1］CARLOS J O, VIRGINIA P C. Bilingual and ESL classrooms：teaching in multicultural contexts［M］. New York：Mc Graw Hill，1985.

［2］BEATRIZ A M, CASANOVA U. Bilingual education：politics, practice and research［M］. Chicago：IL. University of Chicago Press，1993.

［3］COLIN B. Foundations of bilingual education and bilingualism［M］. 3rd ed. Philadelphia: Multilingual Matters Ltd, 2001.

［4］ AMADO M P, HALFORD H F, Concepcion M V. Bilingual education: issues and strategies ［M］. Newbury Park, California: Sage Publications, Inc. , 1990.

［5］ RECECCA D F. Bilingual education and social change ［M］. Philadelphia: Multilingual Matters Ltd, 1998.

［6］ COLIN B. Key issues in bilingualism and bilingual education ［M］. Philadelphia: Multilingual Matters Ltd, 1988.

［7］ COLIN B, SYLVIA P J. Encyclopedia of bilingualism and bilingual education ［M］. Philadelphia: Multilingual Matters Ltd, 1998.

［8］ GUADALUPE S M, Jr. Contested policy: the rise and fall of federal bilingual education in the United States, 1960－2001 ［M］. Denton, Texas: University of North Texas Press, 2003.

［9］ CHRISTINA B P. International handbook of bilingualism and bilingual education ［M］. Westport, Connecticut: Greenhouse Press, Inc. , 1988.

［10］ BOWERS C A. Educationa, cultural myths, and the ecological crisis: toward deep changes ［M］. Albany: State University of New York Press, 1993.

［11］ CREMIN L A. Public education ［M］. New York: Basic Books, 1976.

［12］ CHRISTINA B P. International handbook of bilingualism and bilingual education ［M］. Westport, Connecticut: Greenhouse Press, Inc. , 1988.

［13］ SANDRA D V. Language rights and the law in the United States: finding our voices ［M］. Philadelphia: Multilingual Matters Ltd, 2003.

［14］ COLIN M. Reconceptualizing school－based curriculum development ［M］. London: The Falmer Press, 1990.

［15］ WEIMER M. Learner－centered teaching: five key changes to practice ［M］. San Francisco: Jossey－Bass, 2002.

［16］ WRIGHT T. Roles of teachers and learners ［M］. Oxford: Oxford University Press, 1987.

［17］ BOYLAN M. Ecologies of participation in school classrooms ［J］. Teaching and Teacher Education, 2010（26）.

［18］ KARA B. Linguistic repertoire and ethnic identity in New York City ［J］. Language & Communication, 2014（35）.

［19］TSUSHIMA W T, et al. Verbal abilityand school achievement of bilingual and monolingualchildren of different ages ［J］. Journal of Educational Research, 1975 (8).

［20］WAGNER S E. Linguistic correlates of Irish‐American and Italian‐American ethnicity in high school and beyond ［J］. Lang. Commun, 2014 (35).

［21］ALLAN C. Ornstein: components of curriculum development, Illinois ［J］. School Research and Development, 1990 (26).

［22］ALTRICHTER H. The role of the "professional community" in teacher research ［J］. Educational Action Research, 2005 (1).

［23］SCHEPENS A, et al. Studying learning processes of student teachers with stimulated recall interviews through changes in interactive cognitions ［J］. Teaching and Teacher Education, 2007 (23).

［24］ABRAM P. Some comments on measuring nicheoverlap ［J］. Ecology, 1980, 61 (1).

［25］DEAN B. Indigenous education and the prospects for cultural survival ［J］. Cultural Survival Quarterly, 2004 (27).

致　谢

　　《教育生态学视域下黔东南民族学校苗汉双语教育研究》一书是教育学、语言学、文化学、人类学、生态学等多学科融合的成果。它是根据本人博士论文改编而成，并获"国家民委少数民族教育发展研究基地建设基金"资助。选题的灵感来源于两本书，一本是由外语教学与研究出版社出版，福利所著的《人类语言学入门》。另一本经江苏教育出版社出版，吴鼎福、诸文蔚所著的《教育生态学》，这两本著作对本研究具有理论启发作用。此外，本人具备语言学、教育学和民族学三种学科背景，也是促成本研究的主要缘由之一。

　　在本书出版之际，我要特别感谢导师孟立军教授的悉心指导。本书写作过程中，孟老师进行了精心的指导。可以说，没有他的呕心沥血，我是不可能完成这本专著的，我学术上的进步凝聚了孟老师的心血。此外，衷心感谢导师组的陈达云教授，当时是中南民族大学党委书记，平易近人，在百忙之中提出宝贵意见。感谢教育学院康翠萍、王世忠、田恩舜、田晓红、吴开松、甘永涛教授，三峡大学谭志松教授，中央民族大学苏德教授对本书的指导建议。也感谢贵州省民委、贵州黔东南州民委、教育局、凯里市民委、台江县民委的工作人员及台江番省小学及凯里挂丁小学的师生对研究的鼎力支持，尤其是挂丁小学杨校长、龙胜彪老师，以及番省小学张云明老师的积极配合令人感动。再者，衷心感谢家人及湖南工程学院外国语学院领导、同仁对我的支持和鼓励。最后，在本书写作过程中，本人参考及引用了诸多国内外专家、学者及同行的文献资料，在此一并深表谢意。